Świetlisty Wąż

Świetlisty Wąż

Ruch Kundalini Ziemi i Wschodzenie Kobiecego Światła w latach 1949 do 2013

Drunvalo Melchizedek

CENTRUM

Wydawnictwo Centrum

Tłumaczenie z języka angielskiego: **Monika Gajdzińska**

Korekta tekstu: **Alina Tarnowska**

Projekt i wykonanie okładki: **Łukasz Rutkowski**

Skład tekstu i ilustracji: **Łukasz Rutkowski**

CENTRUM

Wydawnictwo CENTRUM
Skrytka Pocztowa 257
81-963 Gdynia
Tel: 0 (58) 522 9497
Fax: 0 (58) 550 6812
E-mail: biuro@WydawnictwoCentrum.pl
Web: www.WydawnictwoCentrum.pl

ISBN 13: 978-83-60280-57-7
ISBN 10: 83-60280-57-6

NASZYM PRZODKOM NADAL ŻYJĄCYM WEWNĄTRZ NASZYCH SERC,
A KTÓRZY PEWNEGO DNIA PONOWNIE BĘDĄ Z NAMI KROCZYLI W PRZYSZŁOŚĆ.

SPIS TREŚCI

WSTĘP

Życie jest zadziwiające! Co 13 000 lat dochodzi do świętego i ukrytego wydarzenia, które zmienia wszystko, które zmienia bieg historii. Obecnie wydarzenie takie też się odbywa, choć zaledwie garstka osób zdaje sobie z tego sprawę. Ci zaś, którzy o nim wiedzą, do tej pory trzymali to w tajemnicy.

Mówię o kundalini Ziemi. Jest to energia połączona z rdzeniem Ziemi, która przypomina węża i porusza się podobnie jak energia kundalini w ciele ludzkim.

Energia ta sprawia, że wielu ludzi na całym świecie podejmuje duchowe poszukiwania. Nie są to jedynie praktykujący w asramach, kankach czy monastyrach, ale również ludzie świeccy, którzy na własny sposób poszukują Boga. Kundalini Ziemi jest tajemną energią podłączoną do serc wszystkich ludzi.

Kundalini Ziemi nieodmiennie łączy się z określonym punktem na powierzchni Ziemi, w którym pozostaje przez trzynaście tysięcy lat. Po upływie tego czasu przenosi się w inne miejsce, gdzie pozostanie przez kolejnych trzynaście tysięcy lat. Proces ten opiera się na cyklach czasu, które nazywamy Precesją Równonocy. Wraz z ruchem kundalini zmienia się nasza świadomość tego, co jest „duchowe". Transformuje się ona w nowe energie cyklu przyszłości, wprowadzając nas na ścieżkę wyższego rozwoju duchowego.

Przedstawię to zjawisko w szerszej perspektywie. Kundalini ma dwa bieguny. Jeden znajduje się w samym środku Ziemi, a drugi w określonym miejscu na jej powierzchni. Świadomość Ziemi decyduje o jego lokalizacji.

Po upływie 12 920 lat polaryzacja kundalini Ziemi przenosi się na biegun przeciwny, co jednocześnie powoduje zmianę lokalizacji punktu na jej powierzchni. Nowy biegun powoduje nie tylko przebudzenie ludzi mieszkających w pobliżu świętego miejsca, ale wysyła również falę o określonej częstotliwości do siatki elektromagnetycznej otaczającej Ziemię. To z kolei wpływa na inne siatki świadomości w sposób określony przez DNA Ziemi. Rozwijamy się zgodnie z określonym planem.

Ci, którzy uświadamiają sobie zachodzący proces, otrzymują wówczas mądrość oraz napełniają się spokojem, bowiem poznają tę zachwycającą prawdę. Rozumieją, co się dzieje i nie czują lęku pośród chaosu, wojny, głodu, chorób oraz kryzysu środowiska naturalnego, zjawisk, których wszyscy doświadczamy obecnie na Ziemi, a które towarzyszą schyłkowi cyklu. Wolność od lęku jest tajemnym kluczem do transformacji, która od milionów lat nieodmiennie następuje po owym świętym kosmicznym wydarzeniu.

Na jednym poziomie oznacza to, że pod względem duchowym to żeńskość przejmuje prowadzenie rodzaju ludzkiego do Nowej Światłości. Ostatecznie to żeńskie światło duchowe przeniknie całość ludzkiego doświadczenia. Kobiety będą przewodzić w biznesie, religii oraz władzy. Do

2012-2013 roku owo duchowe żeńskie światło będzie już tak silne, że przeniknie do świadomości wszystkich ludzi żyjących na tej drogiej planecie, a zarazem będzie nadal wzrastało przez kolejne tysiące lat.

Zakładam, że dla wielu z was to, co piszę, będzie wydawało się pozbawione sensu, dopóki nie przeczytacie rozdziału drugiego oraz trzeciego niniejszej książki. W rozdziale drugim zajmujemy się Kosmiczną Wiedzą na temat zjawisk zachodzących obecnie w przyrodzie i gwiazdach oraz ich relacją do nowego cyklu światła. Rozdział trzeci poświęcony jest historii postrzegania tego świętego wydarzenia, począwszy od kultur starożytnych aż po czasy obecne. Informacje te przygotują was do lektury pozostałej części książki.

Począwszy od rozdziału czwartego będę opisywał swoje własne doświadczenia związane ze Świetlistym Wężem, jak również doświadczenia setek rdzennych ludów i kultur świata, które w ukryciu pomagały kierować tą duchową energią z Tybetu do jej nowego domu w Ameryce Południowej. Opuściła ona Tybet przenosząc się do Indii, a następnie wężowym ruchem przemierzała niemal wszystkie kraje świata, aż dotarła do Chile – nowego domu kundalini Ziemi, nowego „Tybetu".

To, co wydarzyło się na Ziemi podczas podróży kundalini Ziemi, wydaje się wręcz niewiarygodne. Ludzie pochodzący z różnych kultur i krajów zaczęli współpracować ze sobą, „jak gdyby" kierowała nimi wyższa siła, dążąca do dobra całej ludzkości. Jestem przekonany, że bez tego duchowego wsparcia ludzkość nie mogłaby ewoluować na wyższy poziom świadomości, co jest warunkiem naszego przetrwania.

W moim przypadku wezwanie, aby podążać tą drogą było tak silne, iż czułem, że nie mam innego wyboru. Zmiany zachodziły wokół mnie, kiedy postępowałem zgodnie ze swym wewnętrznym przewodnictwem.

A przecież nie jestem jedynym. Dziesiątki tysięcy ludzi, w większości przedstawicieli rdzennych ludów Ziemi, podążają za głosem wewnętrznego przewodnika od roku 1949 aż do dzisiaj. Wszyscy pomagają Białemu Wężowi w wędrówce do jego nowego miejsca pobytu w Andach w Chile. Zmiany dotyczą nie tylko przejścia duchowej mocy z męskiej w żeńską, ale również przeniesienia ośrodka duchowej mocy z Tybetu i Indii do Chile i Peru. Światło świata, o które dbały i które rozszerzały kultury Tybetu oraz Indii osiągnęło pełnię. Jego nowe rządy rozpoczynają się w Chile oraz w Peru, a wkrótce przeniknie ono serca całego rodzaju ludzkiego.

Opowiem wam historie, które przeżyłem kierując się przewodnictwem płynącym z wewnątrz, aby wspomagać proces przywracania równowagi światu pogrążonemu w zamęcie. Uczyłem się, jak zachować łączność z Matką Ziemią oraz Ojcem Niebem w sekretnym miejscu w moim sercu. Jest to bardzo proste. Kiedy człowiek raz połączy się z Boską Matką i Ojcem w taki właśnie sposób, w jego życiu zaczynają wydarzać się cuda, jeden po drugim. Nikt nie wymyśliłby tego, co mi się przydarzało. Źródłem moich doświadczeń jest natura, która nas otacza. Niektóre z moich opowieści przeczą prawom fizyki, ale pozostają w zgodzie z prawami Matki.

Mówiłem już, że Życie jest zadziwiające!

ROZDZIAŁ PIERWSZY

OTWARCIE

W roku 1971 dwie łagodne kule światła, jedna jasnozielona, a druga w kolorze ultrafioletowym, pojawiły się w pokoju, w którym medytowałem. Powiedziały mi: „Nie jesteśmy czymś innym niż ty. Jesteśmy Tobą".

Od tamtej chwili moje serce otworzyło się na nowe możliwości życia i z każdym dniem otwierało się coraz bardziej. Oczywiście, mam takie same problemy codzienne, jak wszyscy. Mam żonę i dzieci. Muszę płacić rachunki i poświęcać dużo energii wypełnianiu obowiązków ojcowskich, ale te istoty, które nazywają siebie aniołami, a wyglądają jak piękne świetliste kule, łączą mnie z wewnętrzną Światłością w moim sercu. Światłość ta nieodmiennie prowadzi mnie poprzez okoliczności zewnętrzne, w które trudno byłoby uwierzyć komuś, kto obserwowałby moje życie z boku.

Wiedzcie, że ta sama wewnętrzna Światłość znajduje się

w waszych sercach. W oczach Boga wszyscy jesteśmy jednakowi. Jesteśmy tacy sami, bowiem jest tylko Jeden Duch, który przenika absolutnie wszystko i wszystkich.

Jest to prosta Prawda wyrażona przez Świętego Tomasza w jego Dobrej Nowinie Chrystusowej: „Bóg jest tym, co was otacza i tym, co jest w was samych." Łatwo zapomnieć tę Prawdę we współczesnym świecie, w którym rządzi telewizja oraz internet. Ale przyjrzyjcie się księżycowi – popatrzcie na niego uważnie, a uświadomicie sobie niewiarygodność naszej egzystencji. Prawda pozostaje Prawdą niezależnie od tego, jak bardzo człowiek usiłuje zakłócić jej obraz.

W latach 1972-1994 studiowałem w asyście owych kul światła przedmiot, który świat nazywa świętą geometrią. Zrozumiałem, że wszelkie stworzenie powstało według prostego wzoru: Kwiatu Życia. Uzyskałem dowód, którego potrzebował mój umysł, aby zrozumieć, że jest tylko Jedna Świadomość w Jedynym Wszechświecie, a ów niepodważalny dowód sprawił, że poddałem swój umysł władaniu serca. Życie wówczas zaczęło toczyć się prostą drogą, w sposób, w jaki toczyło się pierwotnie.

Chciałbym opowiedzieć wam coś o sobie. Ukończyłem Wydział Sztuk Pięknych na Uniwersytecie Kalifornijskim w Berkeley. Uzyskałem również licencjat w dziedzinie fizyki i matematyki. Zgłębiałem zagadnienie świadomości ludzkiej u ponad siedemdziesięciu nauczycieli duchowych z całego świata, przedstawicieli niemal wszystkich istniejących religii oraz dyscyplin. Moja pierwsza książka *Pradawna Tajemnica Kwiatu Życia, Tom I*, wydana została w roku 1998, a jej tom drugi w roku 2000. W ciągu kilku lat książki te zostały przetłumaczone na wiele języków i wydane w ponad stu krajach.

W roku 1994 (zanim obie książki zostały wydane) powstała szkoła nauczania medytacji Mer-ka-ba, czyli ludzkiego ciała świetlistego, do której instrukcje zamieściłem w drugim tomie *Pradawnej Tajemnicy Kwiatu Życia*, a w ślad za nią powstały podobne szkoły w ponad sześćdziesięciu krajach, w których zajęcia prowadzi ponad stu pięćdziesięciu wyszkolonych trenerów.

W 2004 roku wydałem kolejną książkę, *Życie w przestrzeni serca*. W pracy tej zawarłem nowe informacje na temat świadomości ludzkiej, które wówczas, podobnie jak dzisiaj, pozostają nieznane większości ludzi. Przechowywano je w tajemnicy w niemal wszystkich duchowych i religijnych tradycjach świata. Również i ta książka została wydana w wielu krajach świata.

Rysunek 1: Kwiat Życia

Z czasem zacząłem przyjmować zaproszenia do prowadzenia wykładów, seminariów i warsztatów, udzielałem wywiadów czasopismom, wypowiadałem się na stronach internetowych oraz w programach radiowych i telewizyjnych. Odwiedziłem ponad pięćdziesiąt krajów, w których prowadziłem swoje nauki.

Wiedza na temat Świetlistego Węża napływała do mnie powoli – z początku fragmentarycznie, a w ciągu ostatnich pięciu lat w coraz szybszym tempie. Nie od razu pojąłem w pełni znaczenie tego, co zostało mi przekazane. Dopiero po przełomie tysiącleci zacząłem prawdziwie rozumieć wszystko, co mi się przydarzyło, ową nową energię nazywaną setki tysięcy lat temu Świetlistym Wężem. (Orient nazywał ją „Wielkim Białym Wężem".)

Czytajcie moje historie sercem, nie umysłem, umysł bowiem nie zrozumie, w jaki sposób ludzie mogą koordynować sobą przez tysiące lat i jak bardzo złożone mogą okazać się ludzkie zdarzenia, które nie zostały zaplanowane przez człowieka. Wasze serce będzie jednak wiedziało. W sercu znajduje się cała wiedza i cała mądrość.

Wasze serce będzie znało prawdę i mam nadzieję, że na nią odpowie.

Przytaczam tu historie zaczerpnięte z własnego życia, aby zainspirować was do odnalezienia tego miejsca we własnych sercach. Kiedy do niego dotrzecie, nie będziecie musieli robić nic więcej, aby wprowadzić zmiany. Będą one następowały samoistnie z mocy łaski. Dowiedziałem się od przedstawicieli wszystkich rdzennych plemion, że aby dotrzeć do serca, trzeba sobie przypomnieć, o Boskiej Matce. Jeśli przywołacie pamięć o tej głębokiej mądrości znanej wszystkim rdzennym ludom Ziemi, zyskacie zrozumienie najgłębszego znaczenia tej wiedzy. Wasza Matka żyje obdarzona wielką świadomością – najwyższą świadomością, przekraczającą rozumienie człowieka żyjącego w zindustrializowanym świecie dwudziestego pierwszego wieku.

Ziemia nie jest skałą, ma swoje imię oraz osobowość w kosmosie. I wierzcie mi, zna wasze imiona. To jej duch, duch Matki Ziemi, przenika każdą z moich opowieści. To ona stworzyła te historie, utkane z tysięcy innych opowieści mężczyzn i kobiet z całego świata, historie które doprowadzą do pełnej transformacji rodzaju ludzkiego. Kiedy je poznacie, przekonacie się, jak wielką miłością darzy was Matka. Kierowani wdzięcznością, poczujecie pragnienie ofiarowania jej swojej służby.

Ceremonia

Na koniec o zadziwiającym znaczeniu ceremonii. Dawno temu ludzkość nie kierowała się w swoich działaniach umysłem, ale sercem. Świat powstawał ze śnienia, choć teraz to myślenie kształtuje nasze życie. Pradawne zasady obdarzone były wielką mocą, o której zapomnieliśmy. Czytając opisane w tej książce historie przekonacie się, że jeśli sobie o tym nie przypomnimy, możemy doświadczyć zakłóceń równowagi, które nie ustąpią, dopóki sobie nie przypomnimy.

Od dnia, w którym zostali stworzeni Adam i Ewa, ich dziedzictwem stało się pielęgnowanie „ogrodów". W miarę rozwoju ludzkości przez setki tysięcy lat ów pierwotny cel nie uległ zmianie.

Troska o Matkę Ziemię przyjęła ostatecznie skrystalizowaną formę, którą dziś znam jako ceremonię. Wszystkie prymitywne i rdzenne kultury świata od wieków pojmują tę ceremonię jako pielęgnowanie powinności danego plemienia wobec swych przodków, noszonych w sercach aż do czasów pierwszego mężczyzny i pierwszej kobiety.

W moim plemieniu, Taos, ceremonię tę obchodzono corocznie dnia 30 września, który nazywano „Dniem San Geranamo". Taos wierzyli, że był to konieczny rytuał. W razie jego zaniedbania Ziemia dosłownie wypadłaby ze swej osi, co spowodowałoby niechybną zgubę wszystkich mieszkańców planety. Ludzie zjeżdżali się z całego świata, aby obserwować „Indian" wspinających się na niewiarygodnie wysoki słup. Było to drzewo sięgające trzydziestu metrów, odarte z gałęzi i zakopane w ziemi na głębokość dwóch i pół metra. Czterej Indianie zawieszali na nim liny i próbowali wspiąć się na wierzchołek, aby zapewnić kolejny rok, w czasie którego Ziemia miała wykonać pełen obrót wokół słońca.

Była to piękna i niebezpieczna ceremonia, która przyciągała do pueblo podróżnych z całego świata. Czy rzeczywiście jej świadkowie wierzyli, że wszystko zostanie stracone, jeśli Indianie nie dotrą na szczyt? Nie sądzę. Być może była tam jedna lub dwie osoby, które w to wierzyły. Świat uważa, że ceremonie plemion pierwotnych są przejawem zabobonów, które nie mają naukowego potwierdzenia. A jednak Rdzenni Amerykanie uznają je za prawdę wpisaną w swoją rzeczywistość. Wierzą w nią każdą komórką swojego ciała.

Ludzkość odeszła dziś od serca świata do logiki umysłu, wierzy chemikom, fizykom oraz matematykom. Nauka udowodniła, że starożytna wiara w ceremonie jest przejawem zwykłej ignorancji.

A przecież człowiek współczesny doprowadził swoimi osiągnięciami w dziedzinie „jedynej prawdziwej" nauki do tego, że świat znalazł się na krawędzi destrukcji. Zostało nam najwyżej dwieście lat albo mniej, jeśli nie wprowadzimy radykalnych zmian w swoim sposobie postępowania. Tymczasem człowiek pierwotny ze swoimi naiwnymi ceremoniami zdołał przetrwać miliony lat. Być może więc nasze przetrwanie wymaga sięgnięcia do mądrości starożytnych, może powinniśmy się postarać przynajmniej ją zrozumieć, nawet przy pomocy logicznego umysłu i zastanowić się, w jaki sposób ta ceremonia mogła utrzymywać świat w równowadze.

Jako Rdzenny Amerykanin w ciele białego człowieka postępowałem zgodnie z pradawnymi sposobami, które ukazały mi tajemnicę stworzenia. To nie umysł odznacza się tak wielką inteligencją, to światłość świata płynąca z serca. Wszelkie stworzenie zaczyna się w sercu, a stamtąd jest transponowane do umysłu. Zapomnieliśmy o tej podstawowej wiedzy i jeśli nie przypomnimy sobie o niej dostatecznie szybko, nasz wielki technologiczny umysł sprowadzi na nas wiele bólu i masowych zniszczeń. Świat pozbawiony serca jest mechaniczny i oddzielony od Rzeczywistości.

Poniżej przeczytacie opowieści o przypominaniu sobie naszego bliskiego kontaktu z Bogiem oraz z procesem stworzenia. Przekazuję wam swoje historie, abyście i wy je sobie przypomnieli i powrócili do stanu harmonii z przepływem Wszechświata.

Miłość jest odpowiedzią na każde pytanie – nawet na pytania umysłu.

ROZDZIAŁ DRUGI

Starożytna kosmologia 101 a zmiany zachodzące współcześnie

Abyście zrozumieli historię, które wam opowiem, aby nabrały one dla was sensu, muszę najpierw przekazać wam pewne informacje na temat kosmologii. Kosmologia, stanowiąca tło dla całej wiedzy prezentowanej na tych stronach, opiera się przede wszystkim na zjawisku przesilenia oraz cyklach przemian z nim związanych.

Precesja Równonocy

Możecie sądzić, iż wiecie, czym jest zjawisko Precesji Równonocy (PR), co ono oznacza, proszę jednak, abyście wysłuchali dodatkowych nadzwyczajnych informacji, o których nie wiedzieliście do tej pory. O ile wiem, nie pisano o tym wcześniej, wiedzę tę przekazywano jedynie ustnie w rdzennych plemionach i kulturach świata. Nazywają ją Świetlistym Wężem.

Najprościej mówiąc, PR jest związana z ruchem osi Ziemi. Ruch ten, lub obrót, wymagają trochę mniej niż 26 000 lat, aby cały proces został ukończony. Okres jednego obrotu obejmuje dokładnie 25 920 lat. Gdyby oś Ziemi była ołówkiem, koło narysowane jednym jego końcem wyglądałoby tak, jak przedstawiono poniżej.

(Dodatkowe zjawiska ruchu w czasie PR zostały omówione w I tomie *Pradawnej Tajemnicy Kwiatu Życia*. Obecnie zajmujemy się główną PR.)

W czasie, gdy ruch osi Ziemi powoli zatacza koło, wskazuje ona kolejno na dwanaście konstelacji niebieskich. Oznacza to, że PR wskazuje na lub „wkracza do" nowej konstelacji co 2 160 lat. Innymi słowy, PR jest podzielona na dwanaście etapów, z których każdy reprezentuje inną konstelację oraz znaczącą różną jakość energii. Większość cywilizacji starożytnych posiadała wiedzę na temat PR oraz dwunastu odcinków wyznaczonych na nocnym niebie – wiedziała o tym nawet najstarsza znana nam cywilizacja Sumerów, istniejąca około 6 000 lat temu.

Interesujące jest to, że w kategoriach astronomii oraz matematyki trzeba 2 160 lat nieustannej obserwacji nieba nocą, aby zauważyć ruch osi Ziemi. Z archeologicznego punktu widzenia ludzie żyjący przed Sumerami byli owłosionymi barbarzyńcami pozbawionymi inteligencji i dyscypliny potrzebnych do prowadzenia obserwacji i notowań zmian na niebie przez tak długi okres czasu. A jednak Sumerowie widzieli, czym jest PR od samych początków swojej cywilizacji. Archeolodzy są zdumieni tym faktem. Niedawno odkryto tysiące glinianych tabliczek leżących głęboko pod ziemią, pochodzących ze starożytnych miast sumeryjskich. Zapisane w najstarszym ludzkim języku – starożytnym Kuneiform – tabliczki te sięgają początków cywilizacji sumeryjskiej. Opisują one szczegółowo zjawisko PR. Starożytni Sumerowie posiadali tę kosmiczną wiedzę, mimo że jest to fakt niemożliwy z punktu widzenia naszej wiedzy historycznej.

Jak to możliwe? W moich pierwszych dwóch publikacjach, tomie I i II *Pradawnej Tajemnicy Kwiatu Życia,* przedstawiłem prawdopodobną odpowiedź na to pytanie, nie będę jednak powracał do tych informacji, bowiem nie są one istotne dla treści tej książki.

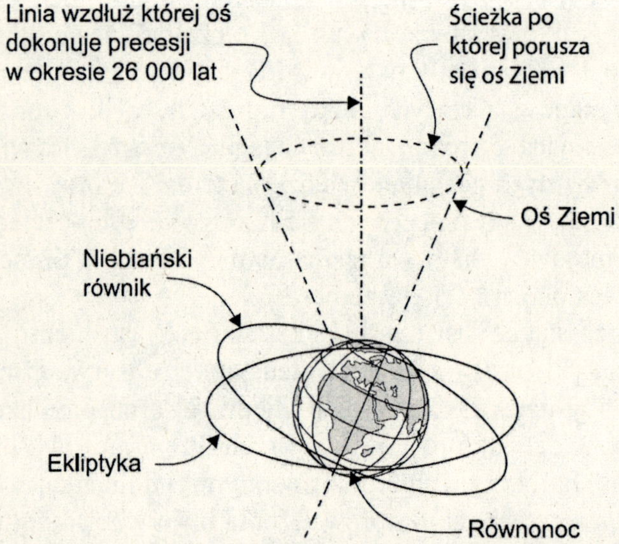

Rysunek 2: obraz Precesji Równonocy

Również Tybetańczycy oraz Hindusi odnotowywali ruchy PR od czasów starożytnych. Obie kultury przywiązywały wielką wagę do wszystkich dwunastu etapów, które nazywały „Yugami" lub „okresami". Każda Yuga miała określone cechy, które wywierały wpływ na rodzaj ludzki w czasie jej trwania. Pamiętajmy, że Yugi reprezentowały poszczególne konstelacje, toteż stanowiły integralną część astrologii.

Wszyscy słyszeliśmy, że wkraczamy obecnie w Erę Wodnika. To prawda. Dnia 21 grudnia 2012 roku oś Ziemi znajdzie się na krawędzi tej konstelacji i, po raz pierwszy od 12 920 lat, będzie przesuwać się w stronę centrum galaktyki, zamiast w kierunku odwrotnym, jak do tej pory. Przez następne 2 160 lat oś Ziemi będzie przesuwać się przez konstelację Wodnika. W gruncie rzecz posiadamy bardzo ograniczoną wiedzę na temat tego procesu, a przecież będzie on wpływał na nasze życie i los.

Współczesna astrologia

Większość mieszkańców Ziemi nie wierzy w astrologię. Wkładają ją między bajki i z reguły wiążą ze znakiem zodiaku, pod którym rodzi się dziecko. Ale nie zawsze tak było.

Astrologia istniała w świadomości ludzkiej od zarania cywilizacji. Poprzez nią ludzie usiłowali zrozumieć oraz przewidzieć różne aspekty swojej przyszłości. Ale główne zastosowanie astrologii nie miało charakteru indywidualnego. W czasach starożytnych, na przykład w Babilonie czy Asyrii oraz w starożytnym Egipcie przed 6 200 laty, interpretacja ruchu i wzorów gwiazd oraz planet służyła dobru publicznemu, jak i najważniejszym osobom w państwie, których los wiązał się z przetrwaniem narodu.

Dopiero kiedy Aleksander Wielki podbił Egipt w 332 roku przed naszą erą, astrologię zaczęto traktować „horoskopowo". Słońce, gwiazda położona najbliżej Ziemi, odgrywa ważną rolę w astrologii. Wpływa ono również na naszą pogodę, czasem zagraża komunikacji z satelitami Ziemi oraz komunikacji na świecie, a nawet oddziałuje na pola magnetyczne naszej planety. Promienie słoneczne są warunkiem istnienia życia na Ziemi. Bez nich byłaby ona tylko pustą skorupą dryfującą w bezmiarze kosmosu.

Księżyc porusza ziemskie oceany, rządzi przypływem i odpływem. Wywiera również głęboki wpływ na naszą pogodę, dobór partnerów biologicznych oraz narodziny wszystkich form życia na Ziemi. Oddziałuje na ludzkie emocje, czego dowodzą raporty policyjne w każdym większym mieście. Najwięcej przestępstw dokonuje się w dniu poprzedzającym pełnię księżyca, w czasie pełni oraz w dniu następnym. Nie jest to przypadek. W czasie pełni nasze emocje przybierają na sile, robimy wówczas wiele rzeczy pod wpływem księżyca.

Twierdzenie, że niebo nie ma wpływu na losy ludzi na Ziemi jest więc dowodem ignorancji, który nie znajduje potwierdzenia naukowego.

Biorąc pod uwagę przytoczone powyżej dowody oddziaływania gwiazd na Ziemię, czy możemy założyć, że ów wpływ uległby zmianie, gdyby nasza planeta była położona w zgoła innym kierunku wobec całego nieba? Starożytne cywilizacje twierdziły, że tak, że zmieniamy się nieustannie w miarę jak oś Ziemi przesuwa się na nową pozycję, do nowej konstelacji. Według dawnych wierzeń, zmianie ulega wszystko, co jest na Ziemi.

Świetlisty Wąż

Nadszedł czas, by dodać kolejny istotny aspekt energii Ziemi do równania przesilenia: ziemską energię kundalini. Niewielu ludzi rozumie tę wiedzę poza przedstawicielami rdzennych oraz duchowych społeczności, jeszcze rzadziej można natrafić na teksty z nią związane, bowiem wiedza ta przekazywana była do tej pory niemal wyłącznie w tradycji ustnej.

Kundalini Ziemi zmienia miejsca pobytu na powierzchni naszej planety w dwóch określonych momentach przesilenia. Pierwszy wiąże się z ukierunkowaniem osi Ziemi na centrum galaktyki, drugi zaś z ukierunkowaniem osi dokładnie poza centrum galaktyki, co dzieje się obecnie.

W obu momentach kundalini Ziemi przesuwa się z jednego punktu na powierzchni Ziemi do drugiego. Kiedy zatem Ziemia przechodzi cykl, w którym jej oś ukierunkowana jest przeciwnie do centrum galaktyki, fundamentalna energia Ziemi pochodząca z samego jej środka przesuwa się do nowego miejsca na powierzchni planety. Rezultatem są ogromne i wyraźne zmiany w świadomości duchowej oraz w praktyce, które przenikają do codziennego życia na naszych ulicach.

Także wpływ na miejsca geograficzne, które kundalini opuściła oraz na to, do którego się skierowała jest ogromny. Pierwsze zostało pozbawione energii duchowej, która być może już nigdy doń nie powróci. W drugim miejscu wszyscy doświadczać będą niespodziewanego przypływu ożywczej siły duchowej, która z pewnością odmieni ich życie. To oni będą odtąd oddziaływać na cały świat nową mądrością oraz światłem.

Energia kundalini

Czym jest kundalini Ziemi? Najlepiej będzie wyjaśnić to zjawisko z perspektywy ludzkiej, ponieważ Ziemia i ciało ludzkie są pod względem energetycznym niemal identyczne. Nie tylko energia kundalini Ziemi jest bardzo podobna do energii istot ludzkich, lecz również tak ogromne pola energii jak pole Mer-ka-ba planety oraz pole Mer-ka-ba człowieka (ciało świetliste) są ze sobą identyczne z wyjątkiem proporcjonalnych różnic w rozmiarach. Każde elektromagnetyczne, geometryczne pole zawarte w polu Mer-ka-ba Ziemi jest identyczne jak pole każdej istoty ludzkiej na Ziemi.

W organizmie ludzkim u podstawy kręgosłupa powstaje pięć możliwych strumieni energii. Każdy strumień służy innym celom w procesie jego rozwoju. Jednym z nich jest energia seksualna, najbardziej nam znana. Poznajemy, czym ona jest podczas orgazmu, gdy czujemy jak energia seksualna podnosi się w górę kręgosłupa. Poza nią istnieją jeszcze cztery strumienie energii, a jeden z nich nosi nazwę kundalini. Większość ludzi doświadcza kundalini po przeżytym orgazmie, ale nie zawsze. Niewielu doświadcza tej energii przed orgazmem. Kiedy energia kundalini wznosi się w górę kręgosłupa, zmienia nasz sposób „widzenia", czy też interpretowania otaczającego nas świata w zależności od tego, gdzie przemieszcza się w ludzkim systemie energetycznym.

Energia kundalini jest w pewnym sensie odczuwana jak energia seksualna – jako bardzo silna, niemożliwa do kontrolowania energia płynąca w górę kręgosłupa. Jednak podczas gdy energia seksualna jest powiązana z procesem stworzenia, energia kundalini wiąże się z procesem naszego duchowego rozwoju. Kiedy doświadczymy już energii seksualnej oraz energii kundalini, z czasem nauczymy się rozpoznawać pozostałe trzy strumienie energii, choć możliwe, że nie doświadczymy tego w swym obecnym wcieleniu. (Nie będę tu omawiał zagadnienia owych trzech strumieni energetycznych, bowiem nie dotyczy ono treści niniejszej książki.)

W obecnym momencie dziejowym to przemieszczająca się kundalini Ziemi daje początek nowej wibracji. Zachodząca przemiana energetyczna będzie oddziaływać na każdą żywą istotę ludzką na Ziemi. Energia ta nazywana jest *Świetlistym Wężem*.

Dramatyczna nota

Aby lepiej zrozumieć znaczenie punktu przesilenia, który osiągniemy 21 grudnia 2012 roku, rozważcie następujące, potwierdzone naukowo fakty.

Zdaniem uczonych trzynaście tysięcy lat temu w punkcie cyklu przesilenia najbliższym centrum galaktyki biegun północny Ziemi przemieścił się z Zatoki Hudson do punktu, w którym znajduje się obecnie. Nauka potwierdziła, że nastąpiła pełna zmiana osi polarnej w stosunku do powierzchni Ziemi.

Trzynaście tysięcy lat wcześniej – czyli 26 tysięcy lat temu - kiedy znajdowaliśmy się w tym samym punkcie przesilenia, w którym znajdujemy się obecnie, oś Ziemi również uległa radykalnej zmianie. W oparciu o dwukrotne zdarzenie tego rodzaju w chwili przesilenia na Ziemi, niektórzy naukowcy rozważają możliwość nastąpienia kolejnej zmiany bieguna. Natura rządzi się cyklami.

Kolejny fakt poruszający uwagę naukowców to zmiana magnetycznego pola Ziemi poprzedzająca zmianę biegunową. Obecnie pole magnetyczne Ziemi charakteryzuje się najmniejszą stabilnością w okresie ostatnich trzynastu tysięcy lat. Zostało dowiedzione, że około dwóch tysięcy lat temu pole magnetyczne Ziemi zaczęło stopniowo słabnąć. Nieoczekiwanie pięćset lat temu proces osłabiania się pola magnetycznego gwałtownie przybrał na sile.

Mniej więcej przed trzydziestu, czterdziestu laty w polu magnetycznym Ziemi pojawiły się anomalie, które odzwierciedlały zakłócone wzorce migracji ptaków i zwierząt, kierujących się w swych wędrówkach właśnie polem magnetycznym. Po raz pierwszy zwierzęta zgubiły drogę, bowiem pole magnetyczne albo zmieniło kierunek, albo w ogóle przestało funkcjonować.

Około roku 1997 pole magnetyczne utraciło swoją stabilność – w tak wielkim stopniu, że lądowanie samolotów przy pomocy pilota automatycznego stało się niebezpieczne. Z północy następowały kolejne zbyt liczne zakłócenia. Trzeba było zmienić wszystkie magnetyczne mapy lotniskowe świata, aby dostosować je do zachodzących zmian. (Możecie sprawdzić, że tak właśnie było.)

W 2005 roku geolodzy z całego świata zaczęli mówić o niewiarygodnych anomaliach magnetycznych. Uczeni sugerują, że w niedalekiej przyszłości Ziemia może przejść zamianę pól magnetycznych – biegun północny stanie się południowym i na odwrót. Ożywienie w kręgach uczonych na całym świecie zostało ucięte przez rządy po jedenastu dniach. Rok później ci sami naukowcy byli jeszcze bardziej poruszeni ekstremalną naturą anomalii zachodzących w polu magnetycznym. Przewidywano wówczas, że zamiana biegunów może nastąpić w każdej chwili. Także i tym razem dyskusję na ten temat zakazy rządowe przecięły już po pięciu dniach.

Historie, które tu przeczytacie zostały oparte na tych kosmicznych informacjach. Są to opowieści prawdziwe, choć z punktu widzenia człowieka współczesnego mogą wydawać się nieprawdopodobne. Przekazuję wam je jako inspirację, abyście rozważyli możliwość nastania pięknej przyszłości, oczekującej nas poza mrocznym cyklem, który spowija świat. Proszę, byście wyjrzeli poza ciemność i skierowali swoją uwagę na Światło.

Wewnątrz siebie znajdziecie nieomylne przewodnictwo.

Życie może być tajemniczą podróżą, ale w głębi serca możecie go doświadczać jako czystej zabawy.

ROZDZIAŁ TRZECI

Świetlisty Wąż oraz Wielka Biała Piramida Tybetu

Nauka potwierdziła, że szesnaście tysięcy lat temu trzy wielkie odłamki asteroidu uderzyły w pobliżu wybrzeży oceanu Atlantyckiego, w miejsce, w którym obecnie znajduje się Georgia, jeden ze Stanów Zjednoczonych Ameryki. Kapłani Atlantydy wiedzieli, że zbliża się upadek ich wielkiego państwa.

Dwa tysiące lat temu Platon nazwał zaginiony kontynent Atlantydą. Wychwalał jego kulturę i piękno, choć wielu współczesnych archeologów uważa, że jest to tylko legenda. W ciągu lat przeprowadzono wiele badań i poszukiwań, mających na celu dowieść istnienia Atlantydy. Nie znaleziono jednak wystarczających dowodów, bowiem w czasie, kiedy Atlantyda znikła pod powierzchnią oceanu, zaginęły po niej wszelkie ślady.

Jak dotąd nie jesteśmy w stanie niczego udowodnić.

Mam nadzieję, że dokonamy tego jednak w przyszłości. Edgar Cayce, Śniący Prorok, powiedział w latach dwudziestych ubiegłego wieku, że Atlantyda powstanie z oceanu Atlantyckiego niedaleko Bimini przed rokiem 1970. Jest prawdopodobne, że tak się stało. W styczniu 1970 roku czasopismo *Life* opublikowało informację o wielu małych wyspach, które wyłoniły się z dna oceanu niedaleko Bimini w grudniu 1969 roku. Wiele wysepek na powrót zanurzyło się w wodzie, ale część z nich pozostała na powierzchni. Czy przepowiednia Cayce'a okazała się prawdziwa? Czas pokaże.

Cayce wygłosił ponad dwanaście tysięcy przepowiedni dotyczących czasów poprzedzających rok 1970 i tylko jedna z nich okazała się nieprawdziwa. (Dotyczyła diagnozy postawionej bratu bliźniakowi.)

Duchowe Światło Świata, kundalini Ziemi, wężowata energia spoczywająca w jej głębi zamieszkiwała starożytny kontynent przez wiele tysięcy lat. Ta duchowa energia przyciągała na Atlantydę przybyszów z różnych kultur, którzy poszukiwali oświecenia, podobnie jak dziś Indie i Tybet przyciągają duchowych pielgrzymów.

Wielki asteroid spadający z nieba poprzedził faktyczny upadek Atlantydy o trzy tysiące lat, jednak stał się przyczyną jej fizycznego zniszczenia. Kundalini Matki Ziemi, Świetlisty Wąż, wkrótce zaczęła się przemieszczać, aby wprowadzić równowagę do miejsca, które miało stać się nowym światem. Powstał zatem nowy świat, ale oznaczało to jednocześnie zatopienie i śmierć Atlantydy.

Pamiętajcie, że nie ma błędów. Wszystko, co się wydarza, dzieje się z niewiarygodną precyzją i niesie ze sobą zmiany dotyczące całego istnienia.

Wewnętrzne kapłaństwo starożytnego kontynentu Atlantydy, Bractwo Nakkal, wiedziało dzięki swej wewnętrznej mądrości, dokąd przeniesie się Świetlisty Wąż, zwijający się spiralnym ruchem w głąb Ziemi, gdzie miał pozostać w uśpieniu przez długie trzynaście tysięcy lat. Kapłani wiedzieli, że zmiana lokalizacji tej energii na powierzchni Ziemi wprowadzi zmiany w sposobie interpretowania życia przez ludzi. Bractwo Nakkal było zmuszone opuścić Atlantydę i przenieść się do nowego domu Świetlistego Węża.

Jego członkowie wiedzieli także, że ludzie zamieszkujący obszar, na którym spocznie Świetlisty Wąż staną się duchowymi nauczycielami planety. Zawsze tak było, ponieważ Światło wywiera wpływ na tych, którzy znajdują się w jego pobliżu i w naturalny sposób sprowadza na nich oświecenie, w zależności od indywidualnej zdolności przyjmowania go. Ludzie zamieszkujący nowe siedlisko Świetlistego Węża ulegają przebudzeniu i pamiętają o swoim bliskim związku z wszelkim istnieniem oraz z Bogiem. Przypominają sobie nawet o świętym miejscu w swych sercach, w którym mieszka Bóg i z którego bierze początek wszelkie stworzenie. Dzięki tej pamięci ludzie ci stają się światłem dla reszty ludzkości przez sam fakt swego istnienia.

Tak więc Bractwo Nakkal rozpoczęło przygotowania do opuszczenia ukochanej Atlantydy, aby podążać za źródłem swego rozumienia. Nie mieli wyboru. Opuścili Atlantydę dwieście lat przed jej zatonięciem, zanim pogrążyliby się w chaosie. Nakkal podążali za Wielkim Białym Wężem kundalini Ziemi do odległego zakątka położonego w Himalajach, w ich zachodniej części zwanej dziś Tybetem.

Kiedy Atlantyda ostatecznie zatonęła przed trzynastoma tysiącami lat, kapłani zewnętrzni (nie zaś wewnętrzni Nakkalowie) opuścili ją w swoich wspaniale skonstruowanych statkach. Zostali do tego zmuszeni, bowiem na Atlantydzie bezustannie następowały trzęsienia ziemi, wybuchy wulkanów i zapadanie się lądu coraz głębiej pod powierzchnię oceanu. Nie odpłynęli daleko. Kapłani zewnętrzni dotarli do brzegów dzisiejszego Jukatanu w Meksyku. Obecnie znamy ich jako Majów. Wiemy, że to prawda nie tylko dlatego, że tak twierdzą Majowie, ale również dzięki zapisom na kamiennych tablicach znalezionych przez archeologów na Jukatanie. Jest to tak zwany Dokument Troano, który spoczywa obecnie w zbiorach Muzeum Brytyjskiego. Zapis ma około trzech i pół tysiąca lat. Przetłumaczył go historyk, Augustus Le Plongeon i ujawnił, że zawiera szczegółowy opis zatonięcia Atlantydy.

Kalendarz, jakim posługiwali się Majowie powstał w czasach świetności Atlantydy. Został przewieziony na Jukatan przez kapłanów uciekających przed niechybną śmiercią.

Dawni kapłani zewnętrzni przetrwali po dziś dzień w osobach żyjących Majów, takich jak na przykład Hunbatz Men, kapłan i szaman. Tajemna starszyzna wybrała go w latach osiemdziesiątych ubiegłego wieku na swego rzecznika w świecie zewnętrznym. Obecnie zastąpił go skromny człowiek, Don Pedro Pablo, również wybrany przez starszyznę. Postacią jeszcze głębiej zakorzenioną w kulturze Majów jest Don Alejandro Cinlo Perez Oxlaj, który przechowuje oryginalne informacje sięgające początków tej kultury. Don Alejandro przewodniczy obecnie Wysokiej Radzie Majów zrzeszającej ponad czterystu członków starszyzny Meksyku, Belize i Gwatemali. Czas ukaże głębię jego wiedzy i mądrości.

Wielka Biała Piramida

Nakkalowie, kapłani wewnętrzni Atlantydy, przybyli do Tybetu z wielkimi trudnościami, aby zbudować jedną z największych piramid na świecie. Do jej konstrukcji użyli solidnych białych kamieni. Dziś wygląda tak, jakby wzniesiono ją współcześnie, pozostaje w idealnym stanie. Wygląda jak nowa.

Celem zbudowania Wielkiej Białej Piramidy było określenie dokładnej lokalizacji energii kundalini Ziemi oraz skupienie owej energii tak, by służyła ona rodzajowi ludzkiemu. Piramida stworzyła obszar energetyczny rozciągający się bardzo daleko. Tym samym zamieszkujący go ludzie doświadczali przemiany umysłu, ciała i serca. Jedni przemieniali się w większym stopniu niż inni, ale przy odpowiednim przeszkoleniu zmiany były nieuniknione dla wszystkich. Pojawili się między nimi wielcy nauczyciele duchowi, których oświecenie zaczęło promieniować na resztę świata. Tak więc Tybet, część Chin, Indie oraz Nepal stały się nowymi ośrodkami Światłości Świata (mimo że w czasie wznoszenia piramidy kraje te jeszcze nie istniały).

Minęło prawie sześć tysięcy lat od czasu zatonięcia Atlantydy, zanim ludzie zaczęli sobie przypominać, kim są w istocie, a ich cywilizacja rozpoczęła okres ponownego rozkwitu. Przez owe tysiące lat Nakkalowie trwali przy Wielkiej Białej Piramidzie, aby ją chronić i rosnąć w promieniach jej oświecającej energii. Ostatecznie Bractwo dało początek rasie Tybetańczyków, która przetrwała po dziś dzień.

Stopniowo wpływ Świetlistego Węża przyczynił się do narodzin tak wielkich dusz, jak Lao Tsy, który napisał *Tao Te Ching* –czyli *Droga Życia* – jedno z największych dzieł, jakie stworzył człowiek. Również z tego obszaru pochodzi *I-Ching*, jedna z najbardziej zadziwiających ksiąg świata. Z tego rejonu pochodzi Budda, twórca buddyzmu – religii światowej, która według mego doświadczenia charakteryzuje się najgłębszym zrozumieniem pól ludzkiej energii oraz wymiarów świadomości wykraczających poza naszą świadomość codzienną. Buddyzm tybetański jest jedynym wyznaniem pamiętającym o Mer-ka-ba, ludzkim ciele świetlistym, a co ważniejsze, również o tym, jak można je stworzyć i jak z niego korzystać. (Mer-ka-ba jest ludzkim polem energetycznym promieniującym na długość dziesięciu metrów poza ciało we wszystkich kierunkach.) Region ten wydał też na świat wielu wielkich mężczyzn i kobiet (głównie mężczyzn, bo w męskiej części cyklu). Przyczyną tego była energia Białego Węża spoczywającego pod Wielką Białą Piramidą, zbudowaną przez starożytne Bractwo Nakkal.

Wkrótce jednak wszystko ulegnie zmianie po raz kolejny.

Współcześni Majowie wiedzieli dzięki swojemu zadziwiającemu kalendarzowi, najdokładniejszemu spośród kalendarzy stworzonych przez ludzi, że zbliża się czas szczególny. Jak wielkie słońce, które wstaje, by opromienić poranek i piękno żywego świata, jakaś potężna siła w Ziemi poruszyła się, aby ukazać fantastyczne zjawisko, które zostało dawno utracone przez ludzkie dusze. Głęboko w brzuchu Matki Ziemi pradawna energia powoli budziła się, poruszając się na boki wężowym ruchem. Owa wężowata energia odczuwała silną potrzebę znalezienia nowego domu, nowej ekspresji życia w czasie, kiedy na Ziemi nastawała era Wodnika.

Pragnienie to budzi się w niej raz na 12 920 lat!

Chiny najeżdżają Tybet, a Świetlisty Wąż zaczyna się przemieszczać

Lama Panczen, drugi po Dalaj Lamie, który był wówczas jedenastoletnim chłopcem, poprosił Chiny w 1949 roku, aby „zjednoczyły ziemię matki” i na powrót przyjęły Tybet. Ówczesny przywódca komunistyczny, Mao Tse-tung odpowiedział na tę prośbę proklamacją. Zamierzał rzekomo „uwolnić Tybet z rąk cudzoziemskich imperialistów”.

W 1949 roku Chiny najechały Tybet.

Świat był wówczas jeszcze zmęczony i osłabiony falą śmierci i bólu, jaką przyniosła II wojna światowa, która zakończyła się zaledwie przed czterema laty. Brytyjczycy, którzy deklarowali w ONZ, iż „żywo interesuje ich zachowanie autonomii Tybetu”, nie mieli w owym czasie dość zapału ani środków, by stawić opór Chińczykom. Nie wsparli Tybetańczyków, ani nie stanęli w ich obronie.

W roku 1959, po tybetańskim powstaniu w Lhasa i jego okrutnym zdławieniu przez Chińczyków, Dalaj Lama musiał szukać schronienia w Indiach, a wraz z nim tysiące tybetańskich uchodźców.

W tym samym czasie, po trzynastu tysiącach lat spoczynku, Świetlisty Wąż zaczynał wynurzać się z Wielkiej Białej Piramidy na powierzchnię Ziemi. Z początku powoli, potem w coraz szybszym tempie, energia kundalini przemieszczała się przez Tybet. Jednego dnia opuściła kraj razem z Dalaj Lamą i przeniosła się do Indii. Tak jakby Dalaj Lama wezwał Węża do opuszczenia Tybetu.

Ale ruch Świetlistego Węża do Indii był zaledwie początkiem jego długiej ziemskiej podróży, w której przemierzył niemal całą planetę, podobnie jak trzynaście tysięcy lat wcześniej, kiedy opuścił Atlantydę, aby przenieść się w góry Tybetu.

Wielkie Spotkanie

Po drugiej stronie świata starszyzna Majów zamieszkująca Meksyk, Belize i Gwatemalę, zwołała wielkie zgromadzenie wszystkich plemion Majów. Było to pierwsze tak liczne spotkanie w czasach współczesnych, a zatem naprawdę wielkie wydarzenie.

Powodem zwołania zgromadzenia był kalendarz Majów, który wyraźnie pokazywał, że w 1959 roku do ich rejonu wkroczy Świetlisty Wąż i że będą potrzebowali wsparcia rdzennych plemion Ameryki Północnej i Południowej.

Starszyzna Majów spotkała się więc, aby odprawić wspólną ceremonię zwieńczającą proroctwo kalendarza: koniec wielkiego cyklu oraz początek nowego, a wraz nim początek nowego świata. Miał to być świat, w którym całe niebiosa otworzą się przed ludzkością, kiedy będziemy mogli badać nasze naturalne środowisko przestrzeni, czasu oraz wymiarów pozaziemskich. Przepowiednia głosiła nastanie pokoju i duchowego wzrostu. Majowie z Gwatemali określili datę rozpoczęcia nowego cyklu na 9 lutego 2013 roku.

Dlaczego nie był to dzień 21 grudnia 2012, określony przez punkt przesilenia w Wodniku? Przykro mi, ale nie mogę Wam powiedzieć. O to będziecie musieli zapytać Majów z Gwatemali, ponieważ tylko oni rozumieją tę dwumiesięczną różnicę w czasie.

Podobnie jak Bractwo Nakkal przed nimi, Majowie zwołali zgromadzenie, aby podzielić się swoją wiedzą i przepowiednią z całą kulturą, która dzięki temu mogła przygotować się na przejęcie kosmicznej odpowiedzialności związanej z przewodnictwem i ruchem odwiecznego Świetlistego Węża. Podczas zgromadzenia odkryto, że Majowie z nizin, ci, którzy zamieszkiwali Meksyk i Belize, utracili – wraz z upływem czasu i najazdami hiszpańskich konkwistadorów – całą swoją wiedzę i przepowiednie, a ich żywe dziedzictwo zanikło. Matka Ziemia przyjęła jednak z ulgą fakt, iż nie zostało ono utracone bezpowrotnie, bowiem przetrwało w Gwatemali. Tamże, w wysoko w górach, w pobliżu pięknego starożytnego miasta Tikal, starszyzna Majów, której większość przedstawicieli przekroczyła setny rok życia, przechowywała wiedzę oraz proroctwa przywiezione tam z Atlantydy przed trzynastoma tysiącami lat.

Starszyzna Gwatemali przekazała Majom z nizin „piętnaście ksiąg" wraz z nakazaniem przeczytania ich i nauczenia się tej wiedzy. W przyszłości mieli oni otrzymać kolejne księgi. W ten sposób zapoczątkowano powrót kalendarza Majów, ich wiedzy oraz przepowiedni.

Świat zewnętrzny nie wiedział wówczas o tej wymianie, zresztą nie był nią zainteresowany. Opanował go materializm.

Interwencja człowieka uprzemysłowionego

Niektórzy badacze kierujący się najlepszymi intencjami, tacy jak Jose Arguelles i inni, podjęli studia nad kalendarzem Majów w przekonaniu, że Majowie z Meksyku przechowali swoją wiedzę w stanie nienaruszonym. Nie było to zgodne z prawdą. Ich wiedza była niekompletna, bowiem nie dostali jeszcze wszystkich ksiąg z Gwatemali. Od tej pory napisano wiele książek na temat kalendarza Majów, nie można ich jednak traktować jako rzetelnego źródła informacji, bowiem Majowie z Gwatemali wciąż jeszcze nie dokonali pełnego przekazania swojej wiedzy.

Według nich Majowie z nizin powinni przeczytać jeszcze pięć „ksiąg". W szesnastej, zatytułowanej *Księga Owadów i nieruchomych Gwiazd*, znajduje się sposób określania początku i końca cykli kosmicznych. To dlatego nie rozumiano nigdy daty 21 grudnia 2012, zaś o 9 lutego 2013 w ogóle nie słyszano.

Świetlisty Wąż szuka nowego domu

Świetlisty Wąż powędrował za Dalaj Lamą do Indii, ale nie zatrzymał się tam. Podążał dalej w swojej podróży po całej planecie Ziemi.

Proces ten trwał dziesięć lat, od roku 1959 po schyłek lat sześćdziesiątych ubiegłego wieku. Ostatecznie, u kresu drogi, energia kundalini Ziemi przekroczyła Kanadę i wniknęła na obszar Stanów Zjednoczonych, Meksyku, Belize, Gwatemali oraz głębiej do Ameryki Środkowej.

Kiedy dotarła do Panamy, wydarzyło się coś nieoczekiwanego, czego nie spodziewała się większość rdzennych plemion z wyjątkiem Majów. Kiedy Świetlisty Wąż osiągnął Kanał Panamski, nie mógł go przekroczyć. Kanał Panamski jest największą linią geomantyczną Ziemi. Tak dosłownie, jak i pod względem energetycznym, oddziela on od siebie dwa kontynenty. W ten sposób siłą zatrzymał energię kundalini przed wkroczeniem do Ameryki Południowej.

Energia kundalini Ziemi została zablokowana. Wielu uważa, że zatrzymanie Świetlistego Węża stało się źródłem wojny i problemów w Kolumbii oraz w krajach sąsiednich. Zatrzymana energia kundalini wywołała potężne zakłócenie równowagi energetycznej. (To samo zjawisko może wystąpić u pojedynczej osoby. Kiedy kundalini wznosi się w górę kręgosłupa i natrafia na czakrę, która została zablokowana, nie może kontynuować procesu wznoszenia, mimo że nadal próbuje. Może to spowodować ból, chorobę, a nawet śmierć, jeśli problem nie zostanie rozwiązany.) Problem zablokowania energii kundalini Ziemi dotyczył wielu rdzennych plemion świata, które nie potrafiły go rozwiązać przez wiele lat.

Nikt, z wyjątkiem Majów, nie wiedział, co robić.

PERU ODPOWIADA NA NOWY CYKL

Tymczasem w wysokich górach Peru pewien w pełni oświecony człowiek, Oskar Ichazo wraz z dwunastoma ludźmi, którzy otaczali go jak Jezusa, był przygotowany do podjęcia działania w celu dopełnienia wędrówki energii kundalini Ziemi oraz przygotowania świata na nadchodzącą nową erę. Grupa Ichazo spodziewała się, że Świetlisty Wąż osiedli się wysoko w północnych górach Chile przed końcem lat sześćdziesiątych, co oznaczałoby dla niej początek pracy.

Oskar wraz z jednym z dwunastu wspaniałych ludzi, Claudio Naranjo, udał się w połowie lat sześćdziesiątych do Stanów Zjednoczonych, aby przedstawić światu uprzemysłowionemu starożytną wiedzę opierającą się na niezrozumiałej w owym czasie nauce, czyli na świętej geometrii, którą Oskar nazywał *Arica.*

Claudio zamierzał nauczać innej formy wiedzy w oparciu o dzieło wielkiego rosyjskiego sufity, Gurdżijewa. Wiedza ta pochodziła z Enneagramu, systemu wiążącego przemianę człowieka z dźwiękiem i muzyką. Claudio chciał zaprezentować mało znany aspekt owej wiedzy, mocą którego osobowość ludzka mogła zostać podzielona na dwadzieścia siedem form. Miał prosty cel: ofiarować światu uprzemysłowionemu narzędzie, dzięki któremu mógłby on przełamać koło „typów ego" i wkroczyć do świata wyższego oświecenia. Claudio był przekonany, że stosowanie tej praktyki stanie się początkiem przemiany całego świata, polegającej na przełamaniu naszej materialistycznej postawy wobec życia, abyśmy mogli osiągnąć wyższe czakry i uzyskać dostęp do większego potencjału.

Całe przedsięwzięcie zakończyło się jednak zaledwie po kilku latach. Pewnego dnia Oskar zamknął swoją szkołę, która zyskała sobie zwolenników w całych Stanach Zjednoczonych i powrócił do Peru. Dlaczego? Odpowiedź jest prosta – Świetlisty Wąż został zatrzymany, jego wędrówka nie dopełniła się w wyznaczonym czasie (w każdym razie nie w tym, który obliczyły rdzenne plemiona) i nikt nie wiedział, kiedy dobiegnie końca. Majowie, rzecz jasna, wiedzieli dokładnie, kiedy Wąż dotrze na miejsce przeznaczenia, wiedzieli, jak należy usunąć przeszkodę oraz kiedy zostanie ona usunięta. Na razie jednak milczeli i czekali.

Ceremonia Orła i Kondora

Majowie wiedzieli, że problem nie zostanie rozwiązany dopóty, dopóki nie odbędzie się Ceremonia Orła i Kondora. Tak pokazywał ich kalendarz. Wiedzieli również, że potrzeba więcej ludzkiej energii niż ta, którą zgromadzono w Ameryce Środkowej i Południowej, aby wznieść potężny strumień energii Świetlistego Węża. Potrzebowali wsparcia i współpracy Ameryki Północnej. Ceremonia miała połączyć Amerykę Północną, Orła, z Ameryką Południową, Kondorem, aby odtąd pracowały one jako jedno, pomagając energii kundalini Ziemi w dotarciu na miejsce swego przeznaczenia.

Wiele plemion, w tym również białych ludzi naśladujących rdzenne plemiona, sądziło, że może odprawić tę ceremonię. Powtórzono ją kilkakrotnie. Nie rozumiano jednak, że Ceremonia Orła i Kondora musiała zostać odprawiona we właściwym czasie w przyszłości oraz że mieli jej przewodzić Majowie.

19 lutego 2001 roku, tak jak zapowiadał kalendarz Majów, Majowie, a wraz z nimi około dwustu innych rdzennych narodów Ameryki Północnej, Środkowej i Południo-

wej, zgromadzili się w Gwatemali i odprawili tam prawdziwą Ceremonię Orła i Kondora. Została ona udokumentowana w pięknym filmie, zatytułowanym *Biała Droga: Wizje Rdzennych Narodów Ameryk*. Zacytowałem go na końcu tej książki.

Kiedy ceremonia została odprawiona, pojawiła się możliwość zaradzenia blokadzie Białego Węża tak, by mógł on dotrzeć na miejsce swego przeznaczenia i zwinąć się głęboko w Ziemi na następnych trzynaście tysięcy lat, aby zaprezentować światu nową duchową wiedzę i energię służącą dalszemu rozwojowi ludzkości.

Dwa Wielkie Ptaki Lecą jak Jeden

Nieco później tego samego 2001 roku, narody zamieszkujące obie Ameryki, również Eskimosi, Indianie Hopi oraz wiele innych plemion Stanów Zjednoczonych oraz Majowie, rzecz jasna, a wraz z nimi ponad pięćset plemion z obu kontynentów, rozpoczęły współpracę w jednym celu: aby wspomóc Wielkiego Białego Węża w przekroczeniu Kanału Panamskiego i zakończeniu wędrówki.

Majowie zwrócili się do mnie o pomoc, ponieważ wywodzę się z plemienia Ameryki Północnej – Taos Pueblo z Nowego Meksyku. Wyznaczono trzy dni września 2001 roku, w których każde plemię i każdy z jego członków z osobna mieli pracować na swój własny sposób, aby osiągnąć ów cel. W tym czasie rdzenne plemiona obu kontynentów rozpoczęły swoje ceremonie.

Pamiętam, że zrezygnowałem wówczas ze swojej pracy i poświęciłem owe trzy dni na medytację. W mojej tradycji pracuje się z ludzkim ciałem świetlistym, Mer-ka-ba. Umieściłem więc żywe pole Mer-ka-ba nad Kanałem Panamskim i pogrążyłem się w głębokiej medytacji, używając całej swojej wiedzy, aby pomóc energii kundalini Ziemi w przekroczeniu kanału.

Pierwszego i drugiego dnia wydawało się, że nic się nie wydarzyło. Czułem ogromną energię tak wielu zaangażowanych ludzi pracujących wspólnie, ale nie odbierałem żadnych oznak poruszenia się Węża. Zaczynałem już myśleć, że nam się nie udało, ale odsuwałem od siebie zwątpienie i nie przerywałem medytacji.

Pod koniec trzeciego dnia poczułem, że coś się stało. Z początku był to mały przepływ energii, jakby niewielki jej przeciek, jednak zaczął on przybierać na sile, nabierał mocy. Ostatecznie Świetlisty Wąż uwolnił się i zaczął energetycznie przesuwać się na boki tak jak wtedy, gdy przemieszczał się po świecie. Wkroczył do Kolumbii z wielką mocą i determinacją, po czym podążał dalej do Ameryki Południowej, przemierzając po kolei wszystkie kraje.

Cały świat rdzennych narodów odetchnął z ulgą, powietrze na obu kontynentach wypełniły okrzyki radości. Dwa wielkie ptaki lecące jak jeden sprawiły cud. Majowie wiedzieli, że tak będzie, bowiem przepowiedział to ich święty kalendarz, a jednak rzeczywiste wydarzenia ich również napełniły ekscytacją. Było to głębokie doświadczenie wywołujące silne emocje.

Jednocześnie wysoko w Andach, na terenie północnego Chile, 112 plemion zasiadło w wielkim kręgu oczekując na przybycie Świetlistego Węża. Nowa lokalizacja jego pobytu została precyzyjnie określona przez Majów. Przedstawiciele rdzennych narodów zatoczyli krąg wokół tego miejsca. Śpiewali i tańczyli podczas ceremonii stanowiącej najważniejsze wydarzenie od tysięcy lat. Ten niewielki skrawek ziemi stał się wówczas najświętszym miejscem na powierzchni planety.

Mężczyźni i kobiety o czystych sercach odprawiali swoją ceremonię przez kilka miesięcy, aż Świetlisty Wąż dotarł nareszcie na swoje święte miejsce przeznaczenia w Ziemi. Stamtąd weźmie początek transformacja Chile i Peru, które staną się nowym Tybetem i Indiami. To tutaj narodzą się wielcy nauczyciele – ludzie, których światło opromieni świat, podobnie jak miało to miejsce w Tybecie oraz w Indiach.

Mój udział w tej trwającej nadal sadze dopiero się rozpoczynał. Trzeba było dokonać znacznie więcej. Nie miałem pojęcia o zmianach, które miały nastąpić w moim życiu. Matka Ziemia wpisała mnie na listę członków Plemienia Tęczy, służącego wolności i oświeceniu. Pewna część mojego życia miała ukazać mi się w sposób, jakiego nie potrafiłbym sobie wyobrazić.

Cóż innego mogłem zrobić, niż poświęcić się tej służbie?

ROZDZIAŁ CZWARTY

Piramida Nakkalów

Obudziłem się pewnego ranka 1985 roku wysoko na suchej pustyni Nowego Meksyku, około 3000 metrów nad poziomem morza. Wokół mnie, jak okiem sięgnąć, rozciągał się ocean szałwi o barwie szarozielonej. Tylko na wschodzie sterczały pod niebo sylwetki zachwycających gór Sangre de Cristo (Krew Chrystusa). Na ich szczytach, mimo że był to letni poranek, wciąż jeszcze leżała warstwa śniegu. Nie był to widok niezwykły. W tych rejonach śnieg utrzymuje się czasem przez cały rok. Na zachodzie, ukryty przed wzrokiem, rozciągał się głęboki kanion rzeki Rio Grande, potajemnie wijącej się przez te rejony pustyni, gdzie rzadko zapuszczają się ludzie. Na północy, około trzydziestu pięciu kilometrów od mojego domu, stoi druga pod względem wielkości wolno stojąca góra Ute.

Na tej górze na początku dziewiętnastego wieku kawaleria amerykańska usiłowała wyeliminować Indian Ute. Indianie bronili się przed straszną niesprawiedliwością, jakiej doznali ze strony rządu Stanów Zjednoczonych. Uznał on, że stanowią oni zagrożenie i należy ich wymordować.

Kawaleria ścigała Ute przez setki kilometrów, aż dotarli oni do góry, która otrzymała później swą nazwę na ich cześć. Zarówno Indianie, jak i kawaleria wiedzieli, że na górze nie ma wody. Mimo to uciekinierzy desperacko szukali schronienia na jej szczycie. Kawaleria okrążyła szczyt i czekała. Nie miała pewności, czy Indianie rzeczywiście tam się ukryli, ale czekała w nadziei, że pozbawieni wody będą musieli zejść prędzej czy później.

Legenda głosi, że Indianie modlili się w tym czasie do Matki Ziemi o wodę. Wiedzieli, że bez niej przyjdzie im zginąć z pragnienia lub z rąk kawalerii, która wymordowałaby wszystkich mężczyzn, kobiety i dzieci.

Matka Ziemia mieszkająca w sercach Ute odpowiedziała na ich prośby. Z góry wytrysnął strumień wody, który ożywił ich ciała i ocalił im życie.

Trzy miesiące później kawaleria uznała, że Indianie nie mogli schronić się na szczycie góry i zrezygnowała z czekania. Plemię Ute przetrwało po dziś dzień dzięki górze i cudowi, którego energia opromienia całą dolinę, w której mieszkałem w 1985 roku.

Tymczasem leżałem rozmyślając o tym, że tego ranka stało się coś dziwnego, nie potrafiłem jednak określić, co się zmieniło. Uczucie to towarzyszyło mi przez cały dzień.

Należałem wówczas do grupy kobiet i mężczyzn prowadzących szkołę ezoteryczną pod nazwą Szkoła Tajemnicy Nakkal. Nazwa ta pochodzi od aniołów, które jednak nie powiedziały nam, skąd się wzięła. Wiedziałem, że Nakkalowie byli starożytnymi kapłanami Atlantydy, ale poza tym nie miałem o nich więcej informacji. Zaakceptowałem tę nazwę, zasugerowaną nam z wyższego źródła.

Nasza szkoła mieściła się na dwudziestu akrach ziemi. Otaczały nas dosłownie miliony akrów ziemi niezamieszkałej przez nikogo. Mieliśmy dwa budynki, naturalny ogród, niewielką przestrzeń mieszkalną, obszar do pracy oraz garaż. Było tam piękne centrum konferencyjne o ścianach wysokich na osiem metrów, zbudowane na planie pięciokąta i co najważniejsze, śliczny podziemny pokój do modlitwy nazywany „kiva". Miejsce było idealne do nauki.

Całkowita izolacja od cywilizacji znacznie ułatwiała nam pracę. Nikt nas nie osądzał ani nie oceniał wyników naszej pracy, co mogłoby się wydawać dziwne niektórym przedstawicielem kultury współczesnej. Na przykład w czasie każdego nowiu rozpalaliśmy wielki ogień, żeby rozgrzać kamienie w łaźni parowej, zgodnie z tradycją Rdzennych Amerykanów. Przed wejściem do łaźni około czterdziestu osób pościło przez cały dzień. Biliśmy w bębny i śpiewaliśmy godzinami, wzywając Matkę oraz Wielkiego Ducha. Przenosiliśmy się do naszych serc, czekając aż kamienie przybiorą żywą czerwono-pomarańczową barwę.

Kiedy nadchodził odpowiedni moment wchodziliśmy do podziemnego kiva spowitego w ciemnościach. Byliśmy nadzy i pełni pokory, całkowicie świadomi świętości przebywania z Matką. Czuliśmy się tak, jakbyśmy znajdowali się w jej łonie. Prana, próżnia, ziemia, woda, ogień i powietrze – wszystkich sześć żywiołów stworzenia było obecnych podczas tej ceremonii.

Tego popołudnia usłyszałem okrzyk czyjegoś zdziwienia. Pobiegłem zobaczyć, co się stało. Słońce chyliło się ku zachodowi, na wschodzie zaś, nad pasmem gór miękko padał deszcz.

Zrozumiałem sens okrzyku. Góry Sangre de Cristo opasała najpiękniejsza tęcza, jaką kiedykolwiek widziałem. Nie był to łuk pojedynczy, ale potrójny. Tęcza w tęczy, ukryta w jeszcze jednej tęczy. Niezwykle żywe wibrujące kolory wydawały się naładowane energią. Oniemiałem z wrażenia.

Kiedy tak stałem wpatrując się w owo cudowne zjawisko, ogarnęło mnie to samo uczucie, które pojawiło się rankiem. Ten dzień był szczególny. Nie wydarzyło się wprawdzie nic, co potwierdziłoby to przeczucie z wyjątkiem tej zachwycającej tęczy. Mimo to uczucie nie opuszczało mnie.

Następnego ranka pod nasz budynek konferencyjny zajechała biała nieoznakowana półciężarówka. Mieszkaliśmy na odludziu, toteż rzadko ktoś nas odwiedzał, o ile nie prowadziliśmy warsztatów.

Z samochodu wysiadło czterech mężczyzn w wieku trzydziestu paru lat. Wszyscy weszli do budynku konferencyjnego. Mieściła się tam mała kuchnia, w której właśnie przygotowywałem śniadanie. Jeden z gości otworzył drzwi frontowe, popatrzył na mnie i zapytał:

„Czy wiesz, gdzie możemy znaleźć człowieka o imieniu Drunvalo?".

Rysunek 3: Kwiat Życia

Powiedziałem, kim jestem, a mężczyzna od razu przeszedł do rzeczy.

„Widziałeś już ten wzór?" – spytał, podając mi rysunek Kwiatu Życia. Dziewiętnaście okręgów znałem tak dobrze, jak własną dłoń.

Odkryłem ten wzór na jednym z murów Egiptu pochodzącym sprzed 6 000 lat. Później odkrywałem go w innych miejscach na całym świecie: w Indiach, Anglii, Irlandii, Turcji, Izraelu, Polsce, Szwajcarii, Grecji, Chinach, Japonii, Meksyku oraz w pięćdziesięciu innych krajach, niemal zawsze w miejscach starożytnych. Nadal każdego roku natrafiamy na ten wzór w nowych miejscach. Przekonacie się jednak, że największe znaczenie miało odnalezienie go również w Tybecie.

Nauczam o tym wzorze od 1984 roku i dlatego właśnie ci mężczyźni dowiedzieli się o mnie i przyjechali, by dowiedzieć się, co on oznacza.

Zapytałem, dlaczego interesuje ich Kwiat Życia. Wtedy usiedli wokół mnie i zaczęli opowiadać bardzo długą historię odkrycia pewnej niezwykłej piramidy w Tybecie, którego dokonali kilka miesięcy wcześniej. Opowiedzieli mi fantastyczne rzeczy.

Było to tak dawno temu, że zapomniałem ich imiona, ale ten, który wydawał się przewodniczyć całej grupie, był bardzo przejęty i przemawiał jako autorytet. Wyjął mapy i zdjęcia, rozłożył je na stole, a potem popatrzył mi w oczy.

Opowiedział mi o pierwszej wyprawie badawczej, jaką podjęli w poszukiwaniu tybetańskiej piramidy. Twierdził, że nie byli wówczas przygotowani do trekkingu. Dotarcie do piramidy ukrytej wysoko w zachodniej części Himalajów zajęło im sześć miesięcy. Nie istniały szczegółowe mapy tego obszaru, bowiem rzadko kto tam wędrował. Nie mogli więc obliczyć dokładnie, ile czasu zajmie im wyprawa.

Sprawę jeszcze bardziej komplikował fakt, że piramida była biała, a w dodatku śnieg przykrywał ją przez cały rok z wyjątkiem dwóch lub trzech tygodni, toteż musieli dotrzeć na miejsce w określonym czasie, żeby odnaleźć budowlę w nadziei, że uda im się wejść do środka.

Mężczyzna powiedział, że pierwsza ekipa dotarła do górskiej grani, skąd mogła zobaczyć w dole wspaniałą piramidę stojącą w dolinie, nie mogła jednak kontynuować wyprawy, nie narażając się na pewną śmierć. Zabrakło im żywności i musieli zawrócić. Było to, jak sądzę, na początku lat osiemdziesiątych. Już po kilku latach jednak mężczyźni siedzący wokół mego stołu spróbowali jeszcze raz.

Tym razem byli lepiej przygotowani i przybyli pod tybetańską piramidę w czasie, w którym mogli się do niej dostać bez przeszkód. Zadziwiło ich to, że – w przeciwieństwie do Wielkiej Piramidy w Egipcie – nie była zapieczętowana. Miała jedno wejście, którym dostali się do środka.

W ciągu następnych dwóch dni opowiedzieli mi historię odnalezienia piramidy, którą nazwali Wielką Białą Piramidą. Opisali, jak wyglądała: nie było tam żadnych znaków, napisów, ani hieroglifów na ścianach, z wyjątkiem jednego dużego obrazu umieszczonego wysoko na centralnej ścianie w głównej sali. Było to przedstawienie Kwiatu Życia. To dlatego chcieli mnie odszukać i dotarli aż tutaj, na pustynię.

Prosili, bym wyjaśnił im znaczenie symbolu Kwiatu Życia. Mieli nadzieję, że naprowadzę ich na ślad budowniczych piramidy.

Nie mogłem im wyjaśnić znaczenia Kwiatu Życia w ciągu kilku godzin. Zostali więc na dwa dni. Jest to wzór stworzenia całego wszechświata oraz wszystkiego, co się w nim zawiera, również istot żywych. Jest to nawet wzór stworzenia tych aspektów wszechświata, których nie uważamy za istniejące obiekty czy też za materię – emocji oraz uczuć.

Postarałem się jednak i zorganizowałem dla nich skrócony kurs wiedzy o Kwiecie Życia z pominięciem wszystkich ceremonii, kręgów modlitewnych, opowieści oraz, rzecz jasna, rytuału łaźni parowej Rdzennych Amerykanów.

Moi goście czuli, że spotkało ich wielkie szczęście, jako że pierwsi dotarli do owej niezwykłej budowli. Twierdzili, że w pobliżu nie było innych piramid – ta tkwiła samotnie w opuszczonym miejscu położonym w niedostępnych rejonach Himalajów. Wciąż powtarzali, jakie to dziwne, że piramidę zbudowano w miejscu, które nie nosiło żadnych innych śladów cywilizacji.

Jednak nie opuszczało mnie uczucie, które pojawiło się poprzedniego dnia. Wciąż spodziewałem się jakichś szczególnych wydarzeń. Wiedziałem, że te informacje są znaczące, ale nie zdawałem sobie sprawy, jak bardzo.

Moi gości odjechali w wielkim podnieceniu. Tymczasem do mnie wiąż powracały fotografie, które mi pokazali. Nadal czułem, że zawierały szczególny przekaz, jednak nic mądrego nie przychodziło mi do głowy.

Ostatecznie po kilku dniach, kiedy siedziałem w medytacji, pojawiło się dwóch aniołów i powiedziało: „Ta piramida jest Piramidą Nakkal. Wiemy, że teraz tego nie rozumiesz, ale z czasem pojmiesz wszystko. Wszystko zostanie ci objawione".

Dlaczego „Piramida Nakkal"? Wówczas wiedziałem jedynie, że Nakkalowie byli wysokimi kapłanami z Atlantydy. Nie sądziłem, że mieli cokolwiek wspólnego z Tybetem.

Tak wielu rzeczy jeszcze nie wiedziałem. Ufałem jednak aniołom i zapamiętałem ich słowa. Kiedy do mnie przemawiały, czułem się zawsze jak dziecko, które próbuje zrozumieć otaczający świat, czasem w zadziwieniu, czasem w podnieceniu, ale najczęściej w zachwycie nad życiem oraz sposobem, w jaki anioły przekazywały mi wiedzę tak, bym mógł ją ogarnąć swym rozumem.

Szkoła Wiedzy Tajemnej Nakkalów z czasem się rozpadła, podobnie jak wszystkie takie szkoły, jednak pamięć o moich gościach i piramidzie, którą odnaleźli nie opuszczała mnie. Anioły opowiedziały mi później całą historię, którą się z wami podzielę na kartach tej książki.

Świetlisty Wąż opuścił swój dom, piramidę Nakkal, i wędrował w poszukiwaniu nowego, nowej piramidy, a budowa Siatki Świadomości Jedności nad Ziemią była bliska zakończenia. W latach 1989-1990, cztery lata po tym, jak dowiedziałem się o istnieniu piramidy, sieć osiągnęła pierwszy poziom Jedności, ale Świetlisty Wąż nadal poszukiwał swojego miejsca na Ziemi i wydawało się, że nie jest zestrojony z kosmicznym DNA.

Pamiętajmy jednak, że Życie jest doskonałe.

ROZDZIAŁ PIĄTY

Równoważenie żeńskiego aspektu Siatki Świadomości Jedności

Zdolności parapsychiczne nie są uważane za ważne w większości tradycji duchowych, a mimo to adept musi przekroczyć tę domenę ludzkiej świadomości, aby przejść na drugą stronę. Podczas mego pobytu w Szkole Wiedzy Tajemnej Nakkal pod przewodnictwem aniołów uczono mnie tych zdolności na różnych poziomach.

Wiedzcie, że zdolności parapsychiczne są również uważane w wielu duchowych tradycjach za niebezpieczne, ponieważ adepci mogą osiągać w nich bardzo wysokie poziomy zaawansowania, a zarazem nadal znajdować się pod władzą ego. Trzeba wówczas postępować z wielką ostrożnością, ale nie ustawać w dążeniu. Jest to bowiem niezbędny krok na drodze do oświecenia.

Naukę rozpoczęliśmy od prostych rzeczy, takich jak postrzeganie aury. Aury są barwami elektromagnetycznymi otaczającymi ciało, powłokami w kształcie jaja. Można je zobaczyć za pomocą instrumentów naukowych oraz komputerów, ale są również dostrzegalne dla wyszkolonej ludzkiej świadomości.

Zasadniczo aura rozciągająca się od poziomu barków w górę stanowi głównie wasze myśli. Partia między barkami a kolanami wyraża przede wszystkim emocje i uczucia. Choroby ciała powodują różne zabarwienia emanujące z chorych części organizmu i przybierające różne kształty geometryczne. Kształty te oraz barwy ulegają przemianie w zależności od natężenia procesów chorobowych.

Postrzeganie aury prowadzi do jej odczytywania, co oznacza wiedzę na temat znaczenia kolorów. Dzięki temu uświadamiamy sobie, co ludzie myślą oraz czują. Nauka ta buduje subtelny pomost między świadomością własnej indywidualności i odrębności od świata zewnętrznego a stanem, w którym zdajemy sobie sprawę z tego, że istnieje tylko Jedna Świadomość oraz że wszystko można poznać i wszystkiego doświadczyć. W Jedynym Wszechświecie nie ma tajemnic.

W czasie nauki zacząłem odkrywać, że potrafię komunikować się z ludźmi, którzy znajdują się bardzo daleko. Nie chodzi mi o rozmowy w rodzaju tych telefonicznych, a raczej o połączenie wideofonu z telefonem, tyle że odbywające się drogą telepatyczną, dzięki czemu dowiadywałem się wszystkiego, co było ukryte poza słowami.

Moje pierwsze doświadczenie parapsychiczne na poziomie telepatii miało miejsce w 1971 roku. Wówczas to pewna kobieta z Indii wschodnich o imieniu Bupi Naopendara pojawiła się przede mną w formie jasnego punktu światła, jakby miniaturowego słońca, które wydawało się wynurzać z pustki. Znajdujące się parę metrów przede mną słońce zaczynało się rozszerzać, jego światło zostało przyćmione i ostatecznie utworzyło owalny kształt o szerokości około 120 cm i wysokości 90 cm. Środek otwierał się w miarę rozszerzania się słońca i pojawiło się w nim okno, przez które mogłem zajrzeć do innego miejsca w przestrzeni. Widziałem tam Bupi i rozmawiałem z nią, jakbyśmy znajdowali się w tym samym pomieszczeniu. Oprócz niej byli tam inni ludzie, których mi przedstawiła. Czasem pojawiał się nawet jej pies. Moje spotkania z Bupi odbywały się codziennie przez mniej więcej półtora roku.

Poznałem zatem aspekt Siddhi (hinduskie określenie „mocy parapsychicznych"), zanim zacząłem uczyć się w Szkole Wiedzy Tajemnej Nakkalów. Mimo to w chwili, w której rozpoczęła się ta historia, czyli w roku 1985, wciąż uważałem się za nowicjusza w tej dziedzinie.

Całe doświadczenie mych studiów nad zdolnościami parapsychicznymi było bardzo ekscytujące – czasem budziło niewielki lęk, ale przeważnie napełniało mnie entuzjazmem. Właśnie, kiedy zaczynałem nabierać pewności siebie, moi wewnętrzni przewodnicy wysłali mnie do świata, aby mogła ze mnie skorzystać lub sprawdzić mnie Matka Ziemia. Naprawdę nie wiedziałem wówczas zbyt wiele. A jednak najwyraźniej mogłem się na coś przydać Wniebowstąpionym Mistrzom oraz przewodnikom działającym na rzecz świadomości i uzdrowienia świata.

Kim są owi wewnętrzni i zewnętrzni przewodnicy? Trudno to wyjaśnić, więc proszę o wyrozumiałość. Dwie kule światła czy też anioły były jedną nicią spajającą całą materię, ale oprócz nich pojawiali się również inni mentorzy. Większość z nich żyła, część nie. Większość nauczycieli, którzy żyli jeszcze w roku 1985, przenieśli się obecnie, w roku 2007, do wyższych wymiarów bytu. Obecnie jestem pozostawiony samemu sobie. Pozostały ze mną tylko anioły, które prowadzą mnie przez życie.

Niemal wszyscy nauczyciele byli w jakiś sposób związani z Wielkim Białym Bractwem oraz Wniebowstąpionymi Mistrzami. Są to ludzie, tacy jak ty czy ja, którzy pod względem duchowym znacznie przekroczyli poziom ludzkości i żyją zazwyczaj w innych wymiarach świadomości Ziemi. Zarówno Wielkie Białe Bractwo, jak i Wniebowstąpieni Mistrzowie gromadzą w swoich szeregach ludzi, którzy doświadczają i bezpośrednio wpływają na trzeci wymiar Ziemi. Są to osoby takie jak Saint Germain oraz Tot, dwaj moi wewnętrzni mentorzy.

Do dzisiejszego dnia uczyłem się u dziewięćdziesięciu wielkich nauczycieli z każdej większej religii, poznałem również większość dyscyplin duchowych świata. Nie chcę jednak przez to powiedzieć, że jestem wspaniałym uczniem. Uczę się powoli i uważam raczej za leniwego. Jestem pewien, że wy poradzilibyście sobie z tym lepiej. Popełniłem wiele błędów i zdarzało mi się zapominać o mojej łączności z Wszelkim Istnieniem. Mogę jednak powiedzieć, że starałem się, jak mogłem i jeśli nauczyłem się czegoś, to tego, że Życie jest doskonałe, całe i kompletne i niczego w nim nie brakuje.

Strumienie Światła, Siatka Jedności Świadomości oraz Świetlisty Wąż

Kiedy około 1987 roku podróżowałem po Jukatanie, wydarzyło się coś, co było blisko związane z Piramidą Nakkalów i co znacznie wzbogaciło moją świadomość. To Majowie ukazali mi wówczas zjawisko, które nazywali Strumieniami Światła generowanymi przez szyszynkę. Te Strumienie Światła pojawiają się wokół ludzkiej głowy wtedy, kiedy człowiek jest duchowo zdrowy. Moi mentorzy i przewodnicy uważają, że ten krok w świadomości jest absolutnie konieczny, aby rozpocząć świadomy proces wstępowania.

Strumienie Światła stanowią połączenie między umysłem a sercem, a ich pojawienie się stanowi wielki krok na drodze do przypomnienia sobie naszego prawdziwego połączenia ze Stwórcą. Aby w pełni połączyć się z energią Świetlistego Węża na najwyższych poziomach, człowiek musi mieć Strumienie Światła funkcjonujące przynajmniej na minimalnym poziomie. Jest to zbyt złożone, by wytłumaczyć to w niniejszej książce. Napiszę w przyszłości inną, na wyższym poziomie zrozumienia. Jeśli potrzebujecie wyjaśnień już teraz, możecie wziąć udział w moich warsztatach, które prowadzę na całym świecie. Wówczas wyjaśnię wam to osobiście.

Tot

Jeden z moich mentorów wewnętrznych, którego często nazywam Thothem, Skrybą Egiptu, zjawił się przede mną na kilka lat przed odkryciem Piramidy Nakkalów. Tot został mi przypisany przez anioły. Miałem się u niego uczyć przez pewien okres czasu i nie było wątpliwości, że jego doświadczenie oraz mądrość przekraczały poziom mojego rozumienia.

W 1985 roku Tot powiedział do mnie: „Nastąpiło zaburzenie równowagi w Siatce Świadomości Jedności wokół Ziemi, szczególnie w jej żeńskim aspekcie. Potrzebujemy twojej pomocy. Doświadczenie to pomoże ci zarazem na drodze twego duchowego rozwoju. Zgodzisz się?".

Cóż, przede wszystkim, czym jest Siatka Świadomości Jedności? Jest to wiedza nieznana większości ludzi, choć dostępna większości rządów wpływowych krajów. Istnieją pola elektromagnetyczne o kształtach geometrycznych, które otaczają i zawierają w sobie Ziemię. Są ich miliony. Oglądane z przestrzeni kosmicznej błyszczą wokół niej światłem. Każdy żywy gatunek każdej żywej istoty, nawet robak, posiada – musi posiadać – siatkę energetyczną otaczająca Ziemię, w przeciwnym razie bowiem nie istniałby.

Ludzie nie są wyjątkiem. Istnieją trzy siatki związane ze świadomością ludzką. Pierwsza jest połączona z rdzennymi plemionami na całym świecie, które są najstarszymi przedstawicielami ludzkości, na przykład z australijskimi Aborygenami. Druga ma geometryczne kształty trójkątów i to ona pozwala istnieć na Ziemi naszej specyficznej (dobrej lub złej) świadomości. Trzecia jest Siatką Świadomości Jedności, o podstawie pentagonalnego dodekahedronu połączonego wewnętrznie z ikozahedronem, który jest nową siatką świadomości ewoluującej obecnie na Ziemi. Bez Siatki Świadomości Jedności ludzkość nie byłaby w stanie wstępować na wyższe poziomy świadomości, toteż jej znaczenie jest oczywiste.

To Stany Zjednoczone odkryły istnienie drugiej siatki, a Rosja trzeciej.

Siatka Świadomości Jedności powstawała przez 13 200 lat od chwili poprzedzającej „Upadek" – utratę świadomości, o której mówi Biblia. Od tamtej pory Życie próbuje przywrócić tę niezwykle ważną siatkę, aby ludzkość mogła powrócić do etapu ewolucji, na którym znajdowała się przed upadkiem. Na jednym poziomie jest to bardzo proste.

Siatka składa się z trzech części energetycznych: męskiej, położonej w Egipcie, żeńskiej, rozpościerającej się na wielkim okrągłym obszarze ze środkiem na Jukatanie w Meksyku oraz dziecięcej czy też neutralnej części zlokalizowanej w Tybecie. Część żeńska nie znajdowała się w stanie idealnej równowagi i potrzebowała uwagi. Owa żeńska część Siatki Świadomości Jedności stanowi kluczowy wątek poniższej historii.

Być może ułatwi wam zrozumienie tego fakt, że Siatka Świadomości Jedności oraz Wąż Świała są ze sobą wewnętrznie połączone. Siatka jest wzorem podtrzymującym oraz pozwalającym ludzkiej świadomości istnieć na określonym poziomie, tuż nad naszą obecną świadomością dobra i zła. Kundalini albo Świetlisty Wąż jest energią prowadzącą ludzkość do odnalezienia i uzyskania dostępu do Siatki Świadomości Jedności. Bez tej nowej specyficznej wibracji płynącej od Świetlistego Węża ludzkość zagubiłaby się i nigdy nie odnalazła drogi do wyższej świadomości. Wielki Duch zapewnił nam wszystko, czego nam potrzeba – i zrobił to doskonale.

Ale jest bardzo niewielu ludzi, którzy odnaleźli bezpośrednie połączenie ze Świadomością Jedności i którzy dają jej wyraz. Zaistnienie tej świadomości wymaga co najmniej dwóch osób. Prawda jest taka, że co najmniej 8 000 Wniebowstąpionych Mistrzów korzysta z tej siatki, by zachować świadomość. Osobiście uważam, że o wiele więcej ludzi przechodzi obecnie transformację ku Świadomości Jedności.

Najważniejsze jednak dla większości istot ludzkich jest to, że nasza rasa w najbliższej przyszłości ulegnie przemianie do siatki świadomości. Wniebowstąpienie nie opuści Ziemi, jak niektórzy sugerują. Będzie to jedynie zmiana w świadomości lub w sposobie interpretowania Jedynej Rzeczywistości.

Osiem Świątyń i Osiem Kryształów

Musiałem odpowiedzieć Thothowi. Czy podejmę się tego zadania? Powiedziałem: „Tak, pomogę. Nie wiem tylko, co miałbym robić".

„Nie martw się, Drunvalo. Postępuj zgodnie ze swym sercem. Procedury są zawsze takie same".

„Dobrze, a dokładnie, co mam zrobić?"

Tot odparł bez wahania: „ Udaj się do ośmiu świątyń Majów w Meksyku i Gwatemali i ułóż kryształy w konkretnym miejscu w każdej z nich. Kryształ musi zostać położony w idealnym miejscu z dokładnością co do kilku nanometrów, w przeciwnym razie bowiem nie zadziała, a wszelkie twoje zamierzenia spełzną na niczym.

Pokażemy ci, gdzie położyć cztery pierwsze kryształy, ale pozostałe musisz położyć samodzielnie. Możesz wypełnić to zadanie pod warunkiem, że będziesz kierował się sercem."

Następnego dnia wyjawiono mi nazwy ośmiu kryształów, powiedziano, że powinny być dużej wartości i nakazano mi kupić je jeszcze tego samego dnia. Pospieszyłem więc do znajomego sklepu z kryształami i przekonałem się, że będzie mnie to sporo kosztowało. Nie miałem wówczas wiele pieniędzy, ale cóż było robić. Kupiłem je.

Po powrocie do domu ułożyłem kamienie na ciemnoniebieskim materiale i pogrążyłem się w medytacji. Polecono mi wówczas udać się do domu Katriny Raphael, która była w owym czasie moją bliską przyjaciółką. Miałem ją poprosić, by wskazała po kolei kryształy, które miały się znaleźć w poszczególnych świątyniach. Wydawało mi się to głupie i do dzisiaj nie wiem, dlaczego miałem o to prosić właśnie Katrinę. Czy Tot nie mógł mi tego sam powiedzieć?

Zadanie nie było trudne, bo oboje z Katriną mieszkaliśmy w Taos, w Nowym Meksyku. Pojechałem do niej. Okazało się, że nie był to dla niej zwykły dzień. Katrina specjalizuje się w kryształach i pisała właśnie swoją pierwszą książkę na temat tej szczególnej wiedzy pod tytułem *Kryształowe Oświecenie*. Wydawca zażądał, aby oddała mu rękopis do godziny 17-tej owego dnia. Kiedy stanąłem w jej drzwiach, powiedziała od razu:

„Odejdź, Drunvalo, nie dzisiaj. Jestem zbyt zajęta".

Uniosłem palec wskazujący lewej ręki i poprosiłem:

„Katrina, potrzebuję tylko pięciu minut".

„Proszę cię, Drunvalo, mam mnóstwo roboty. Innym razem".

Nalegałem, bowiem kazano mi uzyskać informacje na temat właściwego umiejscowienia kryształów. Wreszcie zgodziła się.

„Dobrze, ale tylko pięć minut i ani sekundy dłużej".

Pospiesznie wyjaśniłem jej historię ośmiu świątyń i ośmiu kryształów, a następnie wręczyłem otrzymaną listę. Przeczytała ją w trzy sekundy, otworzyła zawiniątko z kryształami i bez zastanowienia dobrała kryształy do kolejnych świątyń. Zajęło jej to mniej niż osiem sekund.

„Do widzenia, Drunvalo. Muszę wracać do pracy".

„Dobrze, dobrze" – mamrotałem. – „Muszę tylko zapisać, co mi powiedziałaś".

Dziś, kiedy wspominam tamto spotkanie, wiem, że Katrinę zainspirowała w wyborze odpowiednich kryształów ich prawdziwa wielkość. Kiedy podróżowałem od świątyni do świątyni, przekonałem się, że każdy wskazany przez nią kryształ miał dokładnie taką samą barwę jak kolor pierwotny i(lub) energia danej świątyni. Wciąż nie rozumiem, dlaczego nie powiedziano mi tego od razu. Pewnie miałem nauczyć się ufności.

Podczas podróży do Meksyku i Gwatemali, która miała wiele wspólnego ze zdolnościami parapsychicznymi, zrozumiałem, że ta historia ma jeszcze jeden aspekt. Aby go omówić, muszę cofnąć się do początku.

Pueblo Taos

W moim poprzednim i jedynym wcześniejszym życiu na Ziemi, w latach 1850-1890, byłem szamanką w małym pueblo w Nowym Meksyku, należącym do plemienia Taos. Pamiętam każdą minutę tamtego życia, które samo w sobie zawiera pewną historię, ale nie czas, by ją teraz opowiadać.

Ważne jest to, że mój ojciec był wodzem plemienia, zaś matka uważana była przez wszystkich za wielką duszę. W moim obecnym życiu moja dawna matka jest moją starszą siostrą. Nazywa się Nita Page, a mój dawny ojciec jest jej synem. On nazywa się Ken Page. Obecnie jestem więc jego wujem, mimo że dzielą nas zaledwie cztery lata. (Siostra jest o szesnaście lat starsza ode mnie).

W obecnym życiu każdego roku od ponad czterdziestu lat przyjeżdża do mojej siostry święty i silny człowiek, Juan Concha, który w 1985 roku był duchowym przywódcą Taos. Przybywa on do Kalifornii, aby upewnić się, że Nita, Ken i ja nie zapomnieliśmy o naszych korzeniach. Prawda jest taka, że całe plemię pracowało na naszą przyszłość i nie chce zgubić nas z oczu.

Przebudzenie trzech niedźwiedzi

Moja siostra przebudziła się pierwsza, na początku lat 60. Plemię przyjęło ją do siebie, potwierdziło jej tożsamość i poddało treningowi opracowanemu specjalnie dla niej. Plemię Taos składało się z dwunastu mniejszych plemion, a każde z nich miało swoje własne kiva i własną ścieżkę duchową. Nita przechodziła szkolenie w plemieniu Kryształowego Fetysza. Zabrano ją wówczas do kiva położonego głęboko pod ziemią. Było to niezwykłe wydarzenie, ponieważ zazwyczaj do kiva mają wstęp tylko mężczyźni. Jednak to, kim była sprawiło, że uczyniono dla niej wyjątek i przekazano jej starą wiedzę.

Sam przebudziłem się jako drugi, w roku 1971, kiedy to pod postacią dwóch świetlistych kul pojawili się przede mną aniołowie. Jednak dopiero w 1980 roku kazały mi one udać się do Taos, gdzie miałem rozpocząć swój trening. Spodziewałem się, że plemię wyjdzie mi na spotkanie z otwartymi ramionami, ale tak się nie stało.

Oświadczyłem, że przyjechałem po to, by przypomnieć sobie wszystko, co było, a oni popatrzyli na mnie i powiedzieli:

„Idź do miasta i czekaj. Przyjdziemy po ciebie, kiedy nadejdzie pora".

Dwa lata później, kiedy już prawie zapomniałem, dlaczego tu przybyłem, mój mentor, Jimmy Reyna przybył do mojego domu i zaprosił mnie na plemienną ceremonię. Był to początek dwunastoletniego programu treningowego, podczas którego przekazano mi dużą część mojej wiedzy duchowej.

Spędziłem sporo czasu z siostrą Juana Konchy, Cradle Flower, która przekazała mi wewnętrzne techniki pracy plemienia z użyciem kryształów, fetyszy oraz śnienia w celu kreowania rzeczywistości. Mimo że nauczyłem się tego wszystkiego bezpośrednio od plemienia, moc tej wiedzy miałem poznać dopiero w życiu codziennym. Przekraczałem most między dwoma światami, dwoma sposobami życia tak odmiennymi, że musiałem długo się szkolić, żeby je opanować.

Moja siostra i ja czekaliśmy latami na przebudzenie Kena. Myśleliśmy, że zdarzy się to lada dzień, ale tak się nie stało. Ken dorastał w tradycji katolickiej, ale czcił pieniądze. Wzbogacił się dzięki centrom handlowym, przystaniom jachtowym, restauracjom, handlowi motoryzacyjnemu i tak dalej. Mogę chyba powiedzieć, że Ken był multimilionerem, materialistą w każdym tego słowa znaczeniu.

Mijały lata. Oboje z Nitą zaczynaliśmy już wątpić w przebudzenie Kena. Przyznaję, że w końcu zrezygnowałem i przeniosłem się z Kolorado do Nowego Meksyku, aby podążać za własnym życiem. Minęło jeszcze wiele lat, a ja niemal zapomniałem o Kenie, bowiem żyliśmy w odrębnych światach. Tymczasem pewnego dnia, mniej więcej w 1983 lub 1984 roku, na rok lub dwa przed odkryciem Piramidy Nakkalów, Ken doznał pewnego przeżycia.

Nie miał on pojęcia o sprawach, o których tu mówimy. Całe jego życie skupiało się wyłącznie na kwestiach materialnych. Jedyne, co miało dla niego znaczenie, to marka samochodu, którym jeździł, garnituru, który nosił oraz adresu, pod którym mieszkał. Duchowa strona życia zupełnie go nie obchodziła. Zdolności parapsychiczne? Ken nie wierzył w takie dziwaczne zjawiska. Gdyby ktoś pokazał mu obiekt unoszący się w powietrzu, natychmiast uznałby to za dzieło szatana. Czysto katolickie podejście.

Tego dnia jednak Ken całkowicie zmienił swoje życie. Zaproszono go na przyjęcie z winem, serem i gośćmi stojącymi wokół i rozmawiającymi wyłącznie o sobie. Ale Matka Ziemia uznała, że czas, by Ken zaczął się budzić.

Młoda kobieta podeszła do niego i zapytała, czy ma ochotę na „czytanie".

„Chcesz, żebym przeczytał książkę?" – zapytał.

Poprosiła, by usiadł, rozłożyła karty Tarota i zaczęła czytać. Było to pierwsze takie doświadczenie w jego życiu. Nazwałbym to dziewiczym przeżyciem.

Mówiła o rzeczach, o których wiedział tylko on sam. Nie były to drobne fakty, ale ukryte głęboko przeżycia, o których opowiadała szczegółowo. Umysł Kena eksplodował.

Nikt, szczególnie obca osoba, nie mówił mu o nim samym w sposób, w jaki zrobiła to ta młoda kobieta. Jego koncepcja życia uległa całkowitej przemianie.

Pod koniec czytania Ken był otwarty na każde słowo tej kobiety. Uważał, że stał się cud. Dziewczyna nachyliła się, wskazała palcem na jego trzecie oko i powiedziała przyciszonym głosem:

- Masz wujka, który mieszka w Nowym Meksyku. Powinieneś go odwiedzić. On może cię czegoś nauczyć. Zostań tam przez trzy dni.

To przechyliło szalę. Ken wiedział, że mieszkam w Nowym Meksyku, ale nie zastanawiał się, skąd ona o tym wiedziała. Wyszedł z przyjęcia, a rano zadzwonił do matki i poprosił o mój numer telefonu. Nie umiał tego zlekceważyć. Było to zbyt potężne przeżycie, a jego ciekawość związana z tym, czego mógłbym go nauczyć, eksplodowała w nim niczym supernowa.

Pojednanie

Mieszkałem wówczas ze swoją dziewczyną w starej hiszpańskiej społeczności niedaleko Taos. Żyliśmy w prymitywnych warunkach, w małym domku z dwoma pokojami i bez łazienki. Oboje byliśmy artystami. Malowaliśmy głównie natury w stylu południowo-zachodnim, żeby zarobić na utrzymanie. Skończyłem studia malarskie i miałem pasję, która nigdy tak naprawdę mnie nie opuściła. Mimo że żyłem bardzo skromnie, byłem szczęśliwym człowiekiem.

Pewnego dnia zadzwonił Ken. Nie rozmawialiśmy prawie od dziesięciu lat. Każdy z nas poszedł swoją drogą. Siostrzeniec opowiedział mi o czytaniu młodej kobiety i zapytał, czy może do mnie przyjechać na trzy dni.

„Oczywiście, Ken. Będę bardzo uradowany."

Tydzień później zaparkował pod moim skromnym domem swojego nowego czarnego Lincolna. Ten wóz rażąco nie pasował do naszej starej biednej hiszpańskiej wioski. Ken wysiadł, trzymając w ręku trzyczęściowy garnitur i specjalne okulary słoneczne, których szkło odbarwia się, kiedy schodzisz ze słońca.

Otworzyłem drzwi. Ken nie przywitał się, tylko rozejrzał się po wnętrzu, a potem popatrzył na mnie i zapytał:

„Mieszkasz tutaj?"

Nie mógł uwierzyć, że mi to odpowiada.

Cóż miałem mu powiedzieć?

„Wiem, że jest tu skromnie, Ken, ale uważam, że życie jest piękne. Wejdź."

Podszedł do krzesła i otrzepał z niego kurz z wyraźnym niesmakiem. Usiadł. Spojrzał mi prosto w czy i powiedział:

„Mówiłem ci o czytaniu, ale nie powiedziałem, że zdaniem tej dziewczyny możesz mnie czegoś nauczyć i że zajmie to trzy dni. O co więc chodzi?"

„Powoli, Ken. Nie mam pojęcia, czego mógłbym cię nauczyć. Poczekaj kilka minut. Zaraz wrócę i być może będę znał odpowiedź."

Udałem się do pokoju, który przeznaczyłem do medytacji. Usiadłem i zgodnie z tym, czego mnie uczono, szybko wszedłem w odmienny stan świadomości. Miałem wizję, w której pojawiły się dwa anioły. Zapytałem, co mam robić.

„Pokaż Kenowi wszystko, co wiesz o kryształach" – odparły. A potem znikły.

Wstałem i myślałem o tym przez chwilę. Studiowałem kryształy od wielu lat i prowadziłem wystarczająco dużo warsztatów z tej dziedziny, by się z nich utrzymać. (Nie wyżyłbym z malowania.) Skoro miałem nauczyć Kena wszystkiego, co wiem na temat kryształów, musiałem wykorzystać w ciągu owych trzech dni każdą minutę.

Wróciłem do pokoju, w którym czekał Ken.

„Już wiesz, czego masz mnie nauczyć?" – zapytał.

Odpowiedziałem wprost, tak jak tego oczekiwał.

„Tak, wydaje się, że mam cię nauczyć wszystkiego, co wiem o kryształach."

Kenowi omal oczy nie wyszły z orbit. Był wstrząśnięty.

„O kamieniach? Będziesz mnie uczył o kamieniach? To śmieszne. Kamienie mi nie pomogą."

„Kryształy są czymś więcej niż zwykłe kamienie, Ken". Zacząłem mu wyjaśniać, że one żyją i są świadome. Wiedziałem, że jest to wiedza wykraczająca poza codzienność, ale mieszcząca się w granicach nauki. Pokazałem mu tablicę okresową pierwiastków, którą powiesiłem na ścianie. Objaśniłem, że węgiel, szósty pierwiastek, jest związany z całą chemią organiczną i wszystkim, co uważane jest za żywe. Bezpośrednio pod nim, dokładnie o oktawę niżej, znajduje się krzem, podstawowy pierwiastek kwarcu, stanowiący 80 procent struktury skorupy ziemskiej.

Opowiedziałem Kenowi o tym, że uczeni odkryli w latach 50, że krzem wykazuje identyczne cechy życia jak węgiel oraz że nauka współczesna potrafi już określić, w jaki sposób krzem i węgiel jako jedyne pierwiastki stworzyły życie. Odnaleziono formy życia na dnie głębokich oceanów, które są świadome i rozmnażają się, których organizmy składają się w całości z krzemu, bez udziału węgla. Kiedy więc mówimy o kryształach, powinniśmy zrozumieć, że są one bardziej świadome, niż się spodziewamy.

Kryształy mogą odbierać i wysyłać ludzkie myśli oraz emocje. Zjawiskowo to odkrył Marcel Vogel, uznany naukowiec, który opatentował ponad dwieście wynalazków, między innymi komputerowy dysk miękki, w czasie kiedy pracował w laboratoriach Bella. Wszystko nabiera sensu, kiedy uświadomimy sobie, że pierwsze radio na świecie zostało zbudowane z kryształu. Wystarczyło położyć kryształ kwarcu na stole i przytknąć do niego kabel, aby usłyszeć sygnał radiowy przez głośniki. Kryształ wychwytuje sygnał elektromagnetyczny w paśmie częstotliwości radiowych.

Także ludzkie myśl występują w zasięgu pasma elektromagnetycznych częstotliwości. Myśli mają bardzo dużą długość fal w porównaniu z falami radiowymi, poza tym jednak nie różnią się od siebie. Dlaczego zatem kryształ nie miałby wychwytywać naszych myśli?

Ken nigdy wcześniej się nad tym nie zastanawiał.

„Chcesz powiedzieć, że kryształ wie, o czym myślisz?"

„Tak. I o wiele więcej. Jak myślisz, jak działają komputery? Są przecież niczym więcej jak kryształami. Bez kryształów nie istniałyby. To żywa natura kryształów pozwala komputerom spełniać ich funkcję. Rozumiesz? Kryształy w postaci naturalnej mają określony „program", czyli wzorzec myślowy. Odtwarzają one ów wzorzec przez wieczność, dopóki ktoś go nie wykasuje. Odpowiednio zaprogramowany kryształ może zmieniać i wpływać na ogromne obszary ludzkiego świata."

W taki sposób Ken i ja zaczęliśmy wymieniać poglądy na temat kryształów. Nasza dyskusja trwała przez trzy dni do momentu, w którym poczułem, że Ken zyskał dostateczne wyobrażenie na temat pracy kryształów ze świadomością ludzką. Czwartego dnia Ken uściskał mnie i powrócił do swego świata nieco odmieniony. Ufam, że zrozumiał przynajmniej, iż kryształ jest czymś więcej niż kamieniem.

ROZDZIAŁ SZÓSTY

Równoważenie Żeńskiej Siatki wokół Ziemi: Jukatan i osiem świątyń. Część Pierwsza

Wkracza Juan Concha

Kiedy Ken odjechał, nie wiedziałem, czy jeszcze się zobaczymy. Ostatnim razem nie widzieliśmy się przez dziesięć lat. Miałem nadzieję, że teraz zbliżyliśmy się do siebie.

Dwa tygodnie później zadzwonił do mnie. Był tak podekscytowany, że prawie nie mógł mówić. Drżącym głosem oznajmił, że przebywał w hotelu Hilton w Walnut Creek w Kalifornii. Kiedy opuszczał go, zauważył w holu wystawę kryształów. Były tam naprawdę wspaniałe okazy.

Ken, który posiadał niewielką wiedzę z tej dziedziny, zauważył jednak ogromny kwarc kryształu, który znakomicie się prezentował i postanowił go kupić. Był to kryształ generator, który koncentruje energię właściciela i używa jej w sposób zgodny z jego intencją. Kamień miał około dwudziestu pięciu centymetrów długości i kilka centymetrów szerokości. Używany we właściwy sposób, mógł okazać wielką moc.

W drodze do domu, który znajdował się po drugiej stronie gór nad oceanem, Ken trzymał swój kryształ w lewej ręce, podczas gdy prawą kierował samochodem. Jechał autostradą z prędkością mniej więcej stu kilometrów na godzinę, kiedy nagle wyprzedził go jakiś samochód, zajechał mu drogę, a następnie zaczął się kręcić po jezdni. Kierowca najwyraźniej stracił panowanie nad kierownicą. Ken nie miał innego wyjścia, jak skręcić na przeciwną stronę jezdni, żeby uniknąć zderzenia.

Nagle zorientował się, że na wprost niego nadjeżdża inne auto. Prowadziła je kobieta. Oba samochody poruszały się z dużą prędkością. Dzieliło je od siebie zaledwie sześćdziesiąt metrów. Ken zauważył, że kobieta za kierownicą krzyczy i zasłania twarz rękami.

W tej samej chwili musiał stracić przytomność. Kiedy się ocknął, jechał właściwą stroną jezdni z prędkością osiemdziesięciu kilometrów na godzinę. Nie widział przed sobą innych samochodów. Zerknął w lusterko i zobaczył z tyłu kilka rozbitych aut. Tymczasem on uniknął wypadku i bezpiecznie pojechał dalej.

Nie umiał sobie tego wytłumaczyć. Spojrzał na kryształ błyszczący w jego lewej ręce. Zastanawiał się, czy przeżył właśnie dzięki niemu.

Podczas rozmowy telefonicznej zapytał mnie:

„Dlaczego przeżyłem, Drunvalo? Jak to się stało, że nie zderzyłem się z wozem tamtej kobiety? To przecież niemożliwe."

Nie mogłem mu na to odpowiedzieć. Obiecałem, że zadzwonię później. Odłożyłem słuchawkę i poszedłem do mojego pokoju medytacyjnego, żeby porozmawiać z aniołami.

Wyjaśniły mi, że Ken i Juan Concha zawarli dawno temu umowę. Mieli zamienić się miejscami. Duch Kena miał na krótko wniknąć tam, gdzie przebywał duch Juana, podczas gdy duch Juana miał wniknąć w ciało Kena. Potem obaj mieli wrócić na swoje miejsca. Ich umowa obowiązywała przez dwa lata.

Jest to kolejna kwestia, z której ludzie zazwyczaj nie zdają sobie sprawy, ale wiedzą o niej ludy zamieszkujące różne części świata. Zaawansowane duchy mogą „wnikać" do innych ciał w określonych warunkach. Normalnie człowiek umiera i opuszcza ten świat w chwili, w której i tak miał umrzeć, a nowy duch wnika w jego ciało i przywraca je do życia. W istocie nie jest to aż tak proste, ale wszystko dzieje się podczas jednego oddechu. Cokolwiek zabiło ciało, zostaje natychmiast naprawione dzięki głębokiej wiedzy na temat sposobu działania procesu stworzenia. (Wierzcie mi, życie na planecie Ziemi nie jest tym, czym się wydaje. Nie przypomina naszych wyobrażeń o nim w najmniejszym stopniu.)

Jest tylko kilka powodów, dla których dusza decyduje się podjąć tego zadania. Po pierwsze i najbardziej oczywiste, oszczędza przy tym na czasie. Zaawansowana dusza nie musi przechodzić przez wczesne etapy życia, chociaż zdarza się, że wnika w ciało będące w młodym wieku. Drugim powodem jest wybór osoby obdarzonej szczególnymi zdolnościami, wiedzą albo pozycją w ziemskiej hierarchii, które będą jej potrzebne, kiedy przejmie ciało w celu spełnienia swego przeznaczenia na Ziemi. Ten sposób jest stosowany w całym wszechświecie.

Podam wam przykład z własnego doświadczenia. Wszedłem do swego obecnego ciała 10 kwietnia 1972 roku. Prawie przez dziewięć lat przed przejściem rozmawiałem z osobą, która w nim wówczas przebywała, aby przygotować ją na to, co się stanie. Potem, kiedy ten człowiek wydał z siebie ostatnie tchnienie, odetchnąłem w jego ciele po raz pierwszy i natychmiast odzyskałem wszystkie swoje wspomnienia. Ale w ciągu dwunastu godzin zapomniałem, kim byłem i wspomnienia nowego ciała zawładnęły mną na trzy lata. Sądziłem, że jestem tamtą osobą.

Pewnego dnia anioły powiedziały mi:

„Czas, żebyś odzyskał swoje wspomnienia."

Poprosiły, żebym się położył na łóżku i przygotował. Nie wiedziałem, o czym mówią, ale niemal od razu zacząłem przypominać sobie wszystko. Pochodziłem z innego świata i przeszedłem do tej galaktyki przez Mglawicę Krab (za środkową gwiazdą Pasa Oriona). Tam spotkałem się z moim prapraprapraprapradziadkiem, Machiventą Melchizedekiem. Zabrał mnie on ze sobą na Plejady, potem na Syriusza, Wenus i ostatecznie na Ziemię w 1840 roku. (Dziesięć lat później po raz pierwszy wszedłem w ciało ludzkie drogą normalnego porodu.) Dzięki temu rozumiałem trudności, których doświadczał Ken.

Zgodnie z umową Kena i Juana, Juan miał wniknąć w ciało Kena na okres dwóch lat, a następnie Ken miał doń powrócić i kontynuować swe życie. Ta konkretna umowa była doprawdy niezwykła. Juan zmarł kilka lat wcześniej, więc Ken musiał przejść do innego świata, aby wypełnić obietnicę.

Anioły poprosiły, abym opowiedział o tym Kenowi. Pamiętam, jak usiadłem ze słuchawką w dłoniach i nie mogłem wykręcić jego numeru, ponieważ nie wiedziałem, co mam mu powiedzieć. Wiedziałem po trzech spędzonych wspólnie dniach, że nie miał pojęcia, czym jest wyższa świadomość. Ostatecznie postanowiłem wyłożyć sprawę wprost, nawet jeśli Ken miał z tego nic nie zrozumieć.

„Czy to ty, Ken?"

„Tak. Dowiedziałeś się, co się stało?"

„Tak, chociaż zapewne to, co mam ci do powiedzenia, nie wyjaśni ci zbyt wiele."

„W porządku" – powiedział Ken. – „Po tym, co mi naopowiadałeś o kryształach, uwierzę we wszystko. Dobrze."

„Według moich wewnętrznych przewodników stało się…." – i opowiedziałem Kenowi o Juanie Concha i o tym, że teraz nie był naprawdę Kenem, ale właśnie Juanem. Powiedziałem, że Juan odejdzie za dwa lata, a wtedy powróci Ken.

Po drugiej stronie słuchawki zapanowała cisza.

„Jesteś tam, Ken?"

Ken westchnął i powiedział powoli:

„Jesteś kompletnie stuknięty."

Potem odłożył słuchawkę. Sądziłem, że więcej się do mnie nie odezwie, ale postąpiłem zgodnie z tym, co moi wewnętrzni przewodnicy uznali za najzdrowsze: powiedziałem prawdę. Resztę pozostawiłem Wielkiemu Duchowi. Juan wniknął w ciało Kena, kiedy ten stracił przytomność.

Juan żyje

Minął jakiś czas, a ja nie miałem wieści od Kena. Postanowiłem żyć dalej tak, jak żyłem i wierzyć w to, że przypomni sobie o wszystkim we właściwym momencie. Byłem gotowy na wyjazd na Jukatan do Meksyku, aby ułożyć specjalnie zaprogramowane kryształy w świątyniach w dżungli. Miałem się tam znaleźć po raz pierwszy w życiu.

Domyśliłem się, że nie mogę oczekiwać w tej misji żadnej pomocy z wyjątkiem tej płynącej z głębi mojego serca. Moja pierwsza podróż do pierwotnego świata miała być tajemnicą. Nikt nie miał się o niej dowiedzieć z wyjątkiem członków mojej rodziny i kilkorga przyjaciół. Byłem sam.

Telefon zadzwonił pewnego ranka na krótko przed moim wyjazdem. Właśnie się pakowałem. To była Ronda, żona Kena. Nie widzieliśmy się od dziesięciu lat. Sądząc, po głosie, była zła.

„Drunvalo, wiem, że nie rozmawialiśmy od lat, ale muszę cię o coś zapytać. Jestem bardzo zaniepokojona" - zaczęła.

„Cześć, Ronda" – odparłem. – „Wszystko w porządku? O co chcesz mnie zapytać?"

„Wiem, że pracowałeś z Kenem i chciałabym wiedzieć, co mu zrobiłeś. Podałeś mu narkotyki czy coś w tym stylu?"

W mojej głowie dzwoniło na alarm.

„Nie. A co masz na myśli?" – spytałem ostrożnie.

„Ken jest teraz w swoim pokoju kompletnie nagi. We włosach ma orle pióro. Bije w bębny i tańczy w kole. Postradał zmysły, a ja sądzę, że masz z tym coś wspólnego."

Cóż miałem jej powiedzieć? Nie mogłem jej wyjaśnić tego, co powiedziałem Kenowi. Postanowiłem wyznać prawdę:

„Ken nie był sobą, kiedy rozmawiałem z nim po raz ostatni."

Dodałem, iż mam nadzieję, że Ken poczuje się lepiej, a Ronda odłożyła słuchawkę. Zastanawiałem się, do czego to wszystko doprowadzi.

Nie minął tydzień, a mnie zostało zaledwie kilka dni do wyjazdu, kiedy zadzwonił Ken (Juan).

„Drunvalo, wiem, że wybierasz się na Jukatan. Powinienem ci towarzyszyć" – oznajmił.

Tego się nie spodziewałem. Nie wiedziałem, co powiedzieć. Oświadczyłem, że muszę to sprawdzić i tak zrobiłem. Odpowiedziano mi, że rzeczywiście ma mi towarzyszyć w podróży do Meksyku i Gwatemali. Zdaniem Thotha obaj mieliśmy się od siebie wiele nauczyć.

Początek podróży

Ken postanowił pojechać samochodem z Kalifornii do Albuquerque, gdzie wspólnie mieliśmy wsiąść do samolotu. Po drodze przez Arizonę, która wiedzie wzdłuż gorących i suchych terenów pustynnych, można natrafić na sklepy z kamieniami, w których starzy górnicy sprzedają kamienie i kryształy znalezione w zaroślach, pobliskich rzekach oraz w górach. Miejsca te w niczym nie przypominają pięknych i wyrafinowanych sklepów, w których większość z nas kupuje swoje kryształy. Te stare sklepy z kamieniami są brudne i zapuszczone. Czasem jednak można tam znaleźć prawdziwe okazy.

Ken zatrzymał się przed jednym z tych sklepów. Przyglądał się ciekawszym okazom, które umieszczono dla bezpieczeństwa w szklanej gablocie, kiedy zauważył wahadełko z czarnego onyksu. Leżało ono na najniższej półce, z tyłu gabloty. Zaciekawiony Ken chciał przyjrzeć mu się z bliska.

Starszy mężczyzna zawahał się:

„Naprawdę chce pan obejrzeć to wahadełko?".

Ken był zaskoczony tym pytaniem. Dlaczego nie?

„Tak, proszę."

„ Zrobiłem je dla pewnego człowieka w latach 1920. Od tamtej pory już się tu nie pojawił" – powiedział sprzedawca. – „Jest pan pierwszą osobą, którą ono zainteresowało."

Ken uznał, że to znak i powiedział:

„Wygląda na to, że zrobił pan je dla mnie. Długo to trwało, zanim mogłem po nie przyjechać."

Kupił zatem wahadełko w przekonaniu, że zostało ono zrobione specjalnie dla niego.

Kiedy mi je pokazał, nie wierzyłem własnym oczom. Większość wahadełek stanowią lekkie, drobne przedmioty, które można ze sobą zabrać wszędzie. To miało około 15 lub 16 centymetrów długości i co najmniej 5 centymetrów w najszerszym miejscu. Było stożkowate, z ostrym zakończeniem. Na górze wydrążono w nim otwór, przez który można było przewlec gruby sznurek. Przedmiot został wykonany z czarnego lśniącego onyksu. Był dość ciężki. Z tego samego kamienia był kryształ, który Katrina wybrała do świątyni w Uxmal.

Ken był bardzo dumny ze swojego wahadełka. Nie wiedziałem, co powiedzieć. Nie miałem serca tłumaczyć mu, że do badań parapsychicznych używa się zwykle drobnych przedmiotów. A może nie miałem racji?

Osiem świątyń

Wylądowaliśmy w Meridzie, gdzie odpoczęliśmy przez jedną noc. Mieliśmy zamiar trochę pozwiedzać i zabawić się w mieście, zanim wyruszymy w dalszą drogę, ale byliśmy zbyt podekscytowani perspektywą naszej przygody, żeby zwlekać. Wynajęliśmy małą czerwoną toyotę z klimatyzacją, która wprawdzie kosztowała drożej niż inne wozy, ale oferowała przyjemny chłód kontrastujący z upałem panującym na zewnątrz.

Wyjaśniłem Kenowi, na czym polega nasze zadanie. Pokazałem mu mapę Meksyku oraz listę ośmiu świątyń. Pozwoliłem mu również poczuć osiem pięknych kryształów, które mieliśmy tam zostawić. Każdy kamień został zaprogramowany przez Thotha tak, by pasował do konkretnej świątyni. Powiedziałem Kenowi, że położenie świątyń nie jest przypadkowe. Zostały zbudowane na linii tworzącej rozszerzającą się spiralę. Jej środek znajdował się w Uxmal. Wiedziałem, że jest to punkt mniejszy od pojedynczego atomu.

Każda z tych niezwykłych piramid została wzniesiona w szczególnym miejscu geograficznym, reprezentującym i kanalizującym energię Ziemi. Energia poszczególnych świątyń miała odpowiadać energii kolejnych czakr w ciele ludzkim.

1. Uxmal (Meksyk): czakra podstawy nowego cyklu.
2. Labna: czakra seksu, połączenie przeciwieństw.
3. Kaba: trzecia czakra, siła woli.
4. Chichen Itza: czakra serca, miłość bezwarunkowa.
5. Tulum: czakra gardła, prądy dźwięku i manifestacja.
6. Kohunlich: czakra trzeciego oka, podstawowe zdolności parapsychiczne.
7. Palenque: czakra szyszynki, przygotowanie do następnego świata.
8. Tikal (Gwatemala): czakra podstawy nowego cyklu.

Majowie wiedzieli o tym od bardzo dawna. Wiedzieli również o wiele więcej, o czym świat dopiero miał się dowiedzieć. Żeńska część Siatki Świadomości Jedności jest połączona z wieloma spiralami żeńskiej energii. Tikal jest połączona z początkiem nowej oktawy świątyń skierowanych na południe. Jest ona również połączona z początkiem nowej oktawy świątyń skierowanych na północ. Ostatecznie wszystkie kierunki łączą się ze sobą, tworząc krąg od południa.

Aby lepiej to zrozumieć, wyobraźcie sobie położenie ośmiu podstawowych czakr w ciele ludzkim. Następnie przyjrzyjcie się kompleksowi świątyń, a uświadomicie sobie, że ich energie są ze sobą połączone dokładnie w taki sam sposób. Każda świątynia mieści w sobie energię specyficznej czakry. Na przykład czwarta czakra w ciele ludzkim jest czakrą serca, a czwarta świątynia posiada również tę samą energię serca.

Szersza wiedza ezoteryczna dotyczy celu ich położenia, który wiąże się z Siatką Świadomości Jedności otaczającą Ziemię. Świątynie te oraz inne święte miejsca tworzą impuls do powstania Siatki Świadomości Jedności wokół Ziemi. Bez nich nie bylibyśmy w stanie wznieść się na wyższe poziomy świadomości.

Spirale energii świątyń odwracają swój kierunek za każdym razem, kiedy zostaje osiągnięta pełna oktawa ośmiu świątyń. Z Gwatemali kierują się na południe do Nikaragui, Kostaryki, Panamy, Kolumbii i Peru. W Peru, na obszarze Jeziora Titicaca, między Wyspami Słońca i Księżyca, następuje zwrot kierunku energii pod kątem dziewięćdziesięciu stopni w stronę Pacyfiku przez teren Chile. Na obszarze Pacyfiku energia podąża dnem oceanu do Wyspy Wielkanocnej i dalej, do niezwykłej Wyspy Moorea. To tam, pośrodku wyspy, przebiega środek osi Siatki Świadomości Jedności. Gdyby podążać wzdłuż tej osi biegnącej w głąb Ziemi, dotarlibyśmy na drugą stronę do Egiptu w miejsce oddalone o trzy kilometry od Wielkiej Piramidy. W starożytnym Egipcie punkt ten był dokładnie oznaczony.

Moorea jest miejscem o szczególnym znaczeniu dla rodzaju ludzkiego. Koncentruje ona całą energię Siatki Świadomości Jedności w centrum lądu, który posiada kształt serca. Czuję, że ta wyspa jest najbardziej żeńską cząstką świata.

Od Tikal w Gwatemali energia podąża na północ, przez kolejne świątynie Majów, a później Azteków. Biegnie przez terytorium Meksyku aż do granicy Stanów Zjednoczonych.

Tuż za linią graniczną, w Nowym Meksyku (według Apaczów, którzy mi o tym opowiadali) energia żeńska przechodzi kolejno przez trzy piramidy zbudowane przed laty przez Rdzennych Amerykanów. Skonstruowano je, aby utworzyły pomost kierujący energię dalej na północ. Było to niezbędne, bowiem nie istnieje tam naturalne pole energetyczne.

Dalej energia dociera do Taos Pueblo oraz do Gór Taos i podąża do Jeziora Blue, najświętszego jeziora tego pueblo. W tym miejscu zawraca pod kątem dziewięćdziesięciu stopni, tak jak na obszarze Jeziora Titicaca, tyle że w przeciwnym kierunku. Błękitne jezioro, mimo że jest o wiele mniejsze od Titicaca, kanalizuje energię żeńską w taki sam sposób oraz z równą siłą.

Dalej energia podąża w stronę Góry Ute, świętej góry, o której mówiliśmy na początku. Kieruje się na zachód, przechodząc ze świętego miejsca na wierzchołek góry i znów do świętego miejsca, aż wreszcie dociera do Jeziora Tahoe, Jeziora Donner i Jeziora Piramidy położonych na terenie Kalifornii i Newady. Następnie energia opada gwałtownie do Pacyfiku i wędruje przez pasma podwodnych gór oraz kolejne punkty energetyczne, aż dociera do wyspy Maui i Krateru Haleakala. Z tego miejsca zdąża na południe, wzdłuż łańcucha wysp, które przed wiekami tworzyły starożytną Lemurię. Punktem docelowym energii ponownie staje się Moorea. W ten sposób krąg się zamyka.

Energia żeńska Siatki Świadomości Jedności rysuje więc ogromne koło podzielone na dwie części, które spotykają się na Moorei. Jest to interesująca i niezwykle piękna wyspa. Posiada kształt idealnego serca, a otacza ją rafa koralowa o tym samym kształcie. Każdy dom na wyspie ma serce wyryte na ścianie od strony ulicy, przy której stoi. Czuje się tam miłość całym ciałem.

Na razie powiedziałem Kenowi, że Wniebowstąpieni

Mistrzowie pragną skorygować siatkę na terenie Meksyku i Gwatemali. W tym celu ma zostać odprawiona specjalna ceremonia.

Ken aż przysiadł ze zdziwienia:

„Jeśli dobrze cię rozumiem, to Siatka Świadomości Jedności została zapoczątkowana ponad trzynaście tysięcy lat temu i dopiero teraz zostanie dopełniona. Złożoność tego pola energii przekracza moje zdolności wyobrażenia. „

„Nie masz pojęcia, jak wielkie jest to zjawisko. Rozmawialiśmy do tej pory zaledwie o drobnej części wielkiej sieci piramid, świątyń, kościołów, klasztorów, synagog, aszramów, kanka, świętych budowli, meczetów, kamiennych kręgów i tym podobnych miejsc, którym towarzyszą zjawiska naturalne, takie jak góry, doliny, źródła, rzeki, jeziora, zbiorniki wodne oraz, co najważniejsze, siatki i tak dalej. Wszystko to zostało zestrojone ze sobą świadomym wysiłkiem geomancji, aby utworzyć wspólną całość Siatki Świadomości Jedności opasującej planetę. Byłbyś głęboko wstrząśnięty, gdybyś poznał wzajemne powiązania między wszystkimi świętymi miejscami, reprezentowanymi przez ponad 83 tysiące obiektów na całym świecie, nie wspominając o miejscach naturalnych. Pamiętaj, że pojedyncza świadomość poczęła, zorganizowała i stworzyła tę zadziwiającą Sieć Życia, którą świat nazywa „siatkami". Wytłumaczono mi, Ken, że owa Siatka Świadomości Jedności jest jedyną rzeczą pomiędzy wyginięciem rodzaju ludzkiego a jego wniebowstąpieniem. W punkcie cyklu, w którym się znajdujemy, czekać nas może tylko jedno albo drugie. Rozumiesz teraz, jak ważna jest nasza podróż. Żeński aspekt Siatki Świadomości Jedności musi zostać zrównoważony, aby wprowadzić zmiany w geometrii siatki, dzięki którym nowa żeńska świadomość stanie się żywą rzeczywistością. Kobiety na całym świecie przypomną sobie wówczas o swojej bezpośredniej łączności z Bogiem i dzięki temu będą wiedziały, co powinny zrobić, aby przywrócić równowagę w tym świecie i nie tylko tutaj. „

Musiałem to powiedzieć:

„Ken! Nadszedł czas precesji zrównania dnia z nocą. Zostało nam zaledwie około dwudziestu ośmiu lat. W latach 2012-2013 nadejdzie moment, który w kalendarzu Majów uznawany jest za zakończenie tego długiego cyklu. Później zmiany będą następowały bardzo szybko. To żeńskość będzie miała moc decydowania o kierunku, w którym Ziemia będzie podążała. Musi więc być na to przygotowana. A my możemy jej w tym pomóc.

Uxmal

Ken odpalił silnik naszej toyoty i odjechaliśmy spod hotelu. Zakupiliśmy wszelkie mapy, jakich mogliśmy potrzebować podczas podróży. Staraliśmy się zadbać zawczasu o wszystkie niezbędne rzeczy, takie jak woda w butelkach, paliwo oraz ekrany przeciwsłoneczne do samochodu. Wiedzieliśmy, że czeka nas długa jazda.

Z początku sądziliśmy, że zakończymy naszą misję w ciągu dwóch tygodni, ale okazało się, że potrzebowaliśmy na to ponad miesiąc.

Poruszanie się po Meksyku i Gwatemali nie jest proste, ponieważ drogi w wielu miejscach są ledwo przejezdne. Amerykanin patrzy na mapę drogową i stwierdza, że przejazd zajmie mu godzinę. Tymczasem okazuje się, że podróż trwa trzy lub cztery godziny. Nie zwolniliśmy jeszcze tempa, by zrównać się z Meksykanami, ale było to nieuniknione.

Planowaliśmy odwiedzić trzy świątynie pierwszego

dnia, ponieważ znajdowały się na początku spirali, niedaleko od siebie. Wieczorem zamierzaliśmy wrócić do Meridy, a pięć pozostałych świątyń odwiedzić w ciągu dwunastu dni.

Uxmal znajdował się mniej więcej sto kilometrów w głąb lądu od Meridy, toteż rozparłem się wygodnie z tyłu, bo Ken chciał prowadzić. Była to moja pierwsza wizyta na Jukatanie. Nie spodziewałem się tak płaskiego krajobrazu. Wyobrażałem sobie, że będą tu góry i dżungla. Tymczasem góry i dżungla znajdują się w innych rejonach Meksyku. Wybujała roślinność niemal uniemożliwia tam przejście bez maczety, ale prawdziwa dżungla rozpoczyna się dużo dalej, w głębi lądu.

Przybyliśmy do Uxmal bez przeszkód. Było to w czasie, zanim rząd meksykański zaczął stawiać mury wokół świątyń, żeby kontrolować ludzi. Wtedy jeszcze prawie nikt nie zajmował się świątyniami, więc nie było powodu otaczać ich murem. Mogliśmy bez przeszkód wchodzić do świętych miejsc, przynajmniej do większości z nich i zostawać tam tak długo, jak chcieliśmy. Nikt nas nie sprawdzał. Jednak mieliśmy misję i uznaliśmy, że najlepiej będzie odwiedzić te trzy świątynie jednego dnia.

Kiedy weszliśmy na teren świątynny Uxmal i zbliżyliśmy się do Świątyni Maga, poczułem wibrację, która przenikała mi aż do kości. Była tu energia wyraźnie inna niż w pozostałej części Meksyku. Czułem, że przypomina mi energię, której doświadczyłem w Egipcie, w Wielkiej Piramidzie. Taka energia robi ci coś, co trudno opisać.

Stojąc u wejścia do świątyni, musiałem zadzierać głowę, żeby zobaczyć wierzchołek piramidy. Była wspaniała. Trzymałem w dłoniach onyks, a Ken powiedział:

„Drunvalo, podejdź tutaj."

Ken opierał się o piramidę i przyglądał się kamieniowi.

„Spójrz" – powiedział wskazując na zaprawę murarską

między kamieniami.

Zrozumiałem wówczas, dlaczego wybrano onyks do tej świątyni. Szaro-czarna zaprawa stanowiła mieszaninę ziemi i onyksu. Pokrywała całą powierzchnię piramidy.

To odkrycie dodało nam mnóstwo energii. Przekonaliśmy się, że robimy to, co powinniśmy robić – cokolwiek to było. Wybuchnęliśmy śmiechem.

Kiedy przenieśliśmy się w inne miejsce, po raz pierwszy zobaczyliśmy teren świątyni z szerszej perspektywy i spoważnieliśmy. Wiedzieliśmy, że piramida, obok której mieliśmy położyć onyks to tak zwana „Wielka Piramida". W tamtej chwili uderzyło nas to, jak wielki obszar zajmowało owo święte miejsce. Rozciągało się ono na przestrzeni wielu kilometrów. Nie wiedzieliśmy więc, od czego zacząć.

Wkrótce znaleźliśmy kogoś, kto wiedział, gdzie znajduje się Wielka Piramida. Ruszyliśmy w tę stronę. Musieliśmy długo iść, ale dotarliśmy do tej imponującej, królewskiej budowli. Tot powiedział mi tylko, że kryształ powinien się znaleźć bezpośrednio przed jej północną fasadą. Zabraliśmy ze sobą kompas, żeby dowiedzieć się, która ze ścian jest skierowana na północ.

Przed ścianą północną rozciągał się płaski teren porośnięty trawą. Otaczał on piramidę na kształt prostokąta o długości mniej więcej trzydziestu metrów i szerokości ponad dziesięciu metrów. Nie wykazywał żadnych cech szczególnych. Ken sięgnął po swoje słynne już dziś wahadełko, do którego przywiązał sznurek o długości dziewięćdziesięciu centymetrów.

Ponownie odebrało mi mowę. Ukryłem swój uśmiech, usiadłem na stopniach piramidy i czekałem. Ken zabrał się do dzieła. Szkopuł w tym, że nigdy przedtem nie posługiwał się wahadełkiem. Opowiadałem mu o ich stosowaniu, kiedy odwiedził mnie w Taos. Nie wiedział jednak, że kamienie wahadełek mają zazwyczaj od dwóch i pół do pięciu centymetrów długości, podczas gdy sznurek do nich przywiązany ma około siedemnastu centymetrów. Wahadełko zatacza niewielkie kółka, dzięki którym można odnaleźć jakieś miejsce lub uzyskać odpowiedź na zadane pytanie.

Wszystkie te informacje nie miały teraz jednak żadnego znaczenia. Ken kierował się sercem, służył Bogu. Jego wielkie wahadełko z długim sznurkiem zataczało ogromne koła, niemal uderzając go w nogi, kiedy szedł. Wyglądał na kogoś, kto dokładnie wie, co robi, więc mu nie przeszkadzałem. Kim byłem, żeby sugerować, że się myli?

Ken przechadzał się po trawniku w tę i z powrotem. Trwało to około dwudziestu minut. Kiedy przechodził obok mnie, zatrzymał wirujące wahadełko i powiedział:

„Drunvalo, jak poznam, że znalazłem właściwe miejsce dla kryształu?".

Spojrzałem na niego z poważną miną i odparłem:

„Słuchaj swego serca. Ono ci podpowie. „

Naprawdę wierzyłem, że mu się uda. Kłopot w tym, że Ken stanowił wyzwanie dla mojej wąskiej ścieżki duchowego rozumienia.

Tymczasem on wydawał się usatysfkacjonowany odpowiedzią. Rozhuśtał wahadełko ze zdwojoną energią. Zataczało teraz jeszcze większe kręgi. Trwało to przez kolejnych dwadzieścia minut i nagle stało się.

W pewnej chwili wahadełko znieruchomiało i zaczęło ciążyć do ziemi. Ken starał się odciągnąć je w górę. Stawał przy tym na palcach i podnosił ramiona wysoko w górę i ciągnął tak mocno jak mógł, kiedy nagle zerwał się sznurek, a onyks wbił się w ziemię na głębokość siedmiu, osmiu centymetrów.

Ken obrócił do mnie głowę i obdarzył mnie spojrzeniem, które mówiło: „To nie była moja wina". Jednocześnie głośno zapytał:

„Co mam teraz robić?".

„Jestem pewien, że właśnie odnalazłeś to miejsce" – powiedziałem i wyciągnąłem wahadełko z ziemi. Pozostawiło ślad w kształcie idealnego stożka. Nie było wątpliwości. To tutaj mieliśmy włożyć kryształ.

Cofnąłem się o krok i popatrzyłem na to miejsce w kontekście całego kompleksu świątynnego. I nagle wszystko stało się jasne. Punkt wyznaczony przez wahadełko znajdował się dokładnie w centrum piramidy. Gdyby narysować w wyobraźni linię ciągnącą się wzdłuż tylnej ściany budynku, dokładnie po lewej stronie piramidy, przecinałaby ona to miejsce. Dzięki temu odkryciu miało nam być łatwiej odnaleźć kryształ w przyszłości, gdyby zaszła taka potrzeba.

Odprawiliśmy więc naszą pierwszą ceremonię. Ułożyliśmy kryształ onyksu w ziemi i zasypaliśmy go. Znikł bez śladu, jakby nigdy go tam nie było.

Ciekawostką jest fakt, że dziesięć lat później szaman i kapłan Majów, Hunbatz Men poprosił, abyśmy wspólnie odprawili ceremonię w Uxmal dla jego plemienia. Wróciłem w tamto miejsce, ciekawy, co tam poczuję. Byłem zaskoczony widząc, że tam, gdzie pochowaliśmy kryształ, wyrosło drzewko. Było to jedyne drzewo rosnące na trawniku. Uznałem, że to Matka chciała się upewnić, że nikt nie dotknie kryształu. Co za naturalny sposób ochrony!

Kaba

Po ceremonii spieszyliśmy się, żeby zdążyć z wizytą w pozostałych dwóch świątyniach. Labna miała być następna, ale w drodze pojawił się przede mną Tot i poprosił, żebyśmy odwrócili kolejność i odwiedzili najpierw Kabę.

Kiedy zbliżaliśmy się do Kaby, czakry siły woli, niebo pociemniało i zaczął padać miękki łagodny deszcz. Teren świątyni był otoczony płotem przypominającym łańcuch. Sprawiało to wrażenie więzienia. Nie miałem ochoty tam wchodzić, ale wiedziałem, że muszę to zrobić. Gdybym tylko mógł, zrezygnowałbym z odwiedzin w tej świątyni.

U wejścia napotkaliśmy dwóch starszych mężczyzn – powiedziałbym, dwóch ponuraków. Usiłowali nas zniechęcić i radzili, byśmy przyjechali kiedy indziej. Nie mogliśmy ich usłuchać, ponieważ nasza misja wymagała zachowania kolejności odwiedzanych świątyń.

Ostatecznie mężczyźni pozwolili nam wejść, choć byli wyraźnie zniesmaczeni naszym uporem. To miejsce było znacznie mniejsze od Uxmal. Odnalezienie właściwego schowka dla kryształu zajęło nam więc zaledwie piętnaście minut. Użyłem w tym celu swojego „normalnego" wahadełka. Zakopaliśmy kryształ pod starożytnym murem i wyjechaliśmy stamtąd jak najszybciej.

Labna

Pędziliśmy po drodze z Kaby tak, jakbyśmy właśnie obrabowali stację benzynową, kierując się do Labny, znajdującej się w odległości kilku minut od poprzedniej świątyni. Kiedy się do niej zbliżaliśmy, niebo rozpogodziło się. Spowiła nas świetlista różowa mgiełka. Labna stanowiła seksualną czakrę Jukatanu. Łatwo dawało się wyczuć tę energię.

U wejścia na teren świątyni spotkaliśmy parę pięknych młodych ludzi, którzy wyglądali na zakochanych w życiu. Niezwykle wdzięcznie poprosili, żebyśmy „weszli do ich domu". Zachęcali, byśmy obejrzeli wszystko, na co przyjdzie nam ochota i pozostali tak długo, jak zechcemy.

Kamieniem przeznaczonym dla tego miejsca był karnelion, czerwonawy kryształ. Kurz i ścieżki w świątyni miały tę samą barwę. Pamiętam, że kiedy położyłem kamień na ziemi w stosownym miejscu, wydawało się, że znikł. Kamień i ziemia miały dokładnie taką samą barwę. Pomyślałem o Katrinie.

Odnalezienie odpowiedniego miejsca zajęło nam piętnaście do dwudziestu minut. Następnie zakopaliśmy kryształ w jego domu.

„Jakie to proste" – zauważyliśmy. – „Być może uda nam się zakończyć misję w ciągu siedmiu lub ośmiu dni. „

Ale niewiele wówczas wiedzieliśmy.

Powróciliśmy do Meridy w samą porę, żeby zjeść lekki posiłek, po którym położyliśmy się do łóżek. Obaj zasnęliśmy już po kilku minutach. Energia tego dnia była większa niż sądziliśmy. Zanim się zorientowaliśmy, co się dzieje, przenieśliśmy się w krainę snu.

Chichen Itza

Następnego dnia znów wyruszyliśmy w drogę. Ken prowadził nasz wędrowny czerwony domek daleko od domu. Sądziliśmy, że zostawimy kolejny kryształ w Chichen Itza i pojedziemy dalej do Tulum nam Morzem Karaibskim, gdzie spędzimy naszą trzecią noc w Meksyku. Ale dzień nie przebiegał zgodnie z planem. Ciągle coś opóźniało naszą podróż, która przedstawiała się w bardziej skomplikowany sposób, niż mogliśmy przewidzieć.

Mijały godziny, a my znajjdowaliśmy się pod urokiem pięknego, błękitnego nieba i zielonej dżungli. Jej zapach sprawił, że poczułem przypływ energii życiowej. Pogrążyłem się we wspomnieniach mojego dzieciństwa spędzonego w Kalifornii. Z tamtego okresu zapamiętałem najżywiej zapachy wsi, w której mieszkałem. Aromat rosnących wokół kwiatów tropikalnych przywrócił w pamięci tamte chwile. Wspomnienia te musiały dotyczyć czasu, zanim wszedłem w swe aktualne ciało (w kwietniu 1972). Spoczywały do tej pory uśpione w jego komórkach, a teraz odczułem je jak własne.

Nagle zostałem przywrócony do rzeczywistości przez Thotha, który chciał się ze mną skontaktować. Pojawił się przede mną w wizji i poinformował, że postanowił umieścić kryształ w innym miejscu w Chichen Itza. Komunikował się ze mną za pośrednictwem telepatii, co pozwalało przekazywać więcej niż mówią słowa.

Tot powiedział mi więc, że umiejscowienie kryształu w Chichen Itza jest kwestią kluczową dla wielu innych rzeczy, toteż nie chce, by jego lokalizację poznał ktoś poza mną. Dlatego właśnie początkowo wskazał mi inne miejsce na wypadek, gdyby ktoś przeczytał moją listę. Tot popatrzył mi prosto w oczy i powiedział:

„Drunvalo, proszę cię, otwórz oczy, a pokażę ci, gdzie masz umieścić kamień."

Zrobiłem, o co mnie prosił i nagle przede mną pojawiła się jasna plama światła. Przypominała obecność Bupi Napendary sprzed lat. Świetlista plamka rosła, tworząc kulę, w której otworzyło się okno ukazujące inne miejsce na Ziemi. Kiedy wizja się dopełniła, wyglądało to jak bardzo jasny, świecący złoty pierścień światła, szeroki mniej więcej na metr i wysoki na sześćdziesiąt centymetrów. Za tym lśniącym pierścieniem znajdowała się rzeczywistość, do której zdążaliśmy. Wewnątrz niego było coś zupełnie innego.

Ujrzałem niewielkie jezioro lub staw o szmaragdowej tafli wody, pod którą nie sposób było cokolwiek dostrzec. Wokół brzegów jeziora wznosiła się biała półka skalna na wysokość około dwunastu metrów. Nad wodą zwieszały się różne rośliny i kwiaty. Całość otaczała dżungla. Było pięknie. Wpatrywałem się w romantyczną taflę wody, kiedy Tot przerwał moje zapatrzenie i zapytał:

„Czy widzisz, co znajduje się wewnątrz złotej obręczy?"

Opisałem mu jeziorko i wysokie białe skały. Wydawał się usatysfakcjonowany.

„Zamiast zakopać kryształ przed północną ścianą Piramidy Zamkowej, o co cię z początku prosiłem, wrzuć go do wody, kiedy ją znajdziesz. Rozumiesz?"

Zapytałem, gdzie jest ta woda, a Tot odparł:

„Zostaniesz tam zaprowadzony. Nie musisz nic robić."

Potem znikł.

Wyszedłem z medytacji i zwróciłem się do Kena, który prowadził samochód. Opowiedziałem mu o tym, co zobaczyłem i usłyszałem. Nie wyglądał na zaskoczonego. Powiedział tylko:

„Dobra, nie ma problemu."

Przyszło mi do głowy, że po tym, jak jego wahadełko spadło w głąb ziemi, Ken gotów był zaakceptować wszystko.

Kiedy podjechaliśmy do tabliczki z napisem: „Parking dla zwiedzających Chichen Itza", Ken skręcił i szukał dogodnego miejsca dla samochodu. W pewnej chwili popatrzył na mnie i powiedział.

„Drunvalo, podczas naszych wizyt w trzech poprzednich świątyniach za każdym razem gubiliśmy drogę. Czytałem, że to miejsce jest naprawdę spore i myślę, że powinniśmy wynająć przewodnika. Co ty na to?"

„Czemu nie?" – zgodziłem się.

Ken zatrzymał samochód i zgasił silnik. Zbieraliśmy potrzebne rzeczy, kiedy pojawił się stary Indianin – mógł mieć koło osiemdziesiątki – i zapukał w szybę od strony Kena. Ken był zaskoczony i przesunął się bliżej do mnie, żeby przyjrzeć się przybyszowi. Indianin dawał mu znaki, żeby Ken otworzył okno.

Ken obniżył nieco szybę i zapytał, o co chodzi. Starzec uśmiechnął się i zapytał:

„Potrzebujecie przewodnika?"

Dziś wiem, że nie była to przypadkowa osoba. Wszechświat przysłał go nam, a on dokładnie wiedział, co robi.

Ken był niezwykle przejęty propozycją Indianina i popatrzył na mnie tak, jakby sam go stworzył. Kto wie, może tak właśnie było. Wysiedliśmy z samochodu, żeby się przywitać. Starzec emanował energią, którą wyczuwałem wiele razy od moich nauczycieli. Od razu zorientowałem się, że nie był zwykłym przewodnikiem. Skłoniłem się przed nim i okazałem szacunek, na jaki zasługiwał.

Nasz przewodnik zachowywał się bardzo przyjaźnie i oprowadził nas po terenie świątynnym. Zaprezentowanie nam wszystkich świątyń znajdujących się w tym miejscu oraz opowieści o ich historii zajęły mu około czterech godzin. Na koniec pokazał nam Piramidę Zamkową, najważniejszy punkt na tym terenie, gdzie początkowo Tot nakazał mi umieścić kryształ. Powiedział, że ta piramida stanowi wejście do ludzkiego serca oraz klucz do zrozumienia Majów.

Później jednak powiedział coś, co mnie zaskoczyło. Obrócił się do nas i z powagą spojrzał nam w oczy.

„Ta piramida" – zaczął, wskazując na Piramidę Zamkową – „oraz cały ten wielki kompleks znajdują się tu tylko z jednego powodu. Nie ma on nic wspólnego z budowlami skonstruowanymi przez nas, Majów. Jest tu coś o wiele potężniejszego i ważniejszego. Pokażę wam, jeśli za mną pójdziecie."

To mówiąc zawrócił i zaczął oddalać się od terenu świątynnego. Poszliśmy za nim i już po kilku minutach zagłębiliśmy się w meksykańskiej dżunglii. Przeszliśmy mniej więcej kilometr wśród gęstej roślinności, kiedy nagle znaleźliśmy się na polanie. Znałem to miejsce.

Widziałem przed sobą obraz, który Tot ukazał mi w drodze do Chichen Itza. Było tu szmaragdowe jeziorko i biała skała w tle. Dokładnie tak, jak pokazywał Tot. Dokładnie.

Starzec przemówił, a mnie i Kenowi odjęło mowę ze zdumienia. Jego głos brzmiał teraz mocniej, wydawał się on podekscytowany.

„To jeziorko nazywa się po hiszpańsku *cenote*. Dla Majów stanowi ono świętą wodę znajdującą się bezpośrednio w sercu Matki. W dawnych czasach, podobnie jak dzisiaj, Majowie uważali tę wodę za świętą i dlatego zbudowali tu Chichen Itza. Chcieli w ten sposób oddać cześć świętemu źródłu. W roku 1950 przybyli tu reporterzy z czasopisma *National Geographic*. Osuszyli dno jeziora i znaleźli tam kości 300 Majów, którzy poświęcili mu swoje życie. Odprawiali w tym celu ceremonię. Osobę, która została wybrana na ofiarę spotykał wielki zaszczyt. Mogła ona powrócić do Matki w tak szacowny sposób. Po oszuszeniu dna jeziora znaleziono również między kośćmi kryształy, tysiące kryształów. Nasi przodkowie zawarli w nich swoje modlitwy. Ale kamienie zabrano. Jakby tego było mało, żeby nas zdemoralizować, ludzie ci powrócili po kilku latach i zabrali z dna jeziora pozostałe kryształy. Mój lud ogarnął wielki smutek. Wiemy też, dlaczego tu przybyliście. Zostawiam was teraz nad naszą świętą wodą z należnym szacunkiem i czcią. Niech Wielkie Słońce pobłogosławi wasze czyny."

Po tych słowach zawrócił i zniknął w gęstych zaroślach dżungli.

Ken spojrzał na mnie. Wiedzieliśmy, co mamy robić.

Odwinęliśmy kryształ z materiału i wystawiliśmy go na światło słoneczne. Wiedzieliśmy, że Tot zaprogramował w nim słowa, które miały uzdrowić Siatkę Jedności, ale obaj czuliśmy, że potrzeba czegoś więcej.

Nie wiem, co Ken powiedział do kryształu. Jeśli chodzi o mnie, to wejrzałem w wewnętrzną istotę starca, a moje serce połączyło się z jego sercem. Czułem i poznawałem piękno duszy Majów. Moim jedynym pragnieniem było im pomóc. Napełniłem kryształ modlitwą o to, by Majowie, którzy żyją obecnie, przebudzili się i przypomnieli sobie swą odległą przeszłość, swoją świętą wiedzę i mądrość, aby mogli sprowadzić tę moc na powrót do życia. Była to modlitwa, którą zdecydowałem się wypowiedzieć. Modlitwa, która wypłynęła z mego serca.

Podczas gdy echo tych słów wciąż rozbrzmiewało w moim sercu, Ken wrzucił kryształ do wody. Kamień opadał na dno, przesycając wodę modlitwami, a ja czułem, że jest to dopiero początek mojej relacji z Majami. Krzyczałem z radości, wiedząc, że ten kryształ przyniesie im na powrót życie. Łzy spływały mi po twarzy; czułem, że moc powraca na tę ziemię. Ogarnęło mnie uczucie pokory, a zarazem podniecenia na myśl o tym, co się wydarzy w przyszłości.

Khan Kha

Czuliśmy, że ceremonia dobiegła końca. Zawróciliśmy przez dżunglę, chcąc trafić do hotelu. Kiedy wychodziliśmy z gęstych zarośli, ujrzeliśmy przed sobą Piramidę Zamkową. Jej widok sprawił, że zapragnęliśmy dostać się na sam szczyt.

Zachowywaliśmy się jak turyści, ale nam to nie przeszkadzało. Dobrze się bawiliśmy. Cztery bramy wiodły na wierzchołek piramidy. Trzy z nich były ze sobą połączone wewnętrznym korytarzem w kształcie litery U. W miejscu otwarcia U znajdowały się czwarte drzwi skierowane na północ, które prowadziły w głąb, do samego środka piramidy. Nie wiem, dlaczego Majowie skonstruowali to w taki sposób.

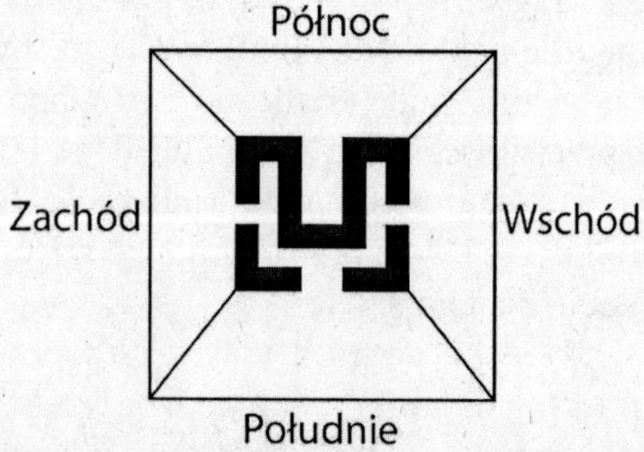

Rysunek 4: Cztery drzwi

Weszliśmy do korytarza łączącego troje drzwi od wschodu. Kiedy znaleźliśmy się w środku, zaczęło mżyć. Pomyśleliśmy, że powinniśmy się pospieszyć, zanim rozpada się na dobre i od razu przeszliśmy przez czwarte drzwi, żeby poczuć to miejsce jeszcze raz.

Odczuwałem energię tej piramidy jako najsilniejszą ze wszystkich podobnych miejsc na świecie. Wielka Piramida Egiptu kanalizuje energię umysłu (męskości) w Siatce Świadomości Jedności, podczas gdy Chichen Itza kanalizuje energię serca (żeńskości). Kiedy nowy ruch żeńskiej energii Kundalini Ziemi zacznie przenikać ciała ludzkie, a następnie siatki, ulegniemy przemianie.

Musiałem to poczuć jeszcze raz.

Zostaliśmy tam około piętnastu minut, odczuwając tę energię, aż wreszcie bębnienie deszczu przywróciło nas do rzeczywistości. Wiedzieliśmy, że pora się zbierać. Ruszyliśmy pospiesznie do wyjścia, ale było już za późno. Ulewa rozszalała się na dobre. Ściana deszczu przesłaniała wszystko wokół w promieniu trzydziestu metrów. Wszyscy dawno odjechali. Zostaliśmy sami na wierzchołku tej niezwykłej piramidy, poza małym pieskiem, który znalazł się w takiej samej sytuacji. Byliśmy uwięzieni!

Strugi deszczu spływały po stopniach piramidy jak małe wodospady. Musielibyście to widzieć, aby zrozumieć, co to znaczyło. Stopnie piramidy były wypolerowane przez tysiące ludzi, którzy się na nią wspinają każdego roku. W przeciwieństwie do ogromnych stopni Wielkiej Piramidy w Egipcie, te były szerokie zaledwie na dwadzieścia pięć centymetrów. Były tak śliskie, że nie sposób było z nich zejść. Nawet pies nie ryzykował. Musieliśmy czekać.

Po godzinie Ken zaczął się denerwować, ale nic nie mogliśmy poradzić. Spojrzałem na ogromny trawnik otaczający piramidę i przekonałem się, że zniknął pod wodą. Wyglądało to tak, jakbyśmy siedzieli na szczycie piramidy pośrodku wielkiego jeziora. Deszcz przesłonił nam widok dżungli. Była tylko woda od nieba do ziemi u krawędzi piramidy. Nigdy nie zapomnę tego widoku.

Ken opierał się nonszalancko o ścianę, na której znajdowały się drzwi i obserwował deszcz. Postanowiłem pomedytować w centrum piramidy. Zabrałem ze sobą obraz budowli stojącej pośrodku jeziora do wnętrza piramidy i usiadłem w miejscu, które, jak mi się zdawało, znajdowało się w samym środku, z twarzą zwróconą do wyjścia, gdzie stał Ken czekający na uwolnienie. Zamknąłem oczy.

Zacząłem odczuwać przepływ energii z mojego ciała świetlistego, starożytnego pola Mer-ka-ba, znanego Egipcjanom i Żydom. Odpoczywałem przez kilka minut, czując przepływ energii z góry i z dołu. Zacząłem wchodzić w głębszy stan świadomości, choć nie w jakimś konkretnym celu czy też intencji. W pewnej chwili poczułem całe pole energetyczne piramidy i odniosłem wrażenie, że połączyłem się z Majami.

W następnej chwili wydarzyło się coś niezwykłego. Zapomniałem, gdzie jestem, i jak małe dziecko postanowiłem wejść do piramidy, żeby odnaleźć komnatę. Nie prosiłem o pozwolenie. Nie robiłem też tego w żadnym celu.

Pamiętam wyraźnie, że Ziemia się za mną obsunęła, podczas gdy mój duch i świadomość przesuwały się coraz głębiej i głębiej do wnętrza piramidy. Widziałem, jak zmieniają się struktury skał i ziemi. I wtedy to się stało.

Właściwie jednocześnie wydarzyły się dwie rzeczy. Z ulewnego deszczu wyłonił się duży czarny nietoperz, przeleciał obok Kena i psa i skierował się prosto ku mojej twarzy. Zatrzymał się dosłownie o kilkanaście centymetrów ode mnie, krzyknął i lekko mnie zadrapał.

W tej samej chwili z wnętrza piramidy rozległ się męski głos i krzyknął mi do lewego ucha: NIE!

Oba wydarzenia następujące jednocześnie sprawiły, że moja świadomość powróciła do ciała z wielką siłą. Powiedziałbym, że „wrzuciły mnie z powrotem w ciało". Nietoperz dotknął mojej twarzy.

Instynktownie uniosłem ramię, a on wzleciał na kamienną półkę i zaczął mnie obserwować.

Przyglądałem mu się przez jakiś czas do chwili, w której upewniłem się, że nie zamierza mnie zaatakować. Znów zamknąłem oczy, próbując odzyskać równowagę po tym wstrząsie.

Po kilku minutach uspokoiłem swój oddech i powróciłem duchem. Czułem się zawstydzony, bo wiedziałem, że nie powinienem był wchodzić do tej świętej przestrzeni bez pozwolenia. Jak mogłem zrobić coś takiego?

Męski głos, który krzyknął: „Nie", odezwał się znowu. Powiedział: „Widzimy twoje serce, więc nie czuj się źle. Wiemy, że nie chciałeś nam uczynić krzywdy, ale nie możesz wchodzić do tego świętego miejsca".

Mówił głosem pełnym miłości i szacunku i moje serce otworzyło się na niego. Był czystą istotą. Rzadko w życiu zdarza mi się spotkać kogoś, kto żyje na tym poziomie świadomości. Zapytałem, jak ma na imię, a on odparł: „Khan Kha". Zapytał, jak ja się nazywam i powiedziałem mu.

Zaczął ze mną rozmawiać jak stary przyjaciel. Opowiadał, że był architektem tej piramidy i jednym z jej obrońców. Stwierdziłem, że doskonale się spisał. Roześmiał się jak dziecko. Powiedział, że był również architektem piramidy w Palenque, którą nazywamy „Świątynią Inskrypcji". „Są tylko dwie świątynie, którym dałem początek" - oznajmił.

Usłyszałem, że Ken wydaje jakieś dźwięki i wiedziałem, że na mnie już pora. Pożegnałem się z Khanem Kha i oddałem cześć jego światłu. Otworzyłem oczy, a kiedy to zrobiłem, Ken od razu zaczął przynaglać mnie do wyjścia. Czułem energię Khana Kha i myślałem, że polubiłem jego osobę. Żałowałem, że pewnie już się nie spotkamy.

Mogliśmy już spokojnie zejść, ponieważ deszcz dawno przestał padać, a Ken poczekał aż schody obeschną. W ciągu kilkunastu minut znaleźliśmy się w hotelu. Opowiedziałem Kenowi o wszystkim, co się wydarzyło w centrum piramidy z Khanem Kha.

Po kilku dniach zupełnie o nim zapomniałem.

Uwaga historyczna

Razem z Kenem postanowiliśmy spędzić jeden dzień dłużej w Chichen Itza. Powiedziano nam, że następnego dnia o zachodzie słońca odbędzie się pewne tajemne wydarzenie Majów. Miało to być 21 marca 1985 roku, w dniu przesilenia wiosennego.

Dlaczego miało to być takie ważne? U podstawy północnej ściany Piramidy Zamkowej leży ogromna kamienna rzeźba w kształcie głowy węża. Skierowana jest na północ. Gdybyście usiedli naprzeciwko zachodniej ściany piramidy o zachodzie słońca tamtego dnia, ujrzelibyście coś, w co trudno uwierzyć. Stopnie piramidy rzucały wówczas cień, który przez krótką chwilę, właśnie o zachodzie słońca, łączył się z kamienną głową węża i stwarzał całą postać węża wijącego się wzdłuż krawędzi piramidy. To było niewiarygodne! Ten wąż mówił Majom w czasie przesilenia wiosennego, kiedy mają siać oraz wykonywać czynności duchowe.

Jednakże czytelnicy tej książki powinni zrozumieć daleko ważniejsze przesłanie. Ludzie uduchowieni gromadzą się we wszystkich rejonach świata, ale w Meksyku widać, jak szybko się oni budzą. Posłuchajcie tego:

Ken i ja byliśmy tam w 1985 roku, a rząd ustawił wówczas metalowe ławki dla chętnych, by oglądać to zjawisko. Było tam miejsce dla około stu osób, ale siedzenia pozostały wolne.

Dziesięć lat później, w 1995 roku kapłan Majów Hunbatz Men poprosił mnie, żebym uczestniczył w ceremonii w Chichen Itza. Było to również dnia 21 marca. Rosnąca świadomość duchowa była już faktem oczywistym. Na miejscu zebrało się 42 000 ludzi.

W 2005 roku znów poproszono mnie o udział w ceremonii Majów w Chichen Itza (oraz w innych świątyniach). Zebrało się tam ponad 80 000 osób. (Zob. Rozdział trzynasty.) Morze ludzi. Widok tak wielu ludzi budzących się w świadomości sprawił, że moje serce zaczęło śpiewać, a umysł pojął, że ludzkość nareszcie rozwija się stopniowo niczym płatki lotosu o świcie.

Życie może wydawać się zwyczajne, ale takie nie jest. Ewoluujemy nawet w obliczu codzienności, która na pozór nie wie, dokąd zmierza, a jednak postępuje naprzód z niezwykłą wytrwałością. Kosmiczne DNA obraca się, a życie na to odpowiada.

ROZDZIAŁ SIÓDMY

Równoważenie Żeńskiej Siatki wokół Ziemi. Jukatan i osiem świątyń. Część Druga

Pozostałe cztery świątynie

Czas zaczął zwalniać – płynął coraz wolniej i wolniej, aż w końcu nie wiedziałem nawet, który jest dzień. Myślenie o tym przestało mieć dla mnie znaczenie. Upływ czasu liczył się tylko z sekundy na sekundę w wiecznym teraz. Wszystkie moje zmysły były szeroko otwarte, a każda odwiedzana świątynia rozpuszczała we mnie kolejne miejskie nawyki. Mój duch powoli zaczynał postrzegać nasz trójwymiarowy świat w nowym świetle.

Oto znajdowaliśmy się na solidnej, powszedniej Ziemi, głęboko między nanosekundami. Życie stanowiło zawsze otwarcie na inne otwarcie.

Czułem się wspaniale. Nie mogłem się doczekać, kiedy dotrzemy do Tulum. Była to czakra gardła, połączona ze światem dźwięków, czyli podstawowa energia stworzenia. Podróżując do kolejnych świątyń, wznosiliśmy się coraz wyżej i wyżej w poziomach świadomości żeńskiej części Siatki Świadomości Jedności. Czułem ją nawet, jeśli wciąż miałem kłopoty ze zwróceniem się do niej.

Tulum znajduje się na Morzu Karaibskim i wystaje ponad powierzchnię wody. Łatwo było nawiązać łączność z Chichen Itza, ponieważ budziła we mnie znajome odczucia. Tymczasem Tulum wibrowała na znacznie wyższym poziomie. Była piękna – z trawą, żywymi kamieniami, błękitnym niebem i granatową tonią wody. Rozumiałem, dlaczego Majowie wybrali to miejsce. Wiedziałem również, że wkrótce zobaczę jej energię za pośrednictwem mojego trzeciego oka.

Przed wyjazdem Tot powiedział, że wskaże nam właściwe umiejscowienie kryształów w czterech pierwszych świątyniach. Dalej mieliśmy sami znaleźć dokładną lokalizację kamieni, dzięki której kolejne cztery świątynie miały powrócić do życia na wyższych wibracjach.

Przybyłem do Tulum z przekonaniem, że znajdę to miejsce, ale w miarę upływu czasu zacząłem tracić wiarę w to, że potrafię tego dokonać. Używałem wahadełka, aby poczuć starożytne energie tak, jak robił to Ken. W Tulum jednak wszystko wibrowało z tak wielką mocą, że nie sposób było wybrać jednego miejsca. Powiedziałem Kenowi, że przypomina mi to wybór pojedynczych skrzypiec z całej orkiestry składającej się ze stu brzmień. Wszystkie dźwięczały z taką samą siłą!

Szukaliśmy przez pięć godzin i nie natrafiliśmy na ani jedną opcję. W pewnym momencie zrobiliśmy sobie przerwę na posiłek. Ken stwierdził, że jest kompletnie oszołomiony i jeśli ja nie znajdę tego szczególnego miejsca, to możemy wracać do domu. Czułem dokładnie to samo i nie pomogła mi presja z jego strony.

Powiedziałem:

„Dobrze, pomedytujmy i przekonajmy się, czy jest w nas coś, co może czuć w nowy sposób. Wiemy już, że nie ma sensu kontynuować poszukiwań starym sposobem".

Usiedliśmy w odległości kilkudziesięciu centymetrów od siebie i zagłębiliśmy się w sobie. Pół godziny później już „wiedziałem". Nie umiem wam powiedzieć, jak doszedłem do tego wniosku, ale czułem, że odnajdę właściwą lokalizację kryształu, jeśli pozwolę przejąć prowadzenie intuicji poprzez mruczenie i „podążanie" za dźwiękiem. Ostatecznie znajdowaliśmy się w czakrze gardła.

Ken powiedział tylko:

„Pójdę za tobą. Prowadź, wielki człowieku!" (Towarzystwo Kena w podróży po Meksyku było źródłem wielu komicznych sytuacji.)

Udało się. Zacząłem się poruszać, nie myśląc o tym, co robię. Wsłuchiwałem się w dźwięk wydobywający się z mojego gardła. W ciągu kilku minut dotarliśmy do maleńkiej świątyni na górze, ulokowanej w pobliżu krawędzi klifu stojącego nad oceanem. Nie zauważyliśmy wcześniej tego miejsca. Kiedy oddalałem się od punktu, w którym miałem położyć kryształ, dźwięk słabł i zmieniał ton. Kiedy szedłem w dobrym kierunku, dźwięk przybierał na sile.

Weszliśmy do małego budynku o powierzchni czterech metrów kwadratowych i dźwięk rozbrzmiewający w moim gardle nagle ucichł. Wiedziałem, że to tutaj. Wiedziałem to z całą pewnością, kiedy wyjąłem kryształ. Farba pokrywająca ściany wewnątrz była dokładnie tego samego koloru. Zakopaliśmy kryształ i wypełniliśmy swoje zadanie.

Kohunlich

Jechaliśmy w milczeniu drogą wzdłuż wybrzeża do następnej świątyni. Po wizycie w Tulum wiedzieliśmy już, że znajdujemy się w sytuacji przekraczającej nasze oczekiwania. Czy oznaczało to, że kolejne wizyty w świątyniach odmienią nas również pod względem fizycznym? Czy mieliśmy w sobie podobne zdolności? Czy posiadają je wszyscy ludzie? Co takie doświadczenia mogą zmienić w nas, ludziach? Czy był jakiś inny powód naszej obecności tutaj niż ten, który wyjawił mi Tot? W mojej głowie wciąż rodziły się nowe pytania.

Wciąż mieliśmy ocean po lewej stronie, jadąc ze wschodniego wybrzeża Meksyku do małego miasteczka Chetuval znajdującego się w pobliżu krainy Belize. Z początku nie byliśmy pewni, czy świątynia Kohunlich znajdowała się w Belize czy w Meksyku. Została odnaleziona niedawno i zaznaczona na mapie. Wydawało się, że jest dokładnie na granicy.

Dopiero, kiedy przyjechaliśmy do Chetuval, miejscowi powiedzieli nam, że Kohunlich znajduje się na terenie Meksyku. Przyjęliśmy tę informację z wielką ulgą, bowiem dowiedzieliśmy się, że władze meksykańskie nie wypuszczą nas wynajętym samochodem do Belize.

„Zwariowaliście?" – powiedzieli. – „Jeśli pojedziecie tam samochodem, porwą go na kawałki i sprzedadzą jeszcze przed wieczorem."

Zwolniliśmy więc jeszcze bardziej i spędziliśmy noc w hacjendzie położonej na uboczu. Postanowiliśmy wypić dla odprężenia nieco tequili, żeby ukoić nasze zmęczone ciała. Działała bez zarzutu, choć nie jestem przyzwyczajony do alkoholu. Następnego ranka wstaliśmy późno, ale za to z uśmiechem. Byliśmy gotowi na wszystko. Tak przynajmniej sądziliśmy.

Wrzuciliśmy manatki do starej czerwonej toyoty i wyruszyliśmy z entuzjazmem w drogę, jakbyśmy podróżowali po Yellow Brick Road. Mieliśmy przekonanie, że tego dnia wydarzy się coś magicznego. W Tulum było niesamowicie i spodziewaliśmy się, że w Kohunlich będzie jeszcze ciekawiej. Świątynia znajdowała się przecież jeszcze wyżej w spektrum energetycznym.

Kupiliśmy mapę okolic, na której zaznaczono nawet małe drogi i miasteczka. Także świątynia była oznaczona bardzo wyraźnie. Droga wydawała się prosta. Zapowiadał się przyjemny dzień.

Tymczasem, kiedy dotarliśmy na miejsce zaznaczone na mapie, okazało się, że świątyni wcale tam nie ma. W ogóle nie było tam niczego. Mieszkańcy spoglądali na nas, jakbyśmy byli szaleńcami. Zdezorientowani zawróciliśmy do Chetuval. Nie mieliśmy pojęcia, co dalej robić.

W mieście postanowiliśmy porozmawiać z kimś, kto wiedziałby, gdzie znajduje się Kohunlich. Obok starej meksykańskiej knajpy stał człowiek w mundurze wojskowym. Okazało się, że mówi po angielsku i Ken wdał się z nim w rozmowę. Zapytał go, czy słyszał o Kohunlich, a oczy mężczyzny rozjaśniły się.

„Si, zabrałem tam rodzinę i dzieci w zeszłym miesiącu. Wiem, gdzie to jest."

Pokazaliśmy mu mapę. Roześmiał się. Powiedział, że ten, kto ją sporządził, nie ma pojęcia, gdzie znajduje się Kohunlich. Twierdził, że w rzeczywistości leży ono po drugiej stronie. Zaznaczył to miejsce na naszej mapie i wytłumaczył nam, jak do niego dojechać. Podziękowaliśmy i wyruszyliśmy w drogę do świątyni w nadziei, że nareszcie możemy rozpocząć tę część naszej podróży.

Mniej więcej czterdzieści pięć minut później dojechaliśmy do miejsca, które zaznaczył nam mężczyzna, ale Kohunlich tam nie było. Napotkani ludzie nie wiedzieli, o czym mówimy. Kohunlich zaczynała być problemem.

Zawróciliśmy do miasta raz jeszcze, zastanawiając się, kogo zapytać o kierunek. Wreszcie uznaliśmy, że najlepsze informacje będzie posiadał taksówkarz. Znaleźliśmy długi rząd taksówek stojących przed ładnym hotelem. Wybraliśmy jednego kierowcę i zapytaliśmy go o Kohunlich. Wziął naszą mapę i zawołał na naradę pięciu innych taksówkarzy. Wszyscy mówili bardzo szybko po hiszpańsku. Ostatecznie nasz kierowca zostawił kolegów i podszedł do nas:

„Bueno" – powiedział. – „Możemy wam pokazać to miejsce na mapie. Byliśmy tam wiele razy, ale chciałem ustalić z kolegami najłatwiejszą trasę. To piękne miejsce. Spodoba wam się."

Podziękowaliśmy mu, a Ken ofiarował mu napiwek za pomoc. Mężczyzna uśmiechnął się szeroko.

Pojechaliśmy wskazaną drogą i dojechaliśmy pod wskazane miejsce. Kohunlich tam jednak nie było. Odbyliśmy trzy podróże tego dnia. Bez skutku. Zjechaliśmy na pobocze, nie wiedząc, co robić. Nie odzywaliśmy się do siebie, wpatrując się w krajobraz roztaczający się przed naszymi oczami. Cała sytuacja wydawała się nierealna.

Nagle Ken wyprostował się gwałtownie i krzyknął:

„Już wiem! Wiem, co powinniśmy zrobić."

Byłem tak zatopiony w swoich myślach, że aż podskoczyłem.

„Co takiego?"

„Czyż Kohunlich nie reprezentuje czakry trzeciego oka? Pamiętasz, jak musieliśmy zmienić metodę szukania Tulum? Może teraz powinniśmy użyć trzeciego oka, żeby odnaleźć świątynię. Czuję, że tak jest, Drunvalo. Wiesz, co? Użyj swoich parapsychicznych zdolności, a ja będę prowadził."

Mogłem tylko odpowiedzieć:

„Dzięki, Ken."

Uświadomiłem sobie, że może mieć rację. Tot powiedział, że miejsce położenia kryształu w czterech świątyniach będziemy musieli odnaleźć sami i że obaj wiele się nauczymy podczas tej podróży. Być może właśnie nastał czas nauki.

Byłem podekscytowany tym pomysłem. Czułem, że mój duch budzi się do życia.

„Dobrze, prowadź" – powiedziałem, zwracając się do Kena. – „Powiem ci, gdzie masz skręcić. Na razie jedź prosto."

Ken zapalił silnik i ruszyliśmy drogą w nieznane.

Zamknąłem oczy i powtarzałem nazwę świątyni: Kohunlich. Po trzech lub czterech minutach porzuciłem myślenie i zacząłem odczuwać. Za każdym razem, kiedy zbliżaliśmy się do skrzyżowania lub rozwidlenia dróg, pozwalałem swemu ciału odczuć właściwe rozwiązanie i postępowałem w zgodzie z tym odczuciem.

„Na następnym skrzyżowaniu skręć w lewo, Ken." – mówiłem, a Ken skręcał bez pytania. Przejechaliśmy tak ponad sto kilometrów, skręcając tam, gdzie chciało moje ciało.

Zupełnie nie wiedzieliśmy, gdzie jesteśmy. Nie rozpoznawaliśmy żadnych znaków, a nasz hotel oddalał się coraz bardziej.

Pamiętam, jak skręciliśmy na rzadko używaną pylistą drogę. Była wąska i wyboista. Co gorsza, jechaliśmy w głąb dżungli. Ken siedział nienaturalnie wyprostowany i wyczułem, że jest niespokojny. Po raz pierwszy miał wątpliwości.

„Jesteś pewien tej drogi, Drunvalo?"

„Niczego nie jestem pewien, Ken. Sprawdzam swoje możliwości."

Tymczasem droga prowadziła nas coraz głębiej i głębiej w dżunglę. Zostawialiśmy za sobą wszelkie ślady cywilizacji.

Po pięciu minutach jazdy ujrzeliśmy brązowy drogowskaz z napisem „Kohunlich” i złotą strzałką wyznaczającą kierunek.

Obaj byliśmy niezwykle podekscytowani tym zdarzeniem. Udało się! Do tej pory nic nie poruszyło we mnie tak silnych emocji i nie podwyższyło tak poziomu adrenaliny jak ten niewielki znak. Dowiedziałem się również czegoś o sobie oraz o potencjale ludzkich możliwości. Tot miał rację. Możemy się od siebie uczyć nawzajem.

Trzecie oko

Wjechaliśmy do miejsca ukrytego tak głęboko w dżungli, że nie było widać nieba. Wszędzie wokół znajdowały się stawy, na powierzchni których unosiły się kwiaty lotosu i inne tropikalne kwiaty. Wyglądało to niewiarygodnie zachwycająco – niemal surrealistycznie. Nic nie wydawało się rzeczywiste. Czułem się tak, jakbym znalazł się pośród hollywoodzkich dekoracji.

Spotkaliśmy tam człowieka, archeologa, który właśnie zbierał się do domu po całym dniu pracy. Powiedział nam, że jego ekipa odnalazła Kohunlich zaledwie półtora roku temu. Pracowali przy pierwszej piramidzie, ale całe znalezisko ciągnęło się na długość wielu kilometrów we wszystkich kierunkach. Poprosił, żebyśmy się rozejrzeli, ale nie dotykali konstrukcji wokół piramidy. Potem odszedł, zostawiając nas samych.

Podeszliśmy do jedynej odkrytej piramidy i po raz pierwszy ujrzeliśmy coś, co posłużyło do stworzenia koncepcji czakramów w ustawieniu piramid. Całą powierzchnię owej piramidy o czterech ścianach pokrywały reliefy ludzkich twarzy. Każda z nich miała około trzech metrów wysokości i wystawała z piramidy na grubość około czterdziestu pięciu centymetrów. Na każdej twarzy między brwiami widniała czerwona kropka oznaczająca trzecie oko. Nie widziałem czegoś podobnego w całym Meksyku.

Twarze Kohunlich ukazujące trzecie oko

Kohunlich była związana z szóstą czakrą, umiejscowioną dokładnie w punkcie trzeciego oka. Na czołach wszystkich królewskich twarzy znajdował się dowód na to, że Majowie znali również funkcjonowanie energii tego świętego miejsca. Byłem pod wrażeniem.

Mieliśmy jednak pracę do wykonania i po piętnastu minutach zabawy w turystów zaczęliśmy parapsychiczne poszukiwania sekretnego miejsca, w którym miał spocząć nasz kryształ.

W kategoriach czystej energii Kohunlich było najpotężniejszym miejscem, do którego do tej pory trafiliśmy. Tymczasem zachowywaliśmy się tak, jakby ktoś odebrał nam rozum. Zapomnieliśmy lekcję Tulum i ponownie sięgnęliśmy po wahadełka. Poddaliśmy się dopiero po godzinie. Nie udało się. Konfrontacja z rzeczywistością postawiła nas przed tym samym dylematem.

Usiedliśmy na stopniach małej świątyni znajdującej się opodal wielkiej piramidy i zaczęliśmy się zastanawiać tak, jak robiliśmy to w Tulum.

„To na nic, Drunvalo" – twierdził Ken. – „Powinniśmy nauczyć się czegoś w Tulum. Skoro ta świątynia przedstawia trzecie oko i odnaleźliśmy ją dzięki zdolnościom parapsychicznym, musimy zastosować tę samą metodę przy wyborze miejsca. Znalazłeś świątynię, teraz ja chcę odnaleźć to miejsce w medytacji. Myślisz, że potrafię?"

„Wierzę w ciebie, Ken. Zajrzyj w siebie i daj mi znać, co znalazłeś."

Zamknął oczy i znikł na jakieś dwadzieścia minut. Kiedy otworzył je ponownie, był bardzo podekscytowany: „Już wiem, czego szukamy. Pokażę ci."

Ken wziął kartkę i długopis i narysował mi to, co zobaczył w medytacji. Powiedział, że w ziemi znajduje się otwór, a dokładnie naprzeciwko niego rośnie małe drzewko. Pomiędzy drzewem a otworem znajduje się drugi, mniejszy otwór o średnicy około ośmiu centymetrów. To w nim mieliśmy umieścić kryształ.

Duży otwór był tak niezwykły, że gdybyśmy go znaleźli, nie mielibyśmy wątpliwości, że to on. Wydawało się jednak nieprawdopodobne, że coś takiego w ogóle istnieje. Zamiast głośno w to wątpić, wstałem i powiedziałem:

„Ruszajmy. Jeśli tutaj jest, znajdziemy go."

Ken odparł pospiesznie:

„Drunvalo, ja odkryłem, jak ten otwór wygląda. Do ciebie należy go odnaleźć."

Ten to potrafił mówić.

Podjąłem wyzwanie. Starałem się utrzymywać w myślach obraz przedstawiony na rysunku i wyczuć odpowiednie miejsce. Moje ciało zostało pociągnięte w kierunku przeciwnym do piramidy, czyli w głąb dżungli.

Rysunek 5: Obraz dziury i drzewa

W ciągu kilku sekund wszelkie ślady cywilizacji zniknęły, a my znaleźliśmy się pośród dzikiej przyrody. Tymczasem coś ciągnęło mnie jeszcze głębiej.

Mieliśmy trudności z poruszaniem się w gęstych zaroślach, brakowało nam maczety, którą zwykle w takich okolicznościach posługują się Meksykanie. Ale nie poddawaliśmy się. Przedzieraliśmy się przez niską roślinność i szliśmy dalej. Podrapałem sobie ręce, więc odwinąłem rękawy i pozapinałem je na guziki.

Musieliśmy ujść jakieś półtora kilometra, kiedy przyciąganie zmieniło się. Mijaliśmy właśnie dwa spore wzgórza po prawej stronie, kiedy coś mnie szarpnęło, żebym stanął do nich przodem. Między pagórkami znajdowała się otwarta przestrzeń. Wiedziałem, że musimy tam pójść.

„Ken, chodź ze mną. Nie jestem pewien, ale czuję, że to tutaj."

Przestrzeń między wzgórzami miała średnicę długości dwudziestu metrów. Z jakiegoś powodu nic tam nie rosło. Dzięki temu mogliśmy się swobodnie poruszać. W połowie drogi coś nas jednak zatrzymało. Patrzyliśmy na coś, co nie miało prawa tam istnieć, ale istniało.

Na wzgórzu po prawej stronie były schody prowadzące na sam szczyt. Oto znajdowaliśmy się w głębi meksykańskiej dżungli i wyrosły przed nami schody, które wyglądały tak, jakby pochodziły z Grecji. Kręte schody zbudowane z białawego marmuru, wypolerowanego jak szkło. Wyglądały tak, jakby zbudowano je wczoraj. Marmurowa balustrada wiodła w górę na wysokość 150 do 200 stopni Po obu stronach schodów rozciągała się dżungla, wiły się splątane korzenie pradawnych drzew. Wyglądało to tak, jakby ktoś zbudował te schody ponad dżunglą, a potem ukrył się gdzieś i z daleka nas obserwował. Przechodziły mnie aż ciarki.

Kompletnie zapomnieliśmy o naszej misji. Wszystko to było zbyt fascynujące. Wreszcie Ken powiedział:

„Myślisz, że ktoś o tym wie?"

Nie miałem pojęcia. Zaproponowałem, żebyśmy weszli

po schodach i przekonali się, dokąd one prowadzą.

W milczeniu, jakbyśmy obawiali się, że obudzimy jakaś mityczną bestię, wspinaliśmy się po schodach, które zdawały się sięgać do nieba. Tuż przed wierzchołkiem stopnie skręcały w prawo ukazując taras, na którym można było przysiąść. Stanowił on marmurowy kwadrat o powierzchni około dwunastu metrów kwadratowych. Ustawiono na nim ławki. Usiedliśmy na jednej z nich kompletnie oszołomieni.

„Co o tym myślisz, Ken? Sądzisz, że Grecy przybyli kiedyś na Jukatan i zagarnęli dla siebie to wzgórze?"

Ken w milczeniu potrząsnął głową.

Nie wiem, dlaczego sięgnąłem po wahadełko i spróbowałem. Działało. Poczułem, że ów dziwny otwór Kena znajduje się na tym wzgórzu. Ogarnęło mnie podniecenie.

„Wahadełko pracuje, Ken. Sądzę, że to tutaj."

„Gdzie? Na tym wzgórzu?"

Nie odpowiedziałem, tylko poprosiłem, by poszedł za mną. Ruszyłem w kierunku, który wskazywało wahadełko. Prowadziło nas dokładnie na sam szczyt i na drugą stronę. Ponownie znaleźliśmy się w gęstej dżungli. Szliśmy dalej powoli.

I nagle znaleźliśmy coś. Przypominało to wygraną na loterii, kiedy nie wiesz, co zrobić z całą tą forsą. Zerknąłem na otwór w ziemi i całe moje ciało przeszyło uczucie, którego nigdy nie zapomnę. Podpowiadało mi ono:

„Zapamiętaj to, bowiem Życie będzie ci podsuwało dziwne rzeczy, a wszystkie będą miały swój sens i cel."

Otwór był głęboki na ponad trzy metry i szeroki na cztery. Jego ściany i dno zostały wykonane ręcznie; wyłożono je idealnie prostokątnymi kamieniami. Było też coś oczywistego, czego Ken nie dostrzegł w swojej medytacji: dwie tuby z czerwonej gliny wystające z dna. Każda miała średnicę około trzydziestu centymetrów i wystawała na taką samą długość. Zastanawiałem się, czym one są, ale nic nie przychodziło mi do głowy.

Spojrzałem w górę i zobaczyłem małe drzewko, które Ken widział w medytacji. Wstałem i ruszyłem w jego stronę przez zarośla, szukając po drodze mniejszego otworu. Był tam, zupełnie taki sam, jakim opisał go Ken.

Poświeciłem latarką, żeby zobaczyć, co znajduje się wewnątrz, ale nic się nie pokazało. Kompletna czerń. Nie mieliśmy jednak wątpliwości co do tego, gdzie umieścić kryształ.

Podszedł Ken i on również zajrzał do środka, ale nic nie zobaczył. Przypominało to obserwację gwiazd, tylko że tam nie było gwiazd. Była tajemnica! Mimo to ufaliśmy jej.

Odwinęliśmy kryształ, potrzymaliśmy go obaj przez chwilę, wznosząc modlitwy w intencji Majów, a następnie zostałem wybrany, żeby ułożyć go w ziemi. Pamiętam, że podczas tej ceremonii w pewnym momencie opuściłem kryształ w ciemność. Czułem jak spada. Nie uderzył o nic. Miałem odczucie, że wpuściłem go w głęboką przestrzeń kosmiczną, w której unosił się teraz z dala od naszej planety.

Długo milczeliśmy. Bez słowa usiedliśmy na krawędzi dużego otworu Majów i spoglądaliśmy na małe drzewko. Potem zamknęliśmy oczy. Czułem, że Majowie nas otaczają. Byli moimi braćmi i siostrami. Byliśmy z tego samego ducha. Mieliśmy jeden cel: zaprowadzić niebo na Ziemi.

Długo medytowałem i nagle w jednej chwili wróciłem do swego ciała. Siedziałem naprzeciwko świętego otworu w Ziemi i wpatrywałem się w nią. Ken wciąż pogrążony był w medytacji. Cicho wstałem i poszedłem za sercem, które poprowadziło mnie przez dżunglę na krawędź wzgórza. Zobaczyłem coś, czego się spodziewałem. To wzgórze było piramidą Majów! Podejrzewałem to od chwili, gdy ujrzałem tuby z czerwonej gliny. Sądzę, że są to kanały oddechowe dla wewnętrznych przestrzeni budowli.

Wszystkie elementy układanki zostały dopasowane. W jednej chwili zrozumiałem bardzo wiele. Czułem się głęboko zaszczycony jako jeden z ludzi, którzy pomagają przywracać pradawne wspomnienia – coś, co przydarza się świadomości na Ziemi, kiedy rodzaj ludzki w danym momencie zaczyna przypominać sobie, kim jest naprawdę.

Palenque

Jechaliśmy przez całe popołudnie, aby dojechać do Palenque przed zachodem słońca, ale nie udało nam się. Było ono o wiele dalej niż sądziliśmy. W Palenque zamykano bramy i otwierano je dopiero o ósmej rano. Postanowiliśmy więc poszukać noclegu.

Ken podjechał pod najbliższy hotel i zapłacił za pokój, podczas gdy ja wypakowałem nasze rzeczy. Wylądowaliśmy w małym prostym pokoiku z dwoma bliźniaczymi mocno zużytymi łóżkami, które zajmowały niemal całą przestrzeń. Nie można było otworzyć drzwi, nie uderzając w moje łóżko, co uznałem za koloryt lokalny. (Nie zrozumcie mnie źle. Kocham Meksyk i Meksykanów.)

Wyskoczyliśmy z łóżek o świcie i znaleźliśmy się przed bramą do świątyni zaraz po jej otwarciu. Byliśmy jedynymi gośćmi o tej godzinie, toteż cała przestrzeń była tylko dla nas. Wkrótce miejsce to miało zapełnić się setkami turystów, nie traciliśmy więc czasu i zabraliśmy się do poszukiwania świętego miejsca.

Zrozumiawszy, że świątynia ta była połączona z siódmą czakrą szyszynki, znaleźliśmy się w tym samym położeniu, co podczas wizyty w Tulum oraz Kohunlich. Wiedzieliśmy, że musimy się jakoś zmienić, aby odnaleźć w sobie wrażliwość niezbędną do odkrycia właściwego miejsca.

Kiedy ktoś osiąga poziom świadomości związany z czakrą szyszynki w ciele ludzkim, przygotowuje się, aby opuścić ciało i wznieść się na wyższy ponadludzki poziom świadomości. W ciągu minionych 200 000 lat dziejów ludzkiej świadomości tylko Wniebowstąpieni Mistrzowie potrafili osiągnąć ten poziom. Teraz to się zmieniło. W ciągu ostatnich dziesięciu lat wszystkich 8 000 tysięcy Mistrzów przekroczyło go, sprowadzając świadomość ludzką do przedmurza nowych, naprawdę niesamowitych możliwości. Z czasem wszyscy dowiemy się, o czym mówię, bowiem nikt z nas nie uniknie tej przemiany.

Gruczoł szyszynki znajdujący się w pobliżu czakry szyszynki, w samym środku głowy, jest kluczem do trzeciego oka. Trzecie oko ma możliwości daleko wykraczające poza wiedzę, którą większość szkół ujawnia szerszej publiczności. Stanowi ono połączenie między polem Merka-ba a Świętą Przestrzenią Serca. Kiedy miejsca te zostają połączone, istota ludzka staje się czymś więcej niż człowiekiem. Sięga wówczas Boskości. (Opiszę to szczegółowo w następnej książce.)

Jezus nie mógł chodzić po wodzie, zanim nie otworzyło się jego trzecie oko, a osiem promieni światła wychodzących z czakry szyszynki nie wyszło poza przestrzeń jego głowy. Jest to prosty fakt kosmiczny.

Po kilku godzinach poszukiwań Ken i ja po prostu się poddaliśmy, tak jak zdarzało nam się to wcześniej i przysiedliśmy na stopniach małej, acz eleganckiej świątyni zbudowanej na skraju dżungli. Próbowaliśmy metody wahadełka, wykorzystania zdolności parapsychicznych oraz innych znanych nam technik. Żadna nie zadziałała. Byliśmy naprawdę zmęczeni. Nasze dusze ogarnęło uczucie zagubienia. Wpatrywaliśmy się w dżunglę oraz we własne wnętrza, prosząc o pomoc.

Nagle z dżungli wybiegł młody mężczyzna z plemienia Majów, ubrany tylko w przepaskę na biodrach. Przebiegł obok nas i znikł w zaroślach. Jego widok sprawił, że cofnęliśmy się w czasie o kilkaset lat. Był to jeden z Majów i wyglądał bardzo realnie.

Przeszył nas dreszcz. Popatrzyliśmy na siebie. Wiedzieliśmy dokładnie, co robić, choć nie mieliśmy pojęcia dlaczego. Ruszyliśmy za nim biegiem bez słowa.

Wyraźny szlak prowadził od Palenque w głąb dżungli. Wkrótce znaleźliśmy się w najgęstszej jej części, jaką widziałem w Meksyku. Palenque nie znajduje się na Jukatanie, ale w rejonie zwanym Chiapas, położonym dalej w głębi kraju, gdzie pagórkowaty teren zmienia się w bardziej górzysty. Palenque jest pięknym miejscem: wszystkie świątynie znajdują się na zboczach gór, na różnych poziomach, co nadaje temu miejscu aurę tajemniczości.

Nasz młody majski przyjaciel znikł bez śladu. Albo więc był szybszy niż my, albo pobiegł inną drogą. Nie miało to większego znaczenia. Wiedzieliśmy, że jest to droga, na której odnajdziemy specjalne miejsce dla kryształu, ale nie wiedzieliśmy, dlaczego tak jest ani jak do tego dojdzie.

Przebiegliśmy tak w dżungli co najmniej dziesięć lub dwanaście kilometrów. Tak daleko od cywilizacji dżungla ożyła. Z drzew zwisały węże, rzadkie barwne ptaki przelatywały obok, żeby nam się przyjrzeć. Zastanawiały się, kto jest tak szalony, by się tu zapuszczać. Wszystko wokół było mokre i śliskie. Co chwilę potykaliśmy się lub zapadaliśmy. Wyglądaliśmy jak brudni żebracy uciekający przed prawem. Jednak nic nie mogło nas powstrzymać.

Krajobraz nagle się zmienił i teraz wbiegaliśmy pod górę. Wydawało się, że ta droga nie ma końca. Przed samym szczytem musieliśmy się praktycznie wspinać, podciągając się na rękach do półki, która wydawała się krawędzią góry. A potem, kiedy nareszcie dotarliśmy na szczyt, przeszliśmy na drugą stronę góry, która otworzyła przed nami inny świat. Całą południową stronę zbocza zajmowało pole kukurydzy. To było dziwne uczucie, przejść z dzikiej, mokrej, chłodnej dżungli, która, jak sądziliśmy, nie miała końca, do wyrąbanego ludzką ręką pola kukurydzianego – gorącego i suchego miejsca. Całe moje ciało przeszył wstrząs.

Przystanęliśmy z niedowierzaniem. Kiedy nasze oczy ponownie przyzwyczaiły się do światła po ciemnościach panujących w dżungli, zobaczyliśmy w dole dolinę, która była autentyczną wioską Majów. Znajdowała się w odległości niecałego kilometra. Staliśmy nieruchomo, a potem usiedliśmy, żeby ich obserwować.

Moje serce było tak uszczęśliwione widokiem Majów żyjących życiem sprzed kilkuset lat, że zacząłem płakać. Nie mogłem się powstrzymać. Wciąż żyli. W jakiś sposób kazano mi uwierzyć, że Majowie nie żyją według starego sposobu, że zasymilowali się z cywilizacją.

Wieś składała się z co najmniej piętnastu okrągłych chat z trawy, wokół których biegały psy i inne zwierzęta. Pośrodku znajdowało się palenisko, na którym płonął ogień. Kilkoro ludzi na przemian wchodziło i wychodziło z chat. Czułem się tak, jakbyśmy wbiegli do odległych czasów, zanim pojawił się człowiek współczesny.

Poczułem spokój, oddychałem powoli, na granicy funkcjonowania ciała. Ktoś się ze mną komunikował. Nagle zobaczyłem przed sobą obraz świątyni oraz przestrzeń obok niej. Nie rozpoznałem jej. Obraz był zawężony do niewielkiego miejsca o powierzchni metra kwadratowego znajdującego się obok jednej ze ścian świątyni. Punkt, w którym miał się znaleźć kryształ wibrował energią. Wiedziałem, co robić.

Siedzieliśmy tam przez pół godziny, kiedy nagle wstałem bez ostrzeżenia i powiedziałem do Kena:

„Chodźmy. Wiem, co robić."

Ken nie odezwał się ani słowem. Widziałem, że to doświadczenie wywarło na nim równie silne wrażenie.

Kiedy wróciliśmy do Palenque, moje ciało było przyciągane bezpośrednio do świątyni wyłaniającej się zza Świątyni Inskrypcji. Minąłem pałac i obserwatorium astronomiczne i wszedłem do niewielkiego budynku położonego z boku, w odległości około 300 metrów.

Na miejscu poczułem przyciąganie do konkretnej ściany. Poszedłem tam i spojrzałem na ziemię. W ciągu kilku minut znalazłem właściwe miejsce. Rozpoznawałem każdy kamień na tej niewielkiej przestrzeni metra kwadratowego tuż obok ściany. Byłem tu wcześniej.

Dokładnie o zachodzie słońca zakopaliśmy kryształ modląc się, aby sny Majów oraz innych istot dotyczące tej ziemi zsynchronizowały się i stworzyły nową rzeczywistość, nowy początek.

Siódma nuta w oktawie wybrzmiała. Nuta ósma znajduje się w innym wymiarze, w innej oktawie oraz w innym cyklu. Innymi słowy, powrót energii do świątyń Palenque dopełniał właśnie pierwszą spiralę. Następna spirala nie znajdowała się na terenie Meksyku, ale w Gwatemali i reprezentowała początek nowego cyklu świadomości.

Ósma czakra jest kulą energii, małym polem Mer-ka-ba unoszącym się w przestrzeni na długość ręki wyciągniętej nad głową. Jest ona pierwszą nutą nowej oktawy wyższej świadomości.

Khan Kha: Jedno Oko

Zawróciłem od ściany i miejsca, w którym zakopaliśmy żywy kryształ, święty punkt światła i patrząc w stronę bramy, zrobiłem krok naprzód. Moją głowę przeszył ból, szczególnie między oczami i pochylił mnie do ziemi. Wziąłem się w garść i postarałem się przyjrzeć temu, co robię. Rzadko miewam bóle głowy, może raz na dziesięć lat, i rzadko trwają one dłużej niż kilka godzin. Teraz miałem najgorszy ból głowy, jakiego doznałem w życiu. W dodatku pojawił się bez wyraźnej przyczyny.

Poszukałem źródła i zorientowałem się, że moje dziecięce jeszcze zdolności parapsychiczne są nadmiernie eksploatowane. Przypominało to sytuację, w której po wielu latach przerwy zaczynasz ponownie stawać na jednej nodze i od razu wybierasz się na dwudziestokilometrową wyprawę trekkingową w góry. Mięśnie odmówiłyby ci posłuszeństwa i to samo stało się teraz z moimi zdolnościami parapsychicznymi. Musiałem jak najszybciej odpocząć.

Zamknięto za nami bramę świątyni. Weszliśmy tu jako pierwsi, a wychodziliśmy ostatni. Hotel znajdował się zaledwie kilkaset metrów od niej, toteż zaparkowaliśmy tam już po kilku minutach. Ken zostawił samochód między dwoma innymi.

Wysiadłem i pierwszą rzeczą, jaką zobaczyłem, była tablica rejestracyjna samochodu stojącego przed nami: 444-XY-00. Dawno temu anioły nauczyły mnie, że kiedy widzisz w Rzeczywistości powtórzoną trzykrotnie cyfrę, ma ona znaczenie dla tego, o czym myślisz, lub dla otaczającego cię środowiska. Zjawisko to wiąże się z muzyką oraz z faktem, że wszystkie nuty w oktawie są oddzielone od siebie jedenastoma cyklami na sekundę. Dlatego odległości między nutami to 11, 22, 33, 44, 55, 66, 77, 88 oraz 99 cykli na sekundę lub też wielokrotności tych liczb. Stanowi to idealne harmonijne zestrojenie lub moment w czasie, bowiem cała Rzeczywistość została stworzona za pośrednictwem muzycznej harmonii.

Dlatego, kiedy pojawiają się potrójne lub bardziej zwielokrotnione cyfry, reprezentują one fizycznie matematyczny moment w czasie, który zawiera harmonię wartości tej cyfry. Mówiąc po ludzku, 444 można najlepiej określić jako Szkołę Wiedzy Tajemnej, w której człowiek uczy się o Rzeczywistości. Pierwszą autorką piszącą o znaczeniu cyfr była Alice Bailey. Przedstawiam w skrócie znaczenie cyfr potrójnych.

111: Przepływ energii: każda płynąca energia, elektryczność, pieniądze, oda, energia seksualna itd.

222: Nowy Cykl: początek nowego cyklu, którego natura zależy od następnej potrójnej cyfry, jaką zobaczysz.

333: Decyzja: powinieneś podjąć decyzję. Doprowadzi ona albo do liczby 666, co oznacza, że musisz powtórzyć daną lekcję w jakiś inny sposób, albo do liczby 999, która jest dopełnieniem i oznacza, że zakończyłeś lekcję.

444: Szkoła Wiedzy Tajemnej: to, co zdarza ci się w życiu, jest lekcją zawartą w programie nauki o Rzeczywistości. Polega ona na czytaniu książek lub studiowaniu jakiegoś tematu, ale nie na praktyce.

555: Świadomość Jedności: Jest to liczba pojawiająca się, kiedy ktoś osiągnął Świadomość Jedności, kiedy opanował wszystkie poziomy Szkoły Wiedzy Tajemnej. Jest to najwyższa liczba. Liczba Chrystusa.

666: Świadomość Ziemi: Jest to liczba Bestii w Biblii, może więc reprezentować czyste zło, ale również liczbę ludzkości oraz życia. Węgiel jest podstawą życia, a ma on sześć protonów, sześć neutronów oraz sześć elektronów. Generalnie, kiedy widzisz tę liczbę, uważaj na wydarzenia fizyczne, które dzieją się w danym momencie. Zachowaj ostrożność.

777: Szkoła Wiedzy Tajemnej: Jest to część szkoły, w której nie ograniczasz się do czytania książek na temat życia, ale również je praktykujesz.

888: Dopełnienie konkretnej lekcji w Szkole Wiedzy Tajemnej.

999: Dopełnienie konkretnego cyklu wydarzeń.

000: Nie ma wartości.

Stojąc przed samochodem i patrząc na cyfrę 444, zastanawiałem się, co ona znaczy. Odwróciłem się i zauważyłem, że numer samochodu stojącego z tyłu to 666. Zrozumiałem, że lekcja ma coś wspólnego z płaszczyzną fizyczną. Zawróciłem do hotelu i po raz pierwszy ujrzałem jego nazwę. Był to hotel Khan Kha. Stałem przed nim oniemiały przez dobre pięć minut, kontemplując znaczenie tego wydarzenia.

Stałem tak w połowie drogi do hotelu, aż wreszcie Ken zobaczył mnie i wyszedł, żeby sprawdzić, co się stało.

„O co chodzi, Drunvalo?"

„Spójrz na nazwę tego hotelu."

„Czy to nie imię tego Maja, z którym rozmawiałeś w Chichen Itza?"

„Tak". – pokazałem mu też dwie tablice rejestracyjne.

„Jejku! Jak myślisz, co to wszystko znaczy?"

„Naprawdę nie wiem, Ken, ale czuję, że to ważne. Pamiętasz? Khan Kha powiedział, że był również architektem Świątyni Inskrypcji w Palenque. Może to prawda."

Weszliśmy do pokoju nadal rozmawiając o lekcjach, jakich udzielało nam Życie. Otworzyliśmy drzwi, weszliśmy do środka i od razu zauważyliśmy liścik, który leżał złożony w pół na moim łóżku. Podniosłem go, a Ken stanął obok i wspólnie przeczytaliśmy wiadomość: „Dzięki za wszystko, co zrobiłeś. Na zawsze pozostaniesz w sercach ludu Majów". Podpisano „Khan Kha".

Zanim zdążyłem zareagować, Ken wyjął mi kartkę z rąk, popatrzył na nią przez chwilę, potem spojrzał mi w oczy i powiedział:

„To twoja sprawka. Sam to napisałeś. Wiem, że nie zrobił tego Khan Kha."

Próbowałem go przekonać, że nie miałem z tym nic wspólnego, ale mi nie uwierzył. Mamrotał coś przez pół godziny, powtarzał:

„Jasne. Duch napisał list i położył go na twoim łóżku. Myślisz, że jestem głupi?"

Nie przestawał mówić tak długo, aż zasnął.

Mam tę kartkę od lat. Do dziś jest dla mnie inspiracją.

Nie mogłem zasnąć. Bolała mnie głowa. Nareszcie usnąłem. Obudziłem się nagle w środku nocy. Coś wyrwało mnie z głębokiego snu. Przewróciłem się na łóżku i popatrzyłem w głąb ciemnego pokoju. Zobaczyłem utkwione we mnie wielkie oko. Z początku myślałem, że wciąż śnię, ale obraz nie znikał, a pokój był realny.

Oko miało średnicę dwóch metrów i wysokość nieco ponad metr. Przeważała w nim barwa złota, ale samo oko było zielono-czarne. Co chwilę mrugało.

Widziałem już tak wiele niezwykłych zjawisk, że się nie

przestraszyłem. Wiedziałem, że muszę zrozumieć to, co się dzieje. Kiedy się nad tym zastanawiałem, usłyszałem męski głos. Rozpoznałem go od razu. Był to głos Khan Kha.

Opowiadał mi o Palenque i o wydarzeniach dzisiejszego dnia. Potem przerwał na chwilę i powiedział:

„Drunvalo, strasznie boli cię głowa. Musimy temu zaradzić. Za chwilę prześlę ci pewną wiedzę i to uwolni cię od bólu. Wiedza ta ma jednak znaczenie oraz cel wykraczające poza uzdrowienie migreny."

W następnej chwili, w mgnieniu oka, otrzymałem starożytną wiedzę dotyczącą szyszynki znajdującej się w samym środku głowy oraz strumieni światła, które wychodzą z jej czakry, kiedy wszystko znajduje się w równowadze. Zrobiłem to, co nakazywała mi ta wiedza, a ból głowy ulotnił się bez śladu. Było to dramatyczne przeżycie – uwolnić się od strasznego bólu głowy w ciągu kilku sekund.

„Już lepiej" – powiedział Khan Kha i wrócił do przerwanej opowieści o Palenque.

W pewnej chwili Ken poruszył się na łóżku. Chodziłem po pokoju i to go obudziło. Popatrzył na mnie, potem na pokój i zobaczył wielkie oko Khan Kha.

Ken usiadł, owinął się prześcieradłem i wrzasnął tak głośno, jak może krzyczeć dorosły mężczyzna. Jestem pewien, że postawił na nogi cały hotel. Usiłowałem go uspokoić.

„Nie bój się, Ken. To tylko Khan Kha."

Ale moje słowa zapadały w próżnię. Ken był w stanie szoku. Wciąż wpatrywał się w to niezwykłe zjawisko.

Udało mi się zwrócić na siebie jego uwagę dopiero po kilku minutach. Wysłuchał moich zapewnień o tym, że wszystko jest w porządku. Sądzę, że było to jego pierwsze doznanie parapsychiczne, które miało miejsce w Rzeczywistości, a nie tylko w jego głowie.

Trochę to trwało, zanim znowu zasnęliśmy. Inicjacja Kena w Palenque, w czakrze szyszynki, dopełniła się.

Reakcja Kena na Khan Kha zakończyła naszą rozmowę, ale uzyskałem już niezwykle ciekawe informacje. W ciągu lat odkryłem, jak istotne były dla rozwoju ludzkiej świadomości. Jest to wiedza zbyt złożona, by opisywać ją w książce, w której opowiadam te historie. Opiszę ją w innej, w której przedstawię szczegółowo informacje, z których będziecie mogli skorzystać, jeśli zechcecie.

Gwatemala

Czułem się spełniony. Miałem wrażenie, że podróż do następnej świątyni w Gwatemali nie jest już konieczna, ale wiedziałem, że to nieprawda. Nasza droga miała zakończyć się w Tikal. Tam właśnie żyją najstarsi i najbogatsi w wiedzę Majowie. Świątynia Jaguara mieści święty świetlisty punkt, któremu potrzebny był ostatni kryształ.

W Gwatemali wydarzyło się jednak coś, o czym Majowie nie pozwolili mi mówić. Przykro mi. Nasza opowieść będzie musiała zakończyć się tutaj. Być może w przyszłości, kiedy nadejdzie pora, będzie można opowiedzieć o tych wydarzeniach, ale teraz uszanuję życzenie Majów i zachowam tę informację dla siebie.

In Lak'Esh. To powitanie i zarazem pożegnanie w języku Majów. Oznacza: „Ty jesteś innym mną".

ROZDZIAŁ ÓSMY

„Znów cię potrzebujemy"

Po powrocie z ostatniej podróży do Meksyku i Gwatemali uznałem, że mam trochę czasu na rozrywki. Jakże się myliłem.

Sądzę, że Matka Ziemia wykorzystuje każdą minutę swojego czasu, by poszerzać świadomość i w każdy dostępny jej sposób wypróbowuje nowe idee.

Tot powrócił podczas jednej z moich medytacji i powiedział:

„Drunvalo, potrzebujemy cię znowu. Trzeba wprowadzić kolejną poprawkę do siatki. Czy jesteś gotów nam służyć?"

Ostatnia podróż znacznie nadwątliłaby stan moich finansów, gdyby nie fakt, że większość wydatków pokrywał Ken. Dzięki temu mogłem wyruszyć w następną drogę.

Tot wyjaśnił już na początku, że tym razem Ken nie może mi towarzyszyć. Nie wyjaśnił jednak, co właściwie miało być moim zadaniem. Chciał, żebym się zdeklarował, zanim dowiem się wszystkiego.

Sądziłem, że poddaje mnie kolejnej próbie. Zawsze to robi. Odpowiedziałem więc:

„Wiesz, Tot, że przybyłem na Ziemię tylko po to, by pomagać ludzkości. Powiedz, co mam robić.”

Wyjaśnienia Thotha zajęły około dwóch godzin. Mówiąc w skrócie powiedział, że żeńska energia seksualna (energia wszystkich kobiet na Ziemi) utraciła stan równowagi w stosunku do męskiej. Zakłócenia te mają się potęgować w ciągu następnych lat, kiedy zacznie się proces wstępowania planetarnego. Trzeba więc przywrócić idealną równowagę seksualną już teraz, aby później uniknąć poważnych konsekwencji.

Nie rozumiałem go w pełni. Próbowałem więc przyswoić sobie na razie jego słowa.

„Od czego mam zacząć?”

Tot mówił tak, jakby to sobie wcześniej przećwiczył.

„Musisz kupić kryształ zielonego kalcytu o wielkości trzydziestu centymetrów kwadratowych i o znacznej wartości. Potem musisz przełamać go na czterdzieści dwa kawałki mniej więcej tych samych rozmiarów z wyjątkiem dwóch ostatnich, które powinny być nieco większe.”

Wiedziałem, gdzie znaleźć taki kryształ. Widziałem go parę miesięcy wcześniej i miałem nadzieję, że wciąż tam jest.

„Nie ma problemu” – odparłem. – „Wiem, gdzie go znaleźć.”

Tot przyglądał mi się w milczeniu przez dobrą minutę, a potem powiedział:

„Kiedy zdobędziesz czterdzieści dwa kawałki krysztаłu, będziesz musiał wyśnić czterdzieści dwie kobiety, które przyjdą do ciebie, aby pomóc ci w wypełnieniu tego zadania. Te kobiety wiedzą, kim są, ale twoim zadaniem jest wyśnić sen. Rozumiesz?"

Prawie roześmiałem się na głos. Tot wiedział, o czym pomyślałem. Zmrużył oczy i zerknął na mnie z ukosa. Jak sprawić, żeby czterdzieści dwie kobiety współpracowały ze sobą? (Żartowałem.)

„Tu nie chodzi o ludzką koncepcję energii" – powiedział. – „Ma to być twój *sen*."

„W porządku, zdobędę czterdzieści dwa kryształy i w magiczny sposób przyjdą do mnie czterdzieści dwie kobiety. Co dalej?" – zapytałem.

Tot wyprostował się i powrócił do swojej zwykłej chłodnej postawy.

„Twoje działania muszą być dokładnie obliczone w czasie. Zmiana Siatki Świadomości Jedności będzie możliwa tylko w ciągu kilku minut. Nie możesz się pomylić nawet o minutę.Dlatego w swoim śnie musisz to zobaczyć z komputerową dokładnością. Rozumiesz?"

Nie odpowiedziałem. Tot mówił dalej:

„Na Ziemi istnieją czterdzieści dwa święte miejsca, które trzeba zmienić symultanicznie. Te czterdzieści dwa miejsca są związane z czterdziestoma dwoma podstawowymi chromosomami w ludzkim DNA. Czterdzieści jeden znajduje się w żeńskim kręgu siatki, a ostatni w Egipcie, ponad kilometr od Wielkiej Piramidy, na otwartej pustyni.

Miejsce czterdzieste pierwsze i czterdzieste drugie są ze sobą blisko połączone. To pierwsze położone jest pośrodku wyspy Moorea na Południowym Pacyfiku.

Moorea i Egipt (miejsce czterdzieste drugie) są punktami wyznaczającymi oś Siatki Świadomości Jedności, więc ma to sens."

Tot wziął głęboki oddech i mówił dalej.

„Kiedy nastąpi zestrojenie, musisz ustawić kobietę i mężczyznę w obu punktach siatki, w Egipcie i na Moorei. Czterdzieści jeden kobiet musi wówczas znajdować się w pozostałych czterdziestu jeden miejscach, których nazwy ci podam. Musisz wierzyć w swój sen. Przygotuj się, a ja podam ci niezbędne szczegóły w stosownym czasie."

Tot wyszedł z mojej medytacji, a ja powróciłem do pokoju. Myślałem o tym, że powierzono mi misję niemożliwą do spełnienia. Jak miałem znaleźć czterdzieści dwie kobiety (oraz jednego mężczyznę oprócz mnie), abyśmy razem utworzyli grupę czterdziestu dwóch kobiet i dwóch mężczyzn, którzy zrobią to tego samego dnia, będąc w różnych punktach na świecie? Szczerze mówiąc, nie wierzyłem nawet, że znam czterdzieści dwie kobiety.

Według słów Thotha nie miało to być zwyczajne zadanie, ale proces śnienia. Westchnąłem i zostawiłem inicjatywę Bogu. Czułem, że Drunvalo nie da sobie z tym rady.

Wróciłem do sklepu z kryształami, w którym kilka miesięcy wcześniej widziałem zielony kalcyt. W pewnym sensie wiedziałem, że nadal tam będzie. Kupiłem kryształ i jadąc do domu próbowałem wizualizować, jak przełamię go na czterdzieści dwa kawałki. Nie miałem pojęcia, jak to zrobić.

Postanowiłem na początek przełamać go na pół. Okazało się to łatwiejsze, niż się spodziewałem. Potem znów przełamałem otrzymane części na połowę. Postępowałem według tej metody, aż otrzymałem szesnaście kawałków. Teraz musiałem już być ostrożniejszy, żeby otrzymać dokładnie czterdzieści dwa kawałki. To również okazało się dość proste. Sprawę komplikowało jedynie myślenie. Kiedy przełamałem dwa ostatnie kawałki, byłem z siebie dumny. Osiągnąłem swój cel niemal bez wysiłku.

Potem nastąpił moment, który, jak podejrzewałem, miał być trudniejszy. Miałem znaleźć czterdzieści dwie kobiety. Nie przejmowałem się zadaniem znalezienia jednego mężczyzny. Byłem pewien, że któryś z moich przyjaciół zgodzi się podjąć tę podróż ze względu na mnie.

Tymczasem znalezienie kobiet nie okazało się ostatecznie tak trudne. Czekałem na nie, nic nie robiąc w tym kierunku. Od czasu do czasu dzwoniły do Szkoły Wiedzy Tajemnej Nakkal i mówiły, że wybierają się do świętego miejsca na Pacyfiku albo w Peru, czy Kalifornii. Wymieniały miejsca, które podał mi Tot. Zawsze też pytały mnie:

„Chcesz, żebyś coś dla ciebie zrobiła, kiedy tam będę?"

Za każdym razem opowiadałem im, na czym polega misja i pytałem, czy chcą wziąć w niej udział. Każda z tych kobiet odpowiadała:

„Oczywiście, zrobię to dla ciebie z ochotą. Mam już bilet na samolot i mogę lecieć."

Była to jedna z najbardziej zadziwiających sytuacji, w jakich się kiedykolwiek znalazłem.

Nie wyjaśniłem jednak większości moich rozmówczyń, na czym konkretnie miało polegać ich zadanie. Nie było to konieczne; miały tylko być w określonym miejscu i porze z kryształem w ręku. Zsynchronizowaliśmy nasze zegarki, aby uniknąć przesunięcia w czasie.

Miesiąc przed wyjazdem w tę podróż Tot pojawił się w mojej medytacji.

„Drunvalo" – powiedział. – Mężczyzna znajdujący się na biegunie północnym w Egipcie doświadczy przemiany seksualnej żeńskiej części swojej istoty, podobnie jak kobieta znajdująca się wówczas na biegunie południowym na Moorei doświadczy jednocześnie przemiany seksualnej swojego aspektu żeńskiego. Cały proces będzie kontrolowała kobieta towarzysząca mężczyźnie w Egipcie, podczas gdy mężczyzna, czyli ty, będzie drugim kontrolującym na biegunie południowym, gdzie kobieta będzie przechodziła przemianę.

W określonym momencie w czasie, przestrzeni i wymiarze, kobieta w Egipcie upuści swój zielony kryształ kalcytu do otworu w Ziemi, znajdującego się w pobliżu źródła wychodzącej z niej Siatki Jedności. W czasie, kiedy kryształ będzie spadał i kilka minut później nastąpi zestrojenie.

Aby cały proces zadziałał, czterdzieści kobiet musi znajdować się w określonych punktach na całym świecie, trzymając w dłoniach swój kawałek kryształu i medytując nad przemianą równowagi Siatki Świadomości Jedności.

Tot chciał, żebym był mężczyzną znajdującym się na Moorei i prosił, żebym wybrał kobietę, która będzie mi towarzyszyła. Cóż, sprawa była przesądzona. Miałem dziewczynę i gdybym wybrał kogoś innego, prawdopodobnie nie przeżyłbym, aby spisać tę historię.

Dopilnowaliśmy wszystkich ustaleń i wyruszyliśmy we dwoje na Mooreę. Jednocześnie pozostałe kobiety i jeden mężczyzna również polecieli w wyznaczone miejsca na świecie. Mogłem tylko zaufać Wielkiemu Duchowi, bo tylko on mógł być koordynatorem tak skomplikowanego przedsięwzięcia.

Jednocześnie pozostawałem w kontakcie z jedną osobą – ową kobietą w Egipcie – aby upewnić się, że wszystko przebiega zgodnie z planem.

ROZDZIAŁ DZIEWIĄTY

Wyspa Moorea. Czterdzieści dwie kobiety i czterdzieści dwa kryształy

Moorea okazała się dla mnie niespodzianką. Było to najbardziej kobiece miejsce, jakie w życiu widziałem. Nie chodziło tylko o to, że wyspa ma kształt serca. Czułem, jak z Ziemi i oceanu promieniuje piękna seksualna energia.

Wszędzie wokół widzieliśmy pięknych opalonych mężczyzn i kobiety. Przeważnie nie mieli oni nic na sobie poza przepaską na biodrach. Widok tak pięknych prawie nagich ludzi podkreślał sens naszej misji oraz jej celowość. Mieliśmy zmienić stan kobiecej równowagi seksualnej na całym świecie.

Tot chciał, żebyśmy przybyli na wyspę co najmniej tydzień przed zmianą, aby dostroić się do panującej tam energii. Sugerował, byśmy nawiązali kontakt z jej mieszkańcami, aby lepiej to wszystko zrozumieć. Jak się okazało, spędziliśmy tam dziesięć dni, a naszą misję wypełniliśmy dnia dziewiątego.

Moja dziewczyna i ja byliśmy nowicjuszami w dziedzinie nurkowania, ale zabraliśmy ze sobą cały potrzebny do niego sprzęt, ponieważ słyszeliśmy, że Moorea jest najlepszym na świecie miejscem dla amatorów tego sportu. Mówiąc najbardziej oględnie, nie byliśmy rozczarowani. Rafa koralowa otaczająca wyspę jest jak płynne szkło. Kiedy pływasz w temperaturze niemal równej temperaturze ciała, widzisz miliony różnobarwnych ryb i zwierząt, które cię otaczają w promieniu trzydziestu merów w każdym kierunku. Miałem wrażenie, jakbym pływał w akwarium. Nie mieliśmy ochoty wychodzić z wody. Kiedy wreszcie wypływaliśmy na brzeg, czułem, jak moja energia spada o połowę i już po chwili niczym zombi powracaliśmy do oceanu. Przyciągał nas jak magnes. Pływaliśmy sześć do ośmiu godzin dziennie. Byliśmy od tego całkowicie uzależnieni.

Po kilku wspaniałych dniach podeszła do nas beztroska para młodych Polinezyjczyków. Zapytali, czy nie mielibyśmy ochoty ich odwiedzić. Zachowywali się w tak bezpretensjonalny i naturalny sposób, że nie zastanawialiśmy się ani chwili. Poszliśmy za nimi do ich domu, jakbyśmy znali się od dawna.

Ów „dom" był po prostu kawałkiem plaży schowanym przed wzrokiem turystów. Były tam chatki z trawy służące do przechowywania różnych rzeczy, ale nie do mieszkania. Mieszkało tam pewnie jakieś dwadzieścia pięć osób – o kilka kobiet więcej niż mężczyzn. Wszyscy sypiali na piasku u brzegu oceanu, chyba, że padał deszcz.

Wyżej, na skarpie ich przodkowie wznieśli kamienną budowlę, która miała spełniać tylko jeden cel. Kobiety i mężczyźni udawali się na przemian do tego miejsca, aby się masować. Kobiety masowały kobiety, a mężczyźni mężczyzn. Zmieniali się każdego popołudnia. W tamtej kulturze ważne było to, by każda płeć dbała o siebie pod względem fizycznym, toteż każda osoba była masowana i obdarzana miłością przez członków swej grupy niemal każdego dnia.

Dlaczego nie? Opanowali sztukę życia w stopniu większym niż zrobił to ktokolwiek z nas. Nie używali pieniędzy, bowiem odkryli, że ich one zniewalają. Kiedy byli głodni, zjadali mango albo papaję. Dookoła rosło mnóstwo roślin i ziół, a ludzie ci wiedzieli, gdzie ich szukać. Ocean również był ich domem. Wchodzili do wody z kijem i już po chwili wychodzili z niej ze wspaniałą rybą. Rzadko chorowali, a kiedy tak się działo, przodkowie doradzali im metody leczenia. Lekarze nigdy nie byli im potrzebni.

Jeśli na Ziemi istnieje raj, to było nim to miejsce.

Głównym celem życia mieszkańców plaży była zabawa i miłość. Nocą sięgali po instrumenty muzyczne, które wyrabiali z drewna oraz innych surowców znajdowanych w dżungli i w oceanie. Tańczyli i śpiewali godzinami, aż księżyc wschodził wysoko na niebie. Pracowali rzadko, kiedy to było konieczne i zwykle w tym zadaniu pomagało im całe plemię – na przykład, kiedy trzeba było naprawić łódź zniszczoną przez sztorm. Nawet wtedy jednak zamieniali pracę w zabawę, w coś ekscytującego. Muzyka rozbrzmiewała w powietrzu, a członkowie grupy na przemian odrywali się od pracy i przygrywali pozostałym. Cóż to było za życie!

Już po kilku dniach zrozumieliśmy, że ich sposób życia nie wypływał z ego, ale z większej całości.

Kochali się nawzajem i okazywali to sobie na wiele sposobów, troszcząc się o siebie. Żaden z mieszkańców nie czesał się sam ani nie przygotowywał do rozpoczęcia dnia. Zawsze robił to za niego ktoś tej samej płci. Najprostsze czynności duchowe wykorzystywali do tego, by okazywać sobie miłość.

Dzielili się również sobą nawzajem, jakby stanowili jedno wielkie małżeństwo. Kobiety mogły wybierać spośród wszystkich mężczyzn, a mężczyźni mogli robić to samo. Nie sądzę, by w ogóle znali słowo „zazdrość".

Po trzech dniach spędzonych wspólnie z nimi zapomniałem, po co tu przybyłem. Jeszcze nigdy nie czułem się tak odprężony i zrelaksowany. Moje dotychczasowe życie w Stanach odeszło w niepamięć. Moje ciało stało się częścią ich plemienia, a wyspa zawładnęła moją duszą. Jak to się mogło stać w tak krótkim czasie?

Ani moja dziewczyna, ani ja nie wspomnieliśmy naszym gospodarzom o naszej ukrytej intencji pobytu na wyspie. Jednak po siedmiu czy ośmiu dniach młody mężczyzna, który nas tu zaprosił, poprosił, byśmy usiedli razem i porozmawiali. Popatrzył nam w oczy z miłością i przemówił.

„Jesteście moimi białymi bratem i siostrą. Wiemy, co jest w waszych sercach. Wiemy, dlaczego tu przybyliście i chcemy wam pomóc. Musicie dotrzeć do świętego miejsca niedaleko środka wyspy, aby wypełnić swoje zadanie. Jest to zabronione. Darzymy to miejsce tak wielką czcią, że nikomu nie pozwalamy tam wchodzić. Jednak wasza misja jest ważniejsza od naszych reguł.

Jutro ktoś z naszej starszyzny zaprowadzi was tam. Nie mogę wam wyjawić jego prawdziwego imienia, ale możecie nazywać go Thomasem. Jesteście w naszych sercach. Zrobimy, co będziemy mogli, żeby pomóc wam w wypełnieniu misji."

Następnego ranka o wschodzie słońca, które rozlewało się wszystkimi barwami nad błękitnym oceanem, malując na niebie purpurowe i pomarańczowe chmury, podszedł do nas mężczyzna w wieku około pięćdziesięciu lat i powiedział, że ma na imię Thomas. Miał około stu osiemdziesięciu centymetrów wzrostu i ciemnobrązową skórę. Niemal czarne włosy opadały mu na plecy., Nie nosił nic poza białą przepaską na biodrach i skórzanymi rzemieniami. Wydawało się, że zna nasze myśli.

Nie zadając żadnych pytań, powiedział, że miejsce, w którym mamy odprawić ceremonię znajduje się w głębi wyspy. Droga tam jest nieco niebezpieczna, ale on nas zaprowadzi.

Zapytałem, czy mamy coś wziąć ze sobą, a on popatrzył na nas tak, jakbyśmy byli dziećmi.

„Nie" – odparł po prostu i ruszył przed siebie. Popatrzyliśmy po sobie i poszliśmy za nim.

Kiedy mieszkaliśmy na plaży, zauważyłem że pośrodku wyspy znajdują się góry i dżungla. Nie zastanawiałem się wówczas nad tym, tylko podziwiałem piękno krajobrazu. Teraz mieliśmy poczuć jego moc.

Oddalając się od poziomu morza, które jak dotąd było naszym jedynym doświadczeniem na Moorei, przeżyliśmy szok. Wszędzie była dżungla. Zrozumiałem, że bez przewodnika nigdy nie odnaleźlibyśmy drogi. Trzeba było dobrze znać ścieżki wijące się wśród gęstej roślinności, niemal niezauważalne i ukryte przed wzrokiem, aby dotrzeć do celu tej wędrówki.

Kilka razy mijaliśmy starożytne kamienne ruiny położone z boku naszej trasy. Zapytałem Thomasa o pierwsze z nich, a on odparł, że są to ślady po starożytnych, którzy mieszkali na tej wyspie na długo, zanim oni się tu zjawili. Nie wiedział, kim byli, ale te ruiny zawsze były chronione. W niektórych z nich odprawia się każdego roku ceremonie, by oddać cześć tym, którzy byli tam wcześniej. Następnie udaliśmy się do miejsca najświętszego ze świętych.

Po kilkugodzinnej wspinaczce przybyliśmy do grzbietu górskiego, który, jak sądziłem z daleka, był celem naszej wędrówki. Kiedy jednak weszliśmy na najwyższy wierzchołek, po raz pierwszy ujrzeliśmy, jak wygląda środek wyspy. Nie wierzyłem własnym oczom. Naprawdę, wyglądało to jak scenografia do filmu o Indianie Jonesie.

Grzbiet górski, na którym staliśmy tworzył ogromny krąg gór, a dokładnie pośrodku tego kręgu znajdował się pojedynczy wierzchołek, będący najbardziej fallicznym szczytem górskim, jaki kiedykolwiek widziałem. Był niczym gigantyczny penis sterczący w niebo i penetrujący z wielką siłą żeński krąg gór znajdujących się niżej.

Wydałem tylko z siebie okrzyk podziwu i zaraz umilkłem, uciszony majestatem krajobrazu. Przypomniałem sobie, że Moorea ma kształt serca. I to znajdowało się pośrodku? Staliśmy w trójkę jak oniemiali. Słyszałem tylko szum wiatru we włosach. W tej absolutnej ciszy zorientowałem się, że nasze oddechy są idealnie zsynchronizowane. Czułem się jednością z wszelkim istnieniem.

Minęło może pięć minut, kiedy Thomas przerwał milczenie, wskazując na obszar rozciągający się po lewej stronie od samotnej góry:

„Tam. To tam musicie dojść. Dalej pójdziecie sami. Będziecie wiedzieli, które to miejsce. Moje serce i serca mego ludu będą z wami." A potem zawrócił i odszedł, zostawiając nas samych.

Staliśmy tam przez długi czas, trzymając się za ręce. Nie chcieliśmy przerywać tej magicznej chwili.

Nagle jasnozielona papuga przeleciała nisko nad naszymi głowami i zaskrzeczała, wyrywając nas z transu.

Roześmialiśmy się ze swego zaskoczenia, bo aż podskoczyliśmy. Zaraz jednak spoważnieliśmy, zdając sobie sprawę z tego, co mamy zaraz zrobić. Wiedzieliśmy, że mamy mało czasu. Musieliśmy się znaleźć w świętym miejscu najdalej za półtorej godziny. Inaczej wszystko by przepadło.

„Ruszajmy."

Nie było nam łatwo bez Thomasa, który znał tu każdy

kamień, ale sami musieliśmy postanowić, którą drogę wybrać. W końcu uznaliśmy, że najlepiej będzie pójść prosto w dół zbocza góry, aby oszczędzić na czasie. I to był prawdopodobnie nasz błąd. Zgubiliśmy się w ciągu pięciu minut.

Ostatecznie dotarliśmy do świętego miejsca, które przypominało ilustrację z bajki. Był tam płaski kamienny ołtarz, na którym niezliczone pokolenia przed nami odprawiały swoje ceremonie. Kiedy tam przybyliśmy, zostało nam piętnaście minut do końca wyznaczonego czasu.

Życie jest zadziwiające. Po kilku miesiącach planowania wydarzenia tak znaczącego dla ludzkiego doświadczenia na Ziemi, omal nie spóźniliśmy się na miejsce. Ale znaleźliśmy się tam zrządzeniem losu, podobnie jak na swoich miejscach znalazło się wówczas czterdzieści kobiet i para w Egipcie. Wielka ceremonia miała zostać odprawiona.

Szybko określiliśmy cztery kierunki do środka i zabezpieczyliśmy wewnętrzną przestrzeń, w której miała się odbywać ceremonia. Dzięki naukom pobieranym w Taos Pueblo na temat tworzenia świętej przestrzeni wiedziałem, że trzeba projektować określone intencje i wprowadzić je w rzeczywistość. Jedną jest połączenie z Matką Ziemią i Ojcem Niebo w sercu oraz prośba do duchów ze wszystkich stron świata, aby objęły tę przestrzeń i chroniły ludzi podczas ceremonii. Potem trzeba świadomie wprowadzić obecność Wielkiego Ducha. Oczywiście Wielki Duch jest zawsze obecny w każdym miejscu, ale w tym rytuale ważna jest ludzka świadomość obecności Boga. Bez odpowiedniej intencji cała ceremonia byłaby tylko fantazją pozbawioną mocy.

Znajdowaliśmy się w amfiteatrze odzwierciedlającym energię tysięcy lat odprawiania świętych ceremonii. Thomas zaopatrzył nas w lokalne zioła oraz przedmioty, które mieliśmy ułożyć w środku koła zgodnie z tradycją wyspiarzy.

Wiedziałem, jak ważną rzeczą jest szacunek dla lokalnych wierzeń, toteż postąpiliśmy zgodnie z jego wskazówkami. Kiedy zakończyliśmy przygotowania, pozostały nam trzy minuty.

Popatrzyłem w oczy mojej dziewczyny. Widziałem w nich oczekiwanie i nieświadomość tego, co ma się wydarzyć. Wstrzymywała oddech w obliczu rzeczywistości, w której miała zostać wykorzystana przez Matkę Ziemię jako narzędzie ogromnej energetycznej przemiany, która miała wywrzeć wpływ na wszystkie kobiety na Ziemi.

Dodałem jej otuchy, wziąłem za rękę, a z moich ust wypłynęły słowa:

„Jesteś dla mnie w tej chwili najważniejszą i najpiękniejszą seksualnie kobietą, jaka żyje na Ziemi. Zamknij oczy i pozwól, by duch wniknął w twoje ciało i bądź w pełni w tej właśnie chwili. Przez kilka minut będziesz Ziemią tworzącą nowy wyraz dla kobiecości.

Zerknąłem na zegarek. Zostało pięćdziesiąt pięć sekund do chwili, w której święty kamień miał zostać wrzucony do otworu w Egipcie. Popatrzyłem ponownie na moją towarzyszkę, a ona znikła. Czas i przestrzeń nie miały dla niej znaczenia. Weszła do takiego miejsca w swoim ciele, które tylko ona jedna na całym świecie potrafiła zrozumieć.

Rozpocząłem w myślach odliczanie. Nie mogłem tego powstrzymać. Nie miałem pojęcia, co się wydarzy.

Pięć, cztery, trzy, dwa, jeden – teraz.

Ona, rzecz jasna, nie mogła wiedzieć, w którym ułamku sekundy to się stało, ale nagle wszystko się zmieniło.

Klęczała, opierając się o łydki, ale w chwili, w której dotarła do niej energia ceremonii, po jej twarzy przemknęła fala szoku. Całe ciało mojej przyjaciółki zareagowało pochyleniem się do Ziemi.

Potem przeszła przez nią kolejna fala energii. I jeszcze jedna. Musiało to być niezwykle intensywne doznanie. Dla mnie, mężczyzny, który ją obserwował, było to również przeżycie seksualne.

Wiedziałem, czego dotyczy ceremonia, ale dopiero, kiedy ją widziałem i czułem to, co ona czuła, uświadomiłem sobie potęgę przemiany energii seksualnej na tym poziomie.

Moja towarzyszka leżała teraz na Ziemi z nogami rozstawionymi tak szeroko, jak to było możliwe. Głęboki jęk wydobył się z ukrytej komnaty jej ciała. Brzmiało to niemal jak okrzyk bólu, ale o wiele bardziej pierwotny. Wkroczyła do takich rejonów seksualności, w których była w pełni mężczyzną i po raz pierwszy w swoim życiu poznała pragnienie połączenia się z piękną kobietą. Jej dotychczasowa seksualność zniknęła, została zastąpiona rzeczywistością, o której, jak mi później opowiadała, snuła do tej pory fantazje. Ale to było prawdziwe. Energetycznie i cieleśnie prawdziwe.

Równie szybko, jak to doznanie, w następnej chwili ogarnęła ją nowa fala energii i dziewczyna bezwiednie zmieniła pozycję. Przywarła do Ziemi i jęknęła jeszcze głośniej do Ojca Niebo, znajdującego się bezpośrednio nad nią. Jej seksualność przeszła teraz do drugiego bieguna. Była teraz w pełni kompletną kobietą, która pragnęła tak głębokiej penetracji, jak to tylko w życiu człowieka możliwe.

Mogła tylko powiedzieć:

„O, Boże, kocham cię."

Jej słowa uleciały do kogoś, kogo tylko ona widziała.

Potem przeszła przez nią kolejna fala energii i znów była mężczyzną. Tym razem jednak czyste męskie pożądanie nosiło niewielkie znamiona kobiecości. Za każdym razem, kiedy energia Matki wchodziła do jej ciała, ona sama przechodziła na drugi biegun płciowy. Za każdym razem jednak była coraz bliżej osiągnięcia stanu równowagi. Jak wahadło kołyszące się na boki, jej seksualność zmieniała się wraz z kolejnymi falami energetycznymi, aż wreszcie umiejscowiła się gdzieś blisko środka.

Kiedy energia ta ustabilizowała się w ciągu pół godziny, oboje wiedzieliśmy, że to doświadczenie odmieniło tę dziewczynę na zawsze, podobnie jak odmieniło Ziemię.

Od tej pory kobiety żyjące na tej drogiej planecie również miały ulec niewielkiej przemianie. Miały być bardziej osadzone we własnej seksualności, ponieważ 13 000 lat męskiej dominacji odciągnęło je za daleko od samych siebie, usytuowało bliżej męskich doświadczeń. Kobiety miały być teraz gotowe na nadchodzące zmiany. Miały ich doświadczyć oraz absorbować mimo udręki, jaką stanowi brak równowagi seksualnej w naszych czasach. Był to zaledwie początek, bowiem naprawdę zmieniła się Siatka Świadomości Jedności wysoko nad Ziemią. Siatka ta jest przyszłością ludzkości, która zależy całkowicie od kobiet wszystkich krajów, kultur i religii, jakie rodzaj ludzki stworzył w swoim umyśle.

Precesja przesilenia ma otworzyć cykl nowych 13 000 lat, prowadzonych tym razem przez kobiecą mądrość oraz przekonanie, że wszystkie kobiety mają w swoich pięknych sercach małą sekretną komnatę. Bez tej bezwarunkowej miłości ludzkość byłaby zgubiona wobec ograniczeń mentalnych, które zbudowali mężczyźni, aby nas chronić przez przeszłe 13 000 lat. Ochrona ta była nam potrzebna w przeszłości, ale teraz stanowi dla nas największą przeszkodę w przetrwaniu, w rozwoju świadomości oraz we wstępowania rodzaju ludzkiego do nowego świetlistego świata.

Dzięki Bogu za kobiece serce. Zawsze tak było. Mężczyźni chronią nas, kiedy wkraczamy do mrocznej części cyklu, a kobiety wyprowadzają nas z powrotem ku światłu, kiedy Wielki Cykl zawraca w stronę centrum galaktyki.

Moja dziewczyna leżała w bezruchu na ziemi, kompletnie wyczerpana. Przeżyła właśnie najbardziej zachwycający i niezwykły orgazm w swoim życiu, a dzięki temu ocaliła ludzkość.

Nagle niebo rozświetliła błyskawica i rozległ się grzmot. To nami wstrząsnęło. Wpadła mi w ramiona i oboje rozglądaliśmy się wokół, widząc, że atmosfera kompletnie się zmieniła. Zamiast błękitnego nieba i białych obłoczków obecnych na początku ceremonii, rozpętała się burza. Byłem tak przepojony energią ceremonii, że nie zauważyłem chmur gromadzących się nad całą wyspą. Błyskało i grzmiało wszędzie wokół. Sytuacja stała się poważna.

Chwyciliśmy nasze rzeczy i zaczęliśmy szukać schronienia, ale było już za późno. Piętnaście minut po ceremonii rozpętał się straszliwy huragan. Nigdy w życiu nie widziałem czegoś podobnego. Ściana deszczu przesłaniała nam widok niemal całkowicie. To była potężna ulewa.

Znaleźliśmy osłonę pod półką skalną, która chroniła nas przed deszczem. Trzymaliśmy się mocno, żeby nie dać się burzy. Wtedy jeszcze nie wiedzieliśmy, że będzie tak lało przez trzy dni i trzy noce. Ostatecznie udało nam się wrócić do naszej „rodziny" na plaży. Nasze życie zmieniło się od tamtej pory w sposób, którego nie jestem w stanie tu opisać.

Tak potężna burza nie stanowiła niezwykłego zjawiska nad Mooreą, ale fakt, że to samo wydarzyło się jednocześnie w Egipcie, był niezwykły. Piętnaście minut po zakończeniu ceremonii w Egipcie, w Gizie zaczął padać ulewny deszcz, który nie ustawał przez trzy dni i trzy noce zraszając suchy pustynny rejon Wielkiej Piramidy. Gazety pisały o tym, że poziom wody na ulicach Gizy sięgał metra. Troje ludzi utonęło. Reporter powiedział, że było to pierwsze tego typu zdarzenie w historii Egiptu.

Patrząc na to z perspektywy czasu, uważam, że było to emocjonalne uwolnienie się Matki Ziemi, która jeszcze raz odnalazła stan równowagi w kwestii swoich wewnętrznych potrzeb. Mimo że ta nowa kobieca równowaga seksualna nie zamanifestuje się w świecie przed upływem kilku lat, dla naszej Matki było to rzeczywiste zdarzenie, tu i teraz, początek nowego cyklu życia jej kochanego ciała, planety Ziemi.

ROZDZIAŁ DZIESIĄTY

Wyspa Kauai oraz ceremonia Czwartego Wymiaru transformacji mocy męskiej w żeńską

Nareszcie moja dziewczyna i ja mogliśmy się swobodnie poruszać bez nacisków ze strony Wniebowstąpionych Mistrzów. Nie mogliśmy jednak zostać dłużej na Moorei. Kupiliśmy wcześniej bilety na samolot, a nie mieliśmy dość pieniędzy, żeby je przebukować.

Opuszczaliśmy wyspę z wielkim żalem. Nasze serca na zawsze pozostaną na tym niewielkim skrawku piasku i drzew. Ale pomysł wyjazdu do Australii był również ekscytujący. Postanowiliśmy tam pojechać po zakończeniu naszej duchowej podróży, a im więcej o tym mówiliśmy, tym większa była nasza radość. Wielka Rafo Koralowa, przybywamy!

Popłynęliśmy powolną łodzią na Taiti, a stamtąd polecieliśmy do Sydney. Było to niewiarygodne miasto z pięknym portem, w którym białe żagle kołysały się na ciemnoniebieskiej wodzie. Nie zostaliśmy tam długo, bo ciągnęła nas rafa. Staliśmy się już niemal ekspertami w dziedzinie nurkowania, a słyszeliśmy, że na rafie było niemal równie pięknie jak na Moorei. Wyruszyliśmy autostopem na wschodnie wybrzeże. Rozmawialiśmy z tubylcami i zaczynaliśmy powoli rozumieć zadziwiającą naturę Australijczyków. Są bardzo otwarci i kochają zabawę. Chyba nigdy w życiu tyle się nie naśmiałem.

Na koniec wylądowaliśmy w miejscu o nazwie Byron Bay. Spotykają się tam oceany południowy i północny, tworząc jedno z najwspanialszych miejsc do surfowania z powodu ogromnych fal bijących o brzegi regularnie jak zegarki.

Jestem pewien, że wszyscy hippisi lat 60. znaleźli drogę do tego miasta i zbudowali zaporę przy plaży, aby nikt obcy tam nie wkroczył i nie zburzył ich spokoju, miłości i dobrych wibracji. Będąc jednym z pierwszych, prawdziwych hippisów myślałem, że umarłem i poszedłem do nieba. Miałem dziesięciokrotnie spotęgowane uczucie deja vu. Mówiłem językiem tych ludzi. Oboje nie chcieliśmy stamtąd wyjeżdżać, więc postanowiliśmy zostać i trochę poleniuchować.

Po dwóch tygodniach wylegiwania się na plaży medytowałem wysoko na skale wystającej nad Pacyfikiem, kiedy pojawił się Tot. Z początku myślałem, że zajrzał kontrolnie, ale on miał konkretne plany.

Po raz pierwszy wyglądał na onieśmielonego. Zapytałem, co się stało, a on odparł:

„Bardzo mi przykro, Drunvalo, ale znów muszę cię o coś prosić."

Poczułem, jak włosy jeżą mi się na głowie. „O, nie. Byłem tego pewien" –pomyślałem.

„Czego chcesz?" – zapytałem ze ściśniętym gardłem.

„Naprawdę mi przykro" – powtórzył Tot – „ale musisz pojechać na Kauai, jedną z wysp hawajskich, tak szybko, jak to możliwe."

„Sądziłem, że daliście nam czas na odpoczynek. Czy to nie może zaczekać kilka tygodni?"

„Nie" – odparł po prostu. – „To zadanie ważniejsze od tego, które mieliście spełnić na Moorei. Proszę, postaraj się zrozumieć."

Nie odezwałem się. Nie wiedziałem, co powiedzieć. Wiedziałem, że przebyłem wszechświat głównie po to, by wykonywać pracę duchową na Ziemi. Była ważniejsza od innych spraw w moim życiu.

W tamtej chwili uświadomiłem sobie również, że moja dziewczyna nie przyjmie tego dobrze. Była zmęczona wędrówką i potrzebowała wakacji. Ostatecznie spojrzałem na mego mentora i powiedziałem:

„Dobrze, skoro mówisz, że to jest ważne, to musi tak być. Powiedz, co mam robić?"

„Nie teraz" – odparł Tot. – „Jedź na Kauai. Tam ci wszystko wyjaśnię. Dziękuję, Drunvalo. Nie prosiłbym cię o to, gdyby ktoś inny mógł wykonać to zadanie" – powiedział i znikł.

Siedziałem jeszcze przez długi czas i zastanawiałem się, jak to powiem swojej dziewczynie, ale nie przychodziło mi do głowy żadne sensowne tłumaczenie. Mimo to musiałem to zrobić.

Siedziała przed namiotem, zszywając rozdarte ubranie. Popatrzyła na mnie, a potem wróciła do pracy.

„O co chodzi, Drunvalo?"

Opowiedziałem jej o wszystkim, starając się przekonać ją, że wyjazd z Australii na Kauai jest fantastycznym pomysłem. Popatrzyła na mnie bardzo rozczarowana.

„Kochanie, nie mogę stąd wyjechać nie ujrzawszy Wielkiej Rafy Koralowej. Jeśli musisz jechać, zrozumiem to, ale ja nigdzie się nie wybieram. Rozumiesz?"

„Rozumiem. Nie chcę tam jechać, ale muszę. Na tym polega moje życie."

„W takim razie spotkamy się gdzie indziej. Nie wiem gdzie ani kiedy. Podoba mi się tutaj, może tu zostanę."

Uściskaliśmy się. Spakowałem swoje rzeczy i wyjechałem następnego ranka. Czułem się trochę dziwnie, zostawiając ją samą w obcym kraju, ale była podróżniczką i samodzielną dziewczyną. Australia była zaś pięknym i bezpiecznym krajem. Nie widzieliśmy się prawie przez pół roku. Życie bywa zaskakujące.

Wylądowałem na Maui i wynająłem niewielką łódź, służącą głównie tubylcom do przemierzania odległości między wyspami. Kauai jest najstarszą z wysp hawajskich, stanowiących pozostałości dawnej Lemurii. Panuje tu niekwestionowana starożytna energia.

Dryfując z nieba na ziemię, zastanawiałem się, co mam tu robić. Nie miałem pojęcia. Jak mogłem się nad tym nie zastanawiać?

Nad środkową częścią wyspy gromadziły się ciemne deszczowe chmury. Tam niemal zawsze pada. Jest to najbardziej mokre miejsce na Ziemi. Miejsce uważamy za mokre, jeśli pada tam cztery do pięciu stóp deszczu rocznie. Na Kauai opady sięgają czterdziestu dwóch stóp rocznie. Dzięki temu wyspę zdobią fantastyczne wodospady, biorące początek prawie na każdym tutejszym wierzchołku górskim.

Wkrótce stałem na lotnisku ze znajomym uczuciem bycia nie na miejscu, jakie budzą w nas zazwyczaj lotniska. Postanowiłem wynająć samochód. Chciałem poruszać się swobodnie, a poza tym pragnąłem zapewnić sobie choćby nikłe poczucie posiadania domu. Tęskniłem za moją dziewczyną.

Decyzja o wynajęciu samochodu okazała się zbawienna, bowiem Tot zlecał mi zwiedzanie niemal całej wyspy. Północno-zachodnia część Kauai ma nierówną powierzchnię. Nie udało się zbudować tu drogi, która całkowicie okrążałaby wyspę. Tradycyjna droga ma kształt podkowy o długości czterdziestu siedmiu kilometrów. Zawsze, kiedy miałem się udać w kolejne miejsce, okazywało się, że leży ono na drugim końcu podkowy. Tot nieustannie kazał mi zawracać i kierował na przeciwną stronę wyspy. Nigdy nie zapomnę, jak oddawałem samochód do wypożyczalni. Większość klientów ma na liczniku może dziewięćdziesiąt lub sto dwadzieścia kilometrów. Ja przejechałem ponad tysiąc dwieście. Pracownik wypożyczalni nie mógł w to uwierzyć.

Pierwszą noc na wyspie spędziłem w namiocie nad brzegiem oceanu, na skrawku trawy. Po raz pierwszy od pewnego czasu czułem spokój. Szum oceanu ukołysał mnie do snu.

Kiedy obudziłem się następnego ranka, przypomniałem sobie, że Tot wciąż jeszcze nie powiedział mi, po co tu przybyłem, ale wiedziałem, że niedługo skończy się lenistwo i zacznie się praca. Miałem rację. Tot musiał chyba słyszeć moje myśli, ponieważ pojawił się już pół godziny później.

„To, co będziesz robił, jest zbyt skomplikowane, by wyjaśniać wszystko naraz" – oznajmił. – „Będziemy o tym rozmawiać stopniowo. Mówiąc najprościej, weźmiesz na tej wyspie udział w ceremonii, która odmieni bieg historii. Aby to się jednak stało, trzeba dopasować kilka fragmentów układanki. Jak mówiłem, sprowadziłem cię tutaj, abyś uczestniczył w ceremonii Ziemi, ale zanim zostanie ona odprawiona, musisz wziąć udział w mniejszej ceremonii, która odbywa się tu każdego roku i wiąże się z czakrą serca ukrytą na tej wyspie. Mieści się ona pod drzewem mangowca. Pytaj, a znajdziesz."

Po tych słowach Tot nagle zniknął.

Rozmawiałem z wieloma Hawajczykami, ilekroć jednak pytałem ich o ceremonię czakry serca pod mangowcem, odchodzili. Najwyraźniej było to coś, o czym cudzoziemcy nie powinni wiedzieć.

Aż wreszcie spotkałem pewnego młodego Hawajczyka, który wiedział, o czym mówię.

„Jeśli to prawda, że masz wziąć udział w tej ceremonii" – powiedział – „kieruj się w stronę tej rzeki."

Pokazał szeroką ciemnozieloną rzekę, która wydawała się wypływać z samego środka wyspy. Chłopak zawahał się chwilę, a potem dodał:

„Jeśli przypadkiem odnajdziesz drogę, nie oglądaj się za siebie po skończonej ceremonii. Jeśli to zrobisz, twoje życie znajdzie się w niebezpieczeństwie."

Poprosiłem, by mi to wyjaśnił, ale wzruszył ramionami i odszedł.

„Jak trafię na ceremonię czakry serca?" – zawołałem za nim.

Nie odwrócił się.

„Kieruj się sercem. Jakże by inaczej?" – odkrzyknął.

Kiedy znikał w starym sklepie spożywczym, pomyślałem:

„Czy życie zawsze musi być takie tajemnicze?"

Koryto rzeki zakręcało pośród gęstego wspaniałego listowia, gdzie stały bogate domostwa. Wiedziałem, co mam robić. Miałem jechać w górę rzeki, ale poza tym nie wiedziałem, co mnie czeka. Odpaliłem małą wynajętą toyotę i skierowałem się w tym kierunku, starając się poczuć swe serce. Jazda bez określonego celu wydawała mi się jednak bezsensowna. Poza tym byłem zmęczony i tak naprawdę miałem ochotę zjechać na pobocze i zasnąć. Ostatecznie tak właśnie zrobiłem. Zjechałem z drogi i zamknąłem oczy. Wczuwałem się w wibracje swego serca i czekałem.

Trzydzieści albo czterdzieści minut później miałem już

odjeżdżać, kiedy spoza drzew wyłoniły się dwie młode pary w rytualnych strojach. Niosły one kwiaty. Jedno z nich trzymało w rękach gliniane naczynie. Wsiedli do samochodu i odjechali.

Wiedziony instynktem wysiadłem z wozu i poszedłem drogą, którą przyszli. Wchodziłem coraz dalej w las, aż doszedłem do brzegu tej samej ciemnozielonej rzeki. Po drodze spotykałem Hawajczyków, którzy skądś wracali. Żaden z nich nie spojrzał mi w oczy ani mnie nie pozdrowił. Szedłem dalej.

Pokonałem chyba kolejny kilometr, kiedy znalazłem wielkie drzewo mangowca, stojące w połowie na lądzie i w połowie w wodzie. U jego podstawy ułożono ofiary, zapewne rytualne.

Przy drzewie siedziała pogrążona w medytacji dziewczyna, może osiemnastoletnia, która wyglądała na rdzenną Hawajkę. Z początku jej nie zauważyłem, ponieważ zakrywały ją mniejsze drzewa. Kiedy wreszcie ją zobaczyłem, zrozumiałem, że ona ujrzała mnie pierwsza, ale spuściła oczy, jakby nie wiedziała, że tam jestem.

Wiedziałem, że wkroczyłem do świętego miejsca i potraktowałem drzewo z szacunkiem i czcią. Miałem przy sobie mały kryształ. Zerwałem też po drodze trochę kwiatów, wzorem spotkanych par. Ułożyłem kryształ i kwiaty pod drzewem i usiadłem opodal, starając się nie zwracać na siebie uwagi. Wszedłem w medytację i wczułem się w swoje serce. Wypełniło mnie piękne uczucie radości i wiedziałem na pewno, że jest to miejsce, które Tot polecił mi odnaleźć.

W chwili, w której to poczułem, Tot pojawił się przede mną w wizji i powiedział:

„Kryształ zachował twoje wibracje. Trzeba go wrzucić do rzeki. Zanim wpadnie do wody, odwróć się i odejdź i nie oglądaj się za siebie. Wracaj do samochodu."

Zrobiłem, co mi kazał. Wyrzuciłem kryształ w górę w miejscu, w którym gałęzie mangowca zwieszały się nad wodą. Zanim kamień wpadł do rzeki, odwróciłem się i odszedłem. Szedłem przed siebie, nie oglądając się. Nie wiem, czy ta dziewczyna wciąż tam była, ani czy wydarzyło się coś szczególnego. Postąpiłem zgodnie z regułami. Po drodze spotykałem kolejnych Hawajczyków zdążających w kierunku mangowca, ale spuszczałem oczy i szedłem przed siebie do miejsca, w którym poczułem, że nie znajduję się już w polu energetycznym. Potem odjechałem w stronę oceanu.

Następnego ranka, kiedy się obudziłem, pojawił się Tot i zaczął mówić o zupełnie nowych sprawach.

„Musisz uzyskać pozwolenie miejscowej kahunki, aby odprawić wielką ceremonię."

Podał mi jej imię i pokazał, jak wygląda. Była starą kobietą, twardą i o silnej woli. Takie sprawiała wrażenie.

„Gdzie ją znajdę?"

„Poszukiwanie jest częścią procesu" – odparł Tot. - „Musisz to zrobić sam. Odnajdziesz ją, kiedy znajdziesz kryształ."

W tej samej chwili ujrzałem w wizji ogromny kryształ kwarcu, wysoki na sto pięćdziesiąt centymetrów i szeroki na dziewięćdziesiąt. Nigdy wcześniej nie widziałem tak dużego okazu. Tylko na zdjęciach. Tot zapytał, czy widzę kamień. Powiedziałem, że tak. Oświadczył, że nie może mi powiedzieć, gdzie on się znajduje, ponieważ odnalezienie go również ma być częścią mojego duchowego procesu. Odszedł ze słowami:

„Znajdź kryształ, a odnajdziesz kahunkę."

„I jeszcze jedno" – dodał. - „Kryształ znajduje się blisko czakry serca tej wyspy."

Potem znikł.

Pojechałem z powrotem do miejsca, w którym byłem

poprzedniego dnia i pytałem spotykanych ludzi, czy widzieli tak wielki kryształ. Bez skutku. Po dwóch dniach uznałem, że jeśli chcę odnaleźć kryształ, muszę użyć swoich zdolności parapsychicznych, które opanowałem na Jukatanie.

Następnego dnia znów pojechałem w okolice czakry serca, ale tym razem moja droga poprzecinana była wieloma drogami bocznymi. Poszukiwania mogły mi zająć całą wieczność.

Podobnie jak podczas poszukiwań świątyni Kohunlich na Jukatanie, pozwoliłem, by prowadziło mnie moje trzecie oko. Utrzymując w swym umyśle obraz ogromnego kryształu, jechałem prosto do momentu, w którym poczułem wyraźnie, że powinienem skręcić. Przejechałem tak kilkanaście kilometrów. Na koniec znalazłem się na wierzchołku góry, na którym po obu stronach drogi stały luksusowe rezydencje. Nagle, zakręcając kolejny raz, znalazłem się przed hinduską świątynią. Mój samochód postanowił wjechać na parking i zatrzymać silnik. Tylko tak mogę opisać tę drogę. Pokonał ją mój samochód.

Wysiadłem i podszedłem do wielkiego posągu Ganeszy, hinduskiego boga słonia. Miał około czterech i pół metra wysokości. „Porządna robota" - pomyślałem. Ale nie posąg mnie tu przywiódł. Miałem uczucie, że kryształ znajduje się w pobliżu.

Była niedziela i w świątyni odprawiano mszę. Na parkingu stało mnóstwo samochodów. Postanowiłem wejść do środka i zobaczyć, co się stanie.

Ludzie znajdujący się w środku śpiewali pieśń hinduską. Intensywny zapach kadzidełek przenikał moją skórę. Przebieg mszy wyglądał znajomo. Spędziłem wiele nocy w Fundacji Hanuman Rama Dassa w Taos, w Nowym Meksyku, śpiewając w czasie darshan. Zamknąłem oczy i przyłączyłem się do chóru głosów, zapominając na krótko o celu mojej podróży.

Wydawało mi się, że minęło zaledwie kilka minut, jednak w jakimś sensie wiedziałem, że upłynęła godzina. Większość ludzi wyszła w ciągu dziesięciu minut, a w zbudowanej wzorem starożytnych świątyń budowli zaczęła zapadać typowa cisza.

Dopiero teraz, kiedy wszyscy wyszli, mogłem zobaczyć ołtarz, na którym leżał ogromny kryształ kwarcu. Stanowił niewiarygodny widok. Siedział pośrodku ołtarza, oddziałując na każdy centymetr świątyni. Nie rozumiem, jak to się stało, że nie poczułem jego obecności od razu.

Ruszyłem w stronę kryształu, aby przekonać się, co ma mi do powiedzenia, kiedy drogę zagrodził mi kapłan, który przewodniczył mszy.

„Czy mogę w czymś pomóc?" – Zapytał autorytatywnym tonem.

Popatrzyłem na niego i już wiedziałem, że moja próba zbliżenia się do kryształu z pewnością zostanie udaremniona. Powiedziałem więc:

„Szukam babki kahunki. Nazywa się tak i tak. Nie wiesz, gdzie mogę ją znaleźć?"

Kapłan uśmiechnął się.

„Nie musisz daleko szukać. Wystarczy, że się odwrócisz" – odparł.

Obróciłem głowę i ujrzałem przed sobą widok, jaki ukazał mi w wizji Tot. Jej uśmiech i serdeczność rozwiały od razu wszystkie moje wątpliwości.

„Babko" – zacząłem. – „Szukałem cię. Czy możemy porozmawiać?"

„A czego ode mnie chcesz? "

Odetchnąłem z ulgą i opowiedziałem jej o wszystkim. O Thotcie, ceremonii, która miała zostać odprawiona na wyspie i o tym, że potrzebuję na to jej pozwolenia.

„Czy pozwolisz mi odprawić tę ceremonię, babko?"

Ujęła mnie za rękę z wielką miłością i odparła:

„Masz moje pozwolenie, Drunvalo, ale ono nie wystarczy do tak ważnego zadania. Musisz uzyskać pozwolenie od ducha tej wyspy."

Podała mi imię ducha i wyjaśniła:

„Musisz go odnaleźć sam i poprosić o pozwolenie. Niech Duch pobłogosławi cię w twoich staraniach."

Uścisnęła mnie i skłoniła się przede mną, zgodnie z tradycją hinduską mówiąc: „Namaste". Oddałem jej ukłon i odszedłem.

Siedząc w samochodzie czułem jednocześnie zadowolenie, że ją odnalazłem i uzyskałem jej pozwolenie oraz zawód, ponieważ okazało się, że wciąż jestem daleki od osiągnięcia celu. Musiałem kolejny raz prosić o pozwolenie.

Zamknąłem oczy i wszedłem w medytację, aby poprosić o wsparcie. Natychmiast pojawił się uśmiechnięty Tot.

„Jesteś bliżej, niż ci się wydaje, Drunvalo. Czy nie rozumiesz, że życie już się wydarza? Koncepcja klęski czy dalszej pracy jest tylko częścią tego snu, który nadal wierzy w rozdzielenie."

„Dobrze, dobrze. Co dalej?"

Tot wyjaśnił mi to na swój sposób.

„Pojedziesz drogą do Hanalei, miniesz miasto i dotrzesz do końca tej drogi. Tam zaparkuj samochód i czekaj na dalsze instrukcje."

Jadąc wzdłuż wybrzeża kontemplowałem wszystko, co mi się przydarzyło w ciągu ostatnich kilku miesięcy. Czas upływał bardzo szybko, niemal niezauważalnie. Z drugiej strony bardzo wiele zostało osiągnięte.

W dodatku Tot stał się ważną osobą w mojej pracy. Najjaśniejszym światłem przewodnim były dla mnie anioły. To one stały się prawdziwym duchowym źródłem moich decyzji, ale dały mi jasno do zrozumienia, że powinienem teraz słuchać Thotha. Nie wiedziałem o tym wtedy, ale moja współpraca z nim wkrótce miała dobiec końca.

Przejeżdżałem przez Hanalei, położone na północnym końcu podkowy. Ruch uliczny właściwie nie istniał. Czułem się jak w domu. Ponownie uświadomiłem sobie, jak bardzo kocham tę wioskę. Krajobraz wokół jest zachwycająco piękny, a styl życia jej mieszkańców otwarty i swobodny. Ludzie odzwierciedlają urodę krajobrazu, w jakim żyją. Zawsze, kiedy tam jestem, moje serce bije nieco lżej.

Dojechałem na koniec drogi i zaparkowałem w miejscu, w którym mój samochód nie mógł nikomu przeszkadzać. Nie wiedziałem, jak długo potrwa ta podróż. Zamknąłem oczy i czekałem, aż pojawi się Tot.

Dotrzymał słowa jak zawsze.

„Drunvalo" – odezwał się. – „Oto twoje instrukcje. Zdejmij ubranie, nawet buty i owiń się wokół bioder białym szalem, który masz w bagażniku. Weź ze sobą tylko szamański woreczek."

Woreczek ten nosiłem ze sobą od lat. Trzymałem w nim przedmioty mocy, które stosowałem w ceremoniach, takie jak kryształy, kamienie, kukurydzę, szałwię i cedr dla oczyszczenia oraz piórka.

„Kiedy wejdziesz na ścieżkę prowadzącą w góry, rozpocznij ceremonię" – ciągnął Tot. – „Nie martw się pozwoleniem od ducha wyspy, bowiem on jest częścią ceremonii i już ci go udzielił. Pamiętaj o oddechu i o tym, by pozostawać w sercu.

Szukaj wodospadu, który mniej więcej od połowy ulega rozszczepieniu. Kiedy go znajdziesz, stań naprzeciwko strumienia i obróć się o 180 stopni. Zobaczysz przed sobą wielką płaską skałę. Tam spotkasz się z duchem wyspy i tam odbędzie się ceremonia. Kochamy cię i dziękujemy ci z góry za wysiłki, jakie podejmujesz dla dobra tej planety."

Po tych słowach Tot znikł. Otworzyłem bagażnik i znalazłem biały szal. Woreczek szamański miałem na szyi. Zdjąłem ubranie i owinąłem się szalem, a potem przez chwilę stałem trzymając w ręku woreczek. Zamknąłem oczy i natychmiast pojawiły się anioły. Uśmiechały się.

„Kochamy cię" – powiedziały.

Przeszedłem przez ulicę, aby wejść na ścieżkę prowadzącą w góry, która według słów Thotha miała być początkiem ceremonii. Zobaczyłem na dole wielki znak ostrzegawczy. Przedstawiał czaszkę ze skrzyżowanymi piszczelami. Napis głosił: „Nie wchodzić na szlak bez wysokich kaloszy. W wodzie żyją bakterie, których kontakt ze skórą jest śmiertelny. Nie dotykać wody".

Tymczasem ja rozpoczynałem swoją rytualną podróż bez ubrania i bez butów. Wiedziałem, że ten znak ma zasiać w mojej głowie lęk. Tot nie czekał, aż zamknę oczy. Pojawił się przede mną i powiedział:

„Drunvalo, to jest próba. Musisz zaufać temu, kim jesteś oraz swojemu połączeniu ze wszechświatem i ze Stwórcą. Pozostań w sercu i idź. Nie bój się, nie stanie ci się krzywda."

Wziąłem głęboki oddech i zrobiłem, co powiedział. Cały lęk opuścił moje ciało. Wiedziałem, że jestem chroniony. Spokojny, rozpoczynałem świętą wędrówkę w pięknych surowych górach.

Trasa była początkowo łatwa. Znajdowałem się na początku na wysokości poziomu morza. Czas mijał, a ja piąłem się jednak coraz wyżej i wyżej, coraz głębiej w porośnięte dżunglą góry, które wyglądały, jakby pochodziły sprzed milionów lat. Nie byłbym zaskoczony, gdybym zobaczył w nich dinozaura. Wszędzie wokół była woda. Spadała ze skał, przeciskała się przez szlak, wypływała ze szczelin. Nasiąkałem nią. Nawet z drzew kapało. Mniej więcej co sto metrów mijałem piękne wodospady. Ich widok zapierał oddech. Szukałem jednak tego, który rozszczepiałby się na dwa strumienie.

W pewnym momencie zatrzymałem się na polanie, których nie było tu wiele i wyjrzałem z dżungli na znajdujący się w dole ocean. Byłem wstrząśnięty, widząc, jak wysoko zaszedłem. Miałem wrażenie, jakbym wyglądał z okna samolotu – woda znajdowała się daleko w dole. Uczucie piękna, szum odwiecznych wodospadów, obecność rzadkich ptaków oraz niewiarygodnie piękne kwiaty i obfitość roślin sprawiły, że czułem się jak na innej planecie. Na tym innym świecie życie dopiero się rodziło i nic go nie zakłócało.

Tot powiedział mi coś jeszcze, o czym tu nie wspomniałem. Chyba pora, bym o tym nadmienił. Kauai pod względem geograficznym znajduje się w miejscu, w którym pamięć naszej planety przechowywana jest od 13 000 lat. Tak, w atmosferze zachowała się Kronika Akaszy, podobnie jak w ciele ludzkim, ale istnieje ona również intencjonalnie i dosłownie w pojedynczym krysztale umieszczonym z dala od linii brzegowej, dokładnie w miejscu, w którym stałem. Nie wiem, dlaczego tak jest; Tot mi tego nie wyjaśnił.

W sumie istnieje trzynaście kryształów, ale tylko jeden jest bankiem pamięci. Ułożono je według wzoru sześcianu Metatrona: jeden pośrodku wyspy i sześć wokół niego na wyspie, pozostałych sześć zaś wokół tamtych w wodzie. Taki sam system stosowali inni ludzie w odległej przeszłości. Wiemy, że znali go Lemurianie i Atlantydzi oraz, że używali go w tym samym celu, nie zmieniając kryształów. Według tego, co zapamiętał Tot, system ten jest jednak znacznie starszy niż obie kultury. Nie wie, kto go stworzył.

Kryształ znajdujący się w wodzie pod miejscem, w którym stałem, nazywa się kryształem szkieletowym i wygląda tak, jakby pochodził z kosmosu. Stamtąd zresztą pochodzi. Ma około sześćdziesięciu centymetrów długości, trzydzieści centymetrów średnicy, a obydwa jego końce wieńczy czubek.

Kryształy szkieletowe stanowią rzadkość. Jeśli nigdy czegoś takiego nie widzieliście, trudno będzie to opisać. Są to kwarce, ale nie przypominają zwykłych kwarców. Ich powierzchnię pokrywają kwarcowe „tuby". Wygląda to tak, jakby ktoś przykleił okrągłe tuby o średnicy centymetra na całej powierzchni kryształu według przypadkowego schematu. Nie ma niczego na świecie, co by je przypominało. Zawierają w swoim wnętrzu oraz w otaczającej je przestrzeni nieskończoną ilość danych.

Właśnie z powodu tych cech kryształ został wybrany, aby przechowywać pamięć planety oraz wszystkiego, co na niej żyje i co się na niej wydarza. Innymi słowy, jest on kroniką Akaszy Ziemi w miniaturowej skali. Tłumaczenie, dlaczego jest to takie ważne, zajęłoby zbyt dużo miejsca. Zresztą, jak już mówiłem, sam nie do końca to rozumiem.

Obróciłem się i ponownie ruszyłem w górę, wypatrując niezwykłego wodospadu. Pokazał się już po pięciu minutach marszu. Stałem przed nim dobre dziesięć minut. Był oszałamiająco piękny. Woda spadała z wysokości co najmniej siedemdziesięciu metrów i uderzała o wielką skałę wystającą pośrodku, która rozszczepiała strumień na dwoje. Był to naprawdę spektakularny widok. Po części odpoczywałem po wspinaczce. Wiedziałem, że czeka mnie dużo pracy.

Kiedy poczułem, że już czas, obróciłem się o 180 stopni i stanąłem twarzą do oceanu. Tak jak powiedział Tot, bezpośrednio przede mną znajdowała się wielka płaska skała, nieco uniesiona nad powierzchnią zbocza. Wokół niej rozciągał się fantastyczny widok granatowego oceanu sięgającego aż po horyzont. Idealne miejsce do ceremonii. Wiedziałem, że się nie mylę.

Nie wiedząc, czego się spodziewać, przystąpiłem do rytuału, którego nauczono mnie w Taos Pueblo w Nowym Meksyku. Otworzyłem szamański woreczek i ułożyłem cztery kryształy kwarcu w czterech kierunkach, tworząc kwadrat o średnicy 60 centymetrów. Pośrodku ułożyłem szczególny dla mnie kryształ, nazywany diamentem Herkimera – kryształ o podwójnym stożku i niezwykłej przejrzystości, który pozytywnie wpływa na sny. I do tego głównie służy

Pomodliłem się do wszystkich czterech kierunków, aby uświęciły tę ceremonię i ochroniły ją przed ewentualnymi zakłóceniami. Zgodnie z tradycją użyłem kukurydzy i tabaki, kładąc je na każdym krysztale w każdym kierunku. Pomodliłem się również do kierunku pod kryształem leżącym pośrodku oraz ponad nim, jak też do samego środka – uwzględniłem zatem siedem kierunków. W kręgu łączącym cztery kierunki ułożyłem wiele mniejszych kryształów i kamieni, które uznałem za potrzebne do stworzenia koła. Wewnątrz tego koła utworzyłem krzyż z lokalnych kamieni, łącząc środkowy kryształ z krawędzią.

Kiedy wszystko było gotowe do ceremonii, zamknąłem oczy i wszedłem w głęboką medytację, czekając na ducha wyspy. Wiedziałem, że musi się zjawić najpierw, ale nie miałem pojęcia, jak to będzie wyglądało. Postępowałem po prostu zgodnie ze wskazówkami Thotha, trwałem w sercu i byłem otwarty.

Medytowałem tak około pół godziny i nic się nie wydarzyło. Zacząłem się lekko niepokoić, ale wiedziałem, że powinienem być cierpliwy i trwać nawet, jeśli trzeba będzie do końca dnia.

Znów minęło piętnaście minut. Nagle usłyszałem jakiś hałas. Otworzyłem jedno oko i na płaskiej skale ujrzałem małą białą myszkę. Dreptała w kółko, wąchała kukurydzę i usiłowała rozeznać się w sytuacji. Była śliczna. Nie widziałem powodu, żeby jej przeszkadzać. Dałem jej spokój.

Już miałem znowu zamknąć oczy, kiedy myszka podeszła do środkowego kryształu, czyli Herkimera. Położyła na nim przednie łapki, obróciła się i spojrzała mi prosto w oko. Patrzyła na mnie. Otworzyłem drugie oko. Mysz nie ruszała się przez minutę. Po prostu patrzyliśmy na siebie. Czas zatrzymał się i zaczął się poszerzać. I wtedy to się stało.

Nie pamiętam, jak zamknąłem oczy, ale musiałem to zrobić. Nagle maleńka mysz urosła do rozmiarów dużego mężczyzny, mającego około pięciu metrów wzrostu. Wyglądał na Polinezyjczyka, miał ciemnobrązową skórę, czarne włosy i brązowe oczy. Z swoim potężnym, muskularnym ciałem wyglądał jak wojownik.

Przeszył mnie wzrokiem i odezwał się głębokim głosem:

„Jestem duchem wyspy i zapraszam cię na ceremonię."

Potem cofnął się, a przestrzeń rozszerzyła się w formę koła o średnicy około dziesięciu metrów. Na krawędzi zewnętrznej obok tego olbrzymiego ducha stał Tot, trzej mężczyźni, których nie znałem (choć głos wewnętrzny podpowiedział mi, że należą do Wniebowstąpionych Mistrzów, mimo, że wyglądali jak Polinezyjczycy) oraz kobieta, która jak sądzę reprezentowała Atlantydę.

Pośrodku koła stał człowiek, którego imienia nie podam, ponieważ nie wolno mi tego zrobić. Była to osoba, którą Ziemia wybrała na mężczyznę w ceremonii zabezpieczającej ludzkość przez 13 000 lat. Kiedy go ujrzałem, zrozumiałem, na czym ma polegać ta ceremonia.

Był tu rytuał czterowymiarowy, który odbywa się co 12 920 lat w celu przekazania mocy i odpowiedzialności z jednej energii do drugiej – w tym wypadku z energii męskiej do żeńskiej. Wszystko na Ziemi wydarza się najpierw w czwartym wymiarze, a następnie zostaje przefiltrowane do trzeciego wymiaru, który znamy.

Oznacza to, że po zakończeniu ceremonii, pewnego dnia odbędzie się ceremonia w trzecim wymiarze, która skrystalizuje te energie w naszym codziennym życiu. Kiedy ta druga ceremonia się odbędzie, energia żeńska poprowadzi ludzkość ku światłu w ciągu kolejnych 12 920 lat.

Odczuwałem pokorę., Zrozumiałem, jak ważna jest ta ceremonia i dlaczego Tot poprosił mnie, abym rzucił wszystko i odbył tę podróż.

Mężczyzna stojący pośrodku koła klęczał, skierowany twarzą w moją prawą stronę. Trzymał w ramionach kryształ szkieletowy, który mieści w sobie pamięć o ostatniej połowie Wielkiego Cyklu (pamięć wszystkich wydarzeń od początku ziemskiego czasu).

Zaczął mówić. Opowiadał o swoim doświadczeniu w ciągu ostatniej połowy cyklu, o tym, jak bardzo jest wdzięczny, że my, ludzie dotarliśmy do tego momentu w czasie/przestrzeni/wymiarze bez zbytnich zakłóceń. Czułem, że jest głęboko poruszony i powstrzymuje łzy ulgi na skutek tego, co miało się wydarzyć.

W następnej chwili piękna młoda kobieta weszła do kręgu od prawej strony, w kierunku wzroku mężczyzny i podeszła do środka. Uklękła przed nim i pokłoniła mu się z wielkim szacunkiem. Nie podnosiła głowy przez pół minuty, a potem wyprostowała się naprzeciw niego z zamkniętymi oczami.

Wreszcie otworzyła oczy i popatrzyła na niego, ale nie odezwała się. On zaczął mówić:

„Powierzono mi odpowiedzialność za ochronę i przewodnictwo dla ludzkości w ciągu ostatniej połowy Wielkiego Cyklu. Teraz ty zostałaś wybrana, aby chronić i przewodzić nam w następnej połowie cyklu. Ten kryształ jest narzędziem, którego będziesz potrzebowała, aby połączyć obie części cyklu i dokończyć dzieło. Oddaję ci go i moja praca jest skończona, a twoja się rozpoczyna. Czy przyjmujesz tę świętą odpowiedzialność?"

Kobieta spuściła oczy i odezwała się łagodnym melodyjnym głosem:

„Dziękuję ci za wszystko, co zrobiłeś. Jesteś wspaniałym człowiekiem. Tak, przyjmuję tę odpowiedzialność. Zrobię wszystko, co będzie w mojej mocy."

Po tych prostych słowach umilkła.

Mężczyzna odczekał chwilę, a potem uniósł wielki kryształ, postawił go przed nią na ziemi i odsunął się.

„Masz teraz moc, aby podążać zgodnie ze swoim sercem i podejmować decyzje, które ukształtują bieg historii ludzkości" – powiedział.

Ci z nas, którzy byli tam obecni, stali się świadkami najważniejszej zmiany warty w ciągu tysięcy lat. Nie zostało nic do powiedzenia. Było doskonale.

Młoda kobieta wstała, pokłoniła nam się i zamierzała odejść. Kryształ uniósł się z ziemi i podążał za nią, jak mały piesek. Oboje zniknęli w innym wymiarze egzystencji.

Widziałem, co się działo, kiedy odeszła. Widziałem, jak weszła na swój statek razem z kryształem i odleciała do swego domu w Peru. Poleciała prosto do miejsca znajdującego się między Wyspą Słońca a Wyspą Księżyca na Jeziorze Titicaca. Opadła na dno jeziora. Tam włożyła kryształ w głąb ziemi. Później wzleciała do atmosfery nad jeziorem i czekała.

Niedługo potem jasny fioletowy promień światła wystrzelił z jeziora do nieba, a starożytne wspomnienia zostały połączone i zaangażowane w teraźniejszość. Nastąpił początek nowej ery światła i braterstwa rasy ludzkiej – czy raczej siostrzeństwa.

Uwaga: Ci, którzy czytali moje dwie poprzednie książki znają historię kobiety, która wzniosła starożytny statek kosmiczny w górę spod Sfinksa w Egipcie. To ta sama kobieta. Miała wówczas dwadzieścia trzy lata i mieszkała w Peru. Nadal tam mieszka. Obecnie jest najważniejszą osobą na świecie. Nie mogę podać jej imienia, bowiem jej praca jest tajemnicą. Dowiecie się o niej więcej z tej książki, gdy przejdę do mojej podróży do Peru.

Kiedy pradawne wspomnienia zaczęły napływać do ludzkiej podświadomości pod koniec tej ceremonii, zainicjowany został nowy ludzki sen – sen o tym, że według naszej wyższej świadomości wprowadzimy w przyszłości Ziemię do ery spokoju, piękna i superewolucji.

Nikt nie wiedział, co się wydarzyło podczas tej ceremonii z wyjątkiem kilku zaawansowanych dusz, bowiem nowy sen był ziarnem spoczywającym w ciemnościach, zasianym dosłownie w wyższym wymiarze świadomości Ziemi i nie zobaczy on światła tego świata aż do początku nowego stulecia. Musimy czekać.

ROZDZIAŁ JEDENASTY

Anasazi i lecznicze Koło Nowego Snu

Świetlisty Wąż i cykle czasu tworzą Nowy Sen

Po upływie 12 920 lat cykl dopełnił się. Nadejście precesji przesilenia wkracza w konstelację Wodnika i rozpoczyna się nowy ruch. Tybet i Indie wypełniły swój cel w oświecaniu świata z wielką integralnością, a Świetlisty Wąż znalazł swój nowy dom wysoko w Andach na terenie północnego Chile, rejonu otoczonego przez Peru, Boliwię, Argentynę i Pacyfik. Świetlisty Wąż każdego dnia gromadzi więcej siły dzięki swemu połączeniu ze środkiem Ziemi, a świat czeka wielka niespodzianka. Nowy cykl światła rozpoczął proces ujawniania się wobec świata, a ciemność wydaje się pokonywać ludzką duszę. Tekst *Amazing grace* (*Zachwycająca łaska*) to za mało, by opisać to, co się dzieje.

Wydarzenia przedstawione w tej książce miały miejsce

przed rokiem 2003. Dziś napisano już wiele innych książek na ten temat, a data 21 grudnia 2012 szybko się zbliża. Ci, którzy wiedzą, zastanawiają się w głębi serca, co się wydarzy? Jak zmienimy się, my, ludzie, oraz Ziemia? Czy uda nam się przetrwać do tego czasu, zanim zanieczyszczenie środowiska lub polityka ostatecznie przypieczętują naszą klęskę? Nasza świadomość jest zalewana mnóstwem pytań, które tworzą wielki stres w naszym życiu.

Świetlisty Wąż znalazł się na tym świecie mocą najwyższych poziomów świadomości, aby odpowiedzieć na wasze pytania o przetrwanie, regenerację i wstępowanie. Damy sobie radę. Nawet lepiej. Nie martwcie się, proszę, ale zaufajcie Życiu, które jest doskonałe. Istnieje kosmiczne DNA, które pozwala dziać się kolejnym wydarzeniom, które pierwotnie zostały wyśnione przez Jedyną Świadomość. Rzeczywistość staje się jasna, kiedy wasze oczy stają się jednym, kiedy przechodzicie od dualizmu do Świadomości Jedności i wnikacie do serca Świetlistego Węża.

Wąż zwija się w swoim nowym domu, a my na to odpowiadamy

Był poniedziałkowy poranek 2003 roku. Światło wschodzącego słońca rozjaśniło moją sypialnię niemal niezauważalnie, oświetlając krajobraz mojego wewnętrznego śnienia. Chwilami dostrzegałem to za pośrednictwem fizycznego wzroku i reagowałem na to, ale w tamtej chwili byłem tak głęboko pogrążony w medytacji, że ledwo zauważyłem, iż w pokoju stało się jasno. Anioły udzielały mi wskazówek już od godziny, a ja zapomniałem, że nadal jestem na Ziemi w ciele ludzkim. Opowiadały mi, że zostałem poproszony o służbę dla Matki, że mam podróżować po całym świecie i odprawiać ceremonie z oraz dla plemion pierwotnych, które są niezbędne do przyjęcia nadchodzącej energii. Anioły powiedziały mi również, że trzeba zrobić więcej niż dokonać przemiany energii męskiej w żeńską. Wiedziały, że nie rozumiem w pełni tego, co mi mówią, ale wiedziały też, że im ufam. Zawsze im ufałem. Pokazywały mi się od 1971 roku i zawsze miały po temu powód. Zwykle bardzo konkretny.

Tym razem jednak było inaczej. Wszystko, o czym mówiły, spowijała zasłona. Opowiadały mi o pewnych rdzennych plemionach oraz o tym, jak wielkie miały one znaczenie dla przetrwania rasy ludzkiej. Ludzie ci przechowywali pamięć, wiedzę i mądrość. Bez ich doświadczenia i wiedzy człowiek współczesny nie przekroczyłby wielkiej otchłani, która zbliżała się gwałtownie.

Zapytałem, jakie plemiona mają na myśli. Odpowiedziały, że najważniejsze obecnie są Anasazi, Majowie, Inkowie oraz Zulusi, ale następne do nich dołączą, tak jak to się zdarzało w przeszłości.

„Jak mam rozpocząć służbę?" – zapytałem.

Spojrzały na mnie, jakbym żartował i odpowiedziały po prostu: „Bądź w swoim sercu, Drunvalo, a będziesz wiedział, co masz robić. Matka Ziemia będzie twoją przewodniczką w przyszłych podróżach. Słuchaj jej. Poprowadzi cię przez całą drogę.

Wschodzące słońce dosięgło moich oczu i przebudziło mnie z medytacji. Wewnątrz doświadczyłem tego jako eksplozji czerwonego i złotego światła. Zanim zdążyłem się zorientować, co się dzieje, powróciłem do ciała i był poranek. Siedziałem, zastanawiając się nad tym, co anioły chciały mi powiedzieć, ale w końcu uznałem, że równie dobrze mogę zacząć dzień. Z czasem wszystko się wyjaśni.

Moja asystentka, Diane Cooper, która od lat pomaga mi w interesach, zadzwoniła później tego dnia. Zaproponowała, abyśmy wybrali się w podróż do rejonu Four Corners w Stanach Zjednoczonych, w którym Arizona, Utah, Kolorado i Nowy Meksyk spotykają się ze sobą. Mówiła, że moglibyśmy tam zaprosić grupę ludzi z całego świata. Zapytała, czy jestem zainteresowany.

Normalnie nie trudnię się zabieraniem ludzi w podróże dookoła świata. Większość czasu poświęcam nauczaniu i pisaniu książek na temat medytacji i wyższej świadomości.

„To ziemia starożytnych Anasazi, prawda?" – zapytałem.

„Drunvalo" – odparła. - „Przecież wiesz, że tak."

Sądzę, że zapytałem ją o to, żeby usłyszeć odpowiedź. Wiedziałem, ze Anasazi żyli w tamtych rejonach, ale byłem zaskoczony słysząc to imię tak szybko od czasu, kiedy anioły powiedziały mi, że to z nimi mam odprawić pierwszą ceremonię. Powiedziałem Diane, że muszę się zastanowić i że jeszcze wrócimy do tej rozmowy.

Minęło wiele lat od moich podróży na Jukatan i do Gwatemali, na wyspy Moorea oraz Kauai. Sądziłem, że moja praca na tych poziomach, polegająca na zmianie energii męskiej w żeńską, dobiegła końca. Teraz, w wieku sześćdziesięciu dwóch lat, rozważałem zaprzestanie wszelkich podobnych działań nie dlatego, że byłem zmęczony, ale dlatego, iż czułem, jakby cel mojego pobytu na Ziemi wypełnił się. Wewnątrz byłem zadowolony. Ale Życie miało wobec mnie jeszcze inne plany, a kimże byłem, żeby się z Nim spierać?

Siatka Świadomości Jedności została ukończona w latach 1989-1990 i naprawdę sądziłem, że nie pozostało już nic więcej do zrobienia, tylko czekać na przyspieszenie procesu wstępowania planety. O ile jednak dobrze zrozumiałem anioły, powstały niezwykłe blokady w sieci, które opóźniały naturalny przepływ energii i musiały zostać usunięte lub zrównoważone, aby kobiety mogły skutecznie korzystać z danej im mocy. Blokady te powstały na skutek decyzji oraz działania niektórych kultur, które żyły dawno temu.

W końcu razem z Diane zorganizowaliśmy wycieczkę na południowy zachód pod hasłem „Podróż do Starożytnego Anasazi". Zaprosiliśmy na nią chętnych z całego świata. Moje książki zostały przetłumaczone na wiele języków i są czytane w co najmniej stu krajach. Wiedziałem, że możemy zebrać prawdziwie międzynarodową grupę. Ograniczyliśmy liczbę uczestników do pojemności autokaru oraz półciężarówki, do której zapakowaliśmy bagaże. Jak się okazało, zgłosiło się 56 osób (poza 5 osobami z naszej ekipy pomocniczej oraz mną) z 22 krajów.

Była to podróż całkowicie odmienna od moich dotychczasowych intymnych świętych podróży, które odbywałem samotnie bądź w towarzystwie jednej bliskiej osoby. Tym razem towarzyszyło mi 61 osób pochodzących z różnych kultur świata. Niektórych, rzecz jasna, nie znałem, ale mieliśmy się poznać. Inni nie mówili po angielsku, ale tak musiało być. Czekała nas duchowa praca na poziomie, który wymagał współdziałania wielu dusz w pełnej harmonii, jak gdyby stanowiły one jedność.

Co więcej, każdy z uczestników podjął decyzję o tym wspólnym przedsięwzięciu dawno dawno temu. Sądzimy, że czas jest procesem linearnym, ale on ma strukturę koła. Przyszłość już się wydarzyła. Ale nie czas, by teraz tłumaczyć wam tę prawidłowość. Tylko bezpośrednie doświadczenie pozwala odczuć różnicę. Jeśli odkryjecie rzeczywistość czasu, doświadczenie to odmieni was na zawsze.

Mieliśmy się spotkać w Sedonie, w Arizonie, u stóp jednej z najpiękniejszych czerwonych gór, stanowiącej miejsce o bardzo wysokiej energii duchowej. Sedona jest niewielkim miastem (ok. 10 000 mieszkańców), które każdego roku rozrasta się do liczby ponad 20 000 osób, ponieważ przybywa tu

5 milionów turystów pragnących poczuć niezwykłą energię promieniującą z Ziemi, która nawiązuje bezpośredni kontakt z duszą. Można ją poczuć, nawet jeśli się jest niewierzącym materialistą, przekonanym o tym, że polityka i rynek papierów wartościowych są tajemnymi kluczami do Życia. Wystarczy zaparkować swojego błyszczącego mercedesa na poboczu i wstąpić w próżnię nieskończonej przeszłości.

Przekonajcie się.

Powody, dla których zorganizowaliśmy tę wyprawę były skomplikowane. Po pierwsze pragnęliśmy pomoc Anasazi, o którym opowiadały mi anioły. Trzeba było sprowadzić owo plemię z powrotem do tego świata, aby mógł dopełnić się drugi powód, którym było odblokowanie siatki związanej z tą starożytną kulturą.

Był jeszcze jeden powód, związany z pogodą. Być może wyda wam się on nieistotny, ale pogoda była częścią problemu. To z jej powodu Anasazi opuściło ten świat. Pogoda była kluczem otwierającym pole energetyczne, które utrzymywało Anasazi w ukryciu w wewnętrznych światach Ziemi. Pozwólcie, że wam to wyjaśnię.

Rdzenni Amerykanie wierzą, że jesteśmy obecnie w Czwartym Świecie, który mamy wkrótce opuścić, aby przenieść się do Piątego Świata. Uważają, że byliśmy już w trzech innych światach, zanim przybyliśmy tutaj. Wierzą, że kiedy przybyli z Trzeciego Świata, wyszli z wnętrza Ziemi na powierzchnię, którą nazywają Czwartym Światem.

Przodkowie w Czterech Kątach obszaru Stanów Zjednoczonych stanowili grupę ludzi, która znikła dawno temu, grupę, którą nazywamy dziś Anasazi. Anasazi oznacza „Starożytni", ale dla niektórych oznacza „starożytni wrogowie". Anasazi znikli ponoć w ciągu jednego dnia. Zostawili na stołach jedzenie i gliniane naczynia. Wszystko wyglądało tak, jakby postanowili wybrać się na przechadzkę i wrócić.

Tymczasem wstali i rozpłynęli się w powietrzu.

Dlaczego? Dokąd się przenieśli?

W ciągu ostatnich kilku lat dowiedzieliśmy się, że na ostatnim etapie rozwoju kultury Anasazi, prądy w Atlantyku uległy spowolnieniu, podobnie jak to się ma obecnie. Zmiana ta spowodowała suszę na obszarze Czterech Kątów, podobnie jak współcześnie. Dla Anasazi deszcz przestał padać na 46 lat. Wyschły więc wszystkie jeziora, rzeki oraz podziemne źródła. Ludzie nie mieli wyboru. Gdyby nie odeszli, zginęliby.

W dodatku Anasazi zagrażali hiszpańscy konkwistadorzy, którzy usiłowali ich wyeliminować. Kłopotów było za dużo. Anasazi desperacko szukali rozwiązania.

Wielu z nich zdecydowało się powrócić do Trzeciego Świata w głębi Ziemi. Sądzili, że to ich ocali, nie rozumieli jednak, jaki wpływ wywrze na ich dalsza ewolucję oraz na ewolucję świata.

Starożytni weszli zatem do swoich podziemnych komnat modlitewnych, kiva, gdzie zawsze znajdowały się symboliczne sipapu. Były to otwory na powierzchni Ziemi, którymi Starożytni wyszli z Trzeciego Świata. Anasazi (nie wszyscy) użyli specjalnej wiedzy, aby powrócić w głąb Ziemi do Trzeciego Świata, gdzie jak sądzili, mieli odnaleźć bezpieczeństwo.

Jednak, jak mieliśmy się przekonać podczas tej podróży, nie było to łatwe. Teraz, gdy ich dusze były połączone z zewnętrzną powierzchnią Czwartego Świata, odkryli, że życie w Trzecim Świecie stało się dla nich piekłem. Stopniowo uświadomili sobie, iż popełnili błąd cofając się w ewolucji. Zrozumieli również, że nie mogą już tego odwrócić – dopóki przepowiednia (ich zbiorowy sen) się nie spełni. Przepowiednia głosiła zaś, że za kilkaset lat przybędzie po nich nasza grupa.

Należało więc zmienić decyzję Anasazi, którą podjęli oni 700 lat temu, aby kobiecość mogła przejąć rządy. Jak mówiły anioły, nie tylko Anasazi tworzyli zakłócenia w Siatce Świadomości Jedności; czyniły to również inne rdzenne kultury Ziemi.

Jednocześnie nasza grupa została obarczona zadaniem zapewnienia środków, dzięki którym Anasazi będą mogli powrócić do czwartego Świata, czyli zmienić wzorce pogodowe na obszarze Czterech Kątów oraz odprawić specjalne ceremonie, aby uchylić blokady w Siatce Świadomości Jedności, nie pozwalające kobiecości wykorzystać danej jej mocy. Wszystko to mieliśmy osiągnąć poprzez ceremonialną „magię" czy też naukę, w zależności od naszych preferencji.

W 2002 roku w moim świecie, w Arizonie, nastała susza, jakiej nie widziano od stu lat. Została spowodowana globalnym ociepleniem oraz spowolnieniem prądu w Atlantyku. Wokół wybuchały pożary lasów. Magazyn *Time* w oparciu o zebrane dowody opublikował artykuł, którego autorzy stwierdzali, że susza potrwa jeszcze 150 lat. Nasza grupa miała to zmienić i zakończyć suszę, a przynajmniej zmienić jej przebieg. Wierzyliśmy, że ów wzorzec pogodowy był w istocie związany z ludzką świadomością oraz starożytnym ludem Anasazi.

Aby przeprowadzić tę grupę przez trudny wielokulturowy obszar, zrobiłem to, o co prosiły anioły. Zacząłem medytować z Matką Ziemią codziennie, prosząc o przewodnictwo. Tak bardzo ją kocham i czuję, że ona kocha mnie. Przekazywała mi wskazówki w celu przeprowadzenia naszego zadania.

Wniebowstąpieni Mistrzowie za pośrednictwem Thotha asystowali mi na początkowych etapach mojego odzyskiwania pamięci, ale ta obecna podróż wymagała, aby moim przewodnikiem byli przedstawiciele poziomów kosmicznych spoza Wielkiego Białego Bractwa. Teraz miały mnie prowadzić żywy duch Ziemi, Matka Ziemia oraz, oczywiście, drogie mi anioły. Tot był jednym z pierwszych przewodników, który towarzyszył mi przez dziesięć lat, ale w połowie lat dziewięćdziesiątych on i pozostali Wniebowstąpieni Mistrzowie opuścili Ziemię, aby udać się w przyszłość, którą kiedyś wszyscy zrealizujemy.

Kiedy wrócił po przełomie tysiącleci, chciał mi pokazać swoją obecność, ale nasza relacja już się dopełniła. Nadszedł czas na nową formę przewodnictwa, którą każdy z nas nosi w sobie: przewodnictwo naszej własnej Boskiej Matki.

Pierwsze Koło Mocy

Mieszkałem w Payson, w Arizonie. W owym czasie lasy wokół mego miasta płonęły. Największy pożar w historii Arizony rozgorzał poza kontrolą niecałe trzydzieści kilometrów od mojego domu. Matka Ziemia poleciła mnie oraz mojej rodzinie przygotować koło mocy na naszej ziemi i modlić się o deszcz.

Uczyniliśmy to w świętym rytuale, przemawiając do każdego kamienia, postrzegając go jako żywą istotę, a na koniec słuchając słów Matki Ziemi wypowiadanych za moim pośrednictwem do mojej rodziny. Obwieściła, że deszcz spadnie za dwa dni.

Następnego dnia powietrze przesiąknięte było wilgocią. Nagłówki lokalnych gazet nazwały go „dniem Cudu", ponieważ wilgoć gasiła pożary. Deszcz zamienił czarny dym w biały i pozwolił strażakom przejąć pięcioprocentową kontrolę nad nieopanowaną dotąd pożogą.

Był to początek końca fali ognia.

Kolejnego dnia zaczęło lekko padać, ale tylko na obszarze otaczającym Payson. Powoli, każdego dnia, deszcze nasilały się, aż w końcu wszędzie wokół zrobiło się mokro, a pożary ustały całkowicie. Koło mocy działało, ale niestety tylko w pobliżu mojego domu. Na pozostałym terenie Czterech Kątów problem nie znalazł rozwiązania. Ale to koło mocy okazało się niezwykle ważne, bowiem rozpoczęło proces uzdrowienia, którego miała dopełnić nasza międzynarodowa grupa i jej szczególne talenty, przyniesione tutaj z całego świata.

Matka Ziemia chciała, bym udał się do czterech stanów Czterech Kątów – Arizony, Nowego Meksyku, Kolorado oraz Utah - i odprawił tam ceremonie uzdrawiające relację Starożytnych i Współczesnych, czyli wszystkich żyjących obecnie ludzi. Dzięki niej w światach zewnętrznych oraz wewnętrznych miała zapanować równowaga, a jednoczesne odblokować się miała Siatka Świadomości Jedności.

Anasazi

Anasazi istnieli od czasów Chrystusa po mniej więcej rok 1300, kiedy prąd atlantycki zaczął zwalniać (historycznie, w 1300 roku zaczęła się Mała Epoka Lodowcowa i trwała do 1850 roku). Obszar ich wpływów obejmował głównie rejon Czterech Kątów. Konstruowali oni budowle, a ich święte miejsca świadczą o niewiarygodnej wiedzy naukowej na temat położenia oraz świętej geometrii. Ich niedawno opowiedziana historia została udokumentowana w filmie *The Mystery of Chaco Canyon* (*Tajemnica Kanionu Chaco*), którego narratorem był Robert Redford. Według filmu Anasazi posiadali wiedzę naukową równą wiedzy starożytnych Egipcjan.

Nie byli barbarzyńcami, ale cywilizowanymi ludźmi,

których rozumienie rzeczywistości mogłoby nam się kojarzyć z science fiction. Należały do niego inne światy i inne wymiary, a oni umieli się w nich poruszać (przynajmniej do pewnego stopnia).

Wyjaśnijmy: Trzeci Świat jest alikwotą trzeciego wymiaru Ziemi, w której zostali uwięzieni. Anasazi próbowali przedostać się do czwartego wymiaru, ale nie byli na to gotowi i ponieśli porażkę. Znaleźli wówczas świat alikwoty i poczuli się tam bezpieczniej.

Być może czas już wyjaśnić, najprościej jak to możliwe, relacje między wymiarami oraz alikwotami. (Szczegółowe wyjaśnienia odnajdziecie w moich dwóch pierwszych książkach , *Pradawna Tajemnica Kwiatu Życia, Tom I i II*). Ten opis wymiarów koresponduje z perspektywą starożytnych, nie zaś ludzi współczesnych, którzy postrzegają trzy pierwsze wymiary jako x,y,z w przestrzeni oraz czwarty wymiar jako czas. Zgodnie ze współczesnym poglądem kolejne wymiary da się zmierzyć za pomocą matematyki. Nie uważam, by poglądy naukowe były błędne; po prostu opierają się na innych koncepcjach.

Tymczasem chciałbym przedstawić wam inny punkt widzenia, zgodnie z którym wszechświat jest czystym dźwiękiem czy też wibracją. Związek między wymiarami również ma naturę wibracji i koresponduje idealnie z prawami muzyki i harmonii. Wymiary są oddzielone od siebie według dokładnie takich samych proporcji, jak nuty w chromatycznej skali muzycznej. Zamiast cyklów na sekundę, które występują w muzyce, wymiary oddzielane są długościami fali, ale proporcje są jednakowe.

Istnieje 12 większych i 12 mniejszych wymiarów alikwot na całkowitą sumę 144 wymiarów w każdej oktawie wymiarów. Wydaje się, że istnieje niemal nieskończona liczba oktaw wymiarów, które powtarzają się wciąż od nowa z tą różnicą, że zmienia się ich doświadczenie w miarę przemieszczania się w górę wymiarów. Wszystkie wymiary przenikają się wzajemnie, zatem w przestrzeni, w której znajdujecie się obecnie, przez wasze ciało przenikają wszystkie wymiary.

Wszechświat, jakim go widzimy, z gwiazdami i planetami, jest określany jako trzeci (większy) wymiar w grupie 12 większych wymiarów. Ziemia jest więc w trzecim wymiarze, ale wewnątrz i wokół niej oraz całego wszechświata znajduje się dwanaście alikwot trzeciego wymiaru. Mimo że nie możecie zobaczyć tych alikwot trzeciego wymiaru, są to światy znane i doświadczane przez szamanów oraz ludzi mocy i Wniebowstąpionych Mistrzów od tysięcy lat.

Gdyby jakiś człowiek wniknął do alikwoty trzeciego wymiaru Ziemi, lub jakiegoś innego wymiaru, zniknąłby z Ziemi i pojawił się w innym świecie. Niełatwo to osiągnąć bez należytej wiedzy.

Starożytni Anasazi byli zdesperowani. Przeszli z trzeciego wymiaru Ziemi do alikwoty Ziemi. Problem polegał na tym, że ponieważ cofnęli się w rozwoju świadomości, ruch ten przypominał samobójstwo. W efekcie zostali uwięzieni i stali się niezdolni do opuszczenia niższego świata.

Pozwólcie, że powiem wam coś na temat ich natury; być może zrozumiecie wówczas, dlaczego darzę ich współczuciem. Długość ich życia od chwili narodzin aż do śmierci wynosiła zwykle osiemnaście lub dziewiętnaście lat. Jeśli Anasazi dożywał dwudziestu pięciu lat, był starcem lub staruszką. Kobiety rodziły pierwsze dziecko w wieku dwunastu lub trzynastu lat, a umierały już pięć lat później. Oznaczało to, że ich dzieci zdane były same na siebie i musiały bardzo wcześnie nauczyć się sztuki przetrwania.

Zatem mimo swojego ogromnego rozumienia rzeczywistości, brakowało im mądrości, jaka przychodzi z wiekiem.

Tak to odczuwam po latach doświadczania obecności Anasazi na wielu poziomach w moich medytacjach.

Początek Świętej Podróży

Piszę te słowa pod koniec 2006 roku i kiedy wspominam tę podróż sprzed trzech lat, moje serce wibruje energią. To, co tam się wydarzyło, odmieniło moje życie.

Rankiem w dniu, w którym wyjechałem do Sedony, aby spotkać się z moją grupą, usiadłem przed naszym „rodzinnym" kołem mocy. Modliłem się do Matki Ziemi o przewodnictwo i ochronę, kiedy wkroczymy do światów Anasazi. Anioły powiedziały mi, że te modlitwy będą moją drogą i moim przewodnictwem do chwili, w której odmienią moją ścieżkę. Tot był dla mnie bratem i wielkim mentorem, ale przed naszą grupą stało teraz nowe wyzwanie. Powiedziałem do niej w sercu: „Drogi Duchu Ziemi, będę cię słuchał i postaram się podążać za twoją radą".

Opuściłem koło i udałem się na północ do Sedony na pierwsze spotkanie z moją międzynarodową grupą. Po przywitaniu wyruszyliśmy ścieżką Rdzennych Amerykanów, którą mieliśmy podążać podczas całej podróży. Zgodnie z tą ścieżką przed ceremonią lub rozpoczęciem świętej podróży grupa oczyszcza się w tradycyjnej łaźni parowej.

Łaźnia parowa to niewielki szałas zdolny pomieścić dziesięć do trzydziestu osób. Zwykle buduje się go z gałęzi czerwonej wierzby splecionych w szczególny sposób i związanych tak, by utworzyły szkielet szałasu. Następnie konstrukcję okrywa się różnymi materiałami. Dawniej były to skóry zwierząt, a dzisiaj koce. Wewnątrz powinna panować całkowita ciemność. Małe drzwi przykryte materiałem znajdują się zwykle od strony wschodniej.

Przed wejściem do szałasu buduje się wielki ogień, w którym układa się specjalne kamienie „lava". Rozgrzewają się one tak długo, aż przybiorą barwę pomarańczowo-czerwoną. Kamienie przenosi się później do kiva po kolei szpadlem lub widłami, aż siedem głazów znajdzie się pośrodku łaźni parowej na ziemi. Kiedy kamienie ochładzają się, wnosi się następną partię gorących kamieni i rozpoczyna kolejną rundę modłów. Temperatura powoduje czasem tak silne pocenie się, że ludzie nie są w stanie tego wytrzymać, ale dobrze służy to swoim celom; pozwala odejść nieczystej części nas. Przygotowuje nas do integralności, która musi zostać uszanowana, aby przepowiednia mogła się wypełnić.

Nasza grupa weszła do łaźni parowej rozumiejąc, że wchodzi do łona Matki Ziemi, w którym będziemy śpiewać i modlić się do Matki Ziemi, Ojca Niebo i Wielkiego Ducha, prosząc o oczyszczenie i przygotowanie do czekającej nas świętej podróży.

Po rytualnej łaźni weszliśmy do domu przyjaciela, w którym zapoznawaliśmy się ze sobą podczas pięknego posiłku przy dźwiękach wibrujących instrumentów lokalnych muzyków, którzy śpiewali z serca i grali na didgeridoo. Szybko zaczęliśmy łączyć nasze energie. Następnego ranka wśliznęliśmy się do naszego ultranowoczesnego pojazdu, zwanego autokarem turystycznym i wyruszyliśmy do ziemi starożytnych, aby szukać niewidzialnych ludzi.

Navajo

Navajo to nazwa nadana im przez białego człowieka. Oni sami nazywają siebie Dine, co wymawia się „di nej". W ich języku oznacza to „Dzieci Boga", podczas gdy imię

Navajo po hiszpańsku oznacza „złodzieja". To oczywiste, że nie lubią imienia Navajo. Odwiedziliśmy ich w pierwszej kolejności, aby poprosić o pozwolenie odprawienia ceremonii na ich ziemi, byli bowiem wraz z Hopi strażnikami bramy, za którą istnieli Anasazi. Wszystko tam się zaczęło.

Mój mentor Hopi, Dziadek Dawid, rozpalił niegdyś moje serce wielką potęgą swojej wizji. Dziadek Dawid należał przed śmiercią do starszyzny, która przechowywała Przepowiednie Hopi dla plemienia. Miałem pozwolenie, ale potrzebowałem, by Navajo otworzyli przed nami swoje serca i oni również pozwolili nam odprawić ceremonię na swojej ziemi, która rozciągała się od Arizony po Utah, Kolorado oraz Nowy Meksyk – wszędzie tam, gdzie musieliśmy się udać.

Nigdy nie widziałem, by Navajo otwierali się przed białymi ludźmi, którzy od początku ich zdradzali i oszukiwali. Postrzegali oni białych jako węże o „rozdwojonych językach", które zawsze mówią jedno, a robią drugie. Od wieków odnosili się do nas z odrazą. W ciągu całego mojego życia nie widziałem ani razu, by Navajo zaufali lub chociaż okazali życzliwość białemu, ale świadomość tego, że życie jest snem, pozwala dokonywać rzeczy niemożliwych. Wielokrotnie widziałem tę nieufność w ich oczach, ale kiedy przybyliśmy do Kanionu de Chelly, spotkało nas coś wręcz przeciwnego. Ludzie Navajo przyjęli nas z otwartym sercem i zaprowadzili do tej części swojej świętej ziemi, której zazwyczaj nie pokazują przybyszom z zewnątrz.

Nasi przewodnicy poprowadzili nas w głąb kanionów i pokazali nam piktogramy wykonane przez Anasazi, Starożytnych, którzy byli tu przed nimi. Z wielką pieczołowitością pokazali nam również miejsca i opowiedzieli nam historie o swojej świętej ziemi, o których biali ludzie nigdy nie słyszeli.

Większość uczestników naszej wyprawy nie znała historii. Sądzili, że Navajo zawsze są tacy przyjacielscy. Wielu z nas jednak wiedziało, że to nieprawda. Nas przewodnik powiedział, że przyprowadził już wiele grup do tego kanionu, ale nasza była inna. Opowiadał nam o swoim plemieniu i o Anasazi rzeczy, które normalnie zarezerwowane są tylko dla członków plemienia.

Drugiego dnia pobytu w Kanionie de Chelly, na skalistym klifie sterczącym nad jego ukrytym sercem nasi przewodnicy Navajo dołączyli do naszej ceremonii. Razem weszliśmy w „przestrzeń serca" i modliliśmy się za uzdrowienie tej ziemi. Było to prawdziwie poruszające i niezwykłe przeżycie.

Jednak to poprzedniej nocy, po pierwszym dniu pobytu w Kanionie, wielu uczestników naszej wyprawy doświadczyło pierwszego otwarcia serca Dine. Wyszedłem w połowie tego doświadczenia, ponieważ potrzebowałem medytacji i przygotowania się na to, co miało nastąpić. Opowiem wam tę historię tak, jak ją usłyszałem od kogoś, kto tam był.

> Jeden z członków naszej grupy, John Dumas, postanowił przysiąść się do flecisty Navajo, który z dwoma bębniarzami zabawiał gości w lokalnej restauracji, w której jedliśmy obiad. John gra na flecie i na didgeridoo, a muzyka, którą tak umiejętnie i tak poruszająco stworzył pozwoliła nam połączyć się z Navajo. Ta niezwykła jam session trwała do późnej nocy.
>
> Mimo że członkowie naszej wyprawy byli bardzo zmęczeni całodzienną jazdą, nie mogli stamtąd odejść. Było to piękne przeżycie. Sama muzyka była niezwykła. A porozumienie serc nie tylko między muzykami, ale również między ludźmi Navajo

a nami stanowiło jedno z najbardziej zadziwiających doświadczeń przyjaźni i wzajemnej dbałości, jakie przeżyliśmy. Po raz pierwszy, przynajmniej w tej niewielkiej sali, Navajo i biały człowiek stali się Jednością. John grał z błyszczącymi oczami, a radość, jaką tryskał odzwierciedlała się na twarzach naszych przyjaciół Navajo.

Pod koniec, kiedy mieliśmy już wychodzić, do mikrofonu podszedł bardzo stary człowiek. Powiedział, że był szyfrantem plemienia w czasie II wojny światowej oraz że należał do oddziału, który zatknął flagę na Iwo Jima. Towarzyszyli mu tam trzej inni Nawaho. Wszyscy już nie żyją, został tylko on. Miękkim, ale rzeczowym tonem wymienił ich nazwiska i opowiedział nam, jak umarli.

Starzec oznajmił, że napisał na pamiątkę tego dnia – dnia Jwo Jima - oraz bitwy, jaką tam stoczyli świętą pieśń. Później, kiedy w sali zapanowała cisza, bez akompaniamentu, zaszczycił nas śpiewając nam ją w tradycyjny sposób.

Kiedy wychodził, uściskał nas wszystkich po kolei.

Ta historia nabiera głębszego sensu, kiedy uświadomicie sobie jak niezwykłe jest to zachowanie dla Navajo. Wiedzieli oni jednak, że mieliśmy wspólny cel: uzdrowić wewnętrzną Ziemię oraz Anasazi.

Drugie Koło Mocy

Z Kanionu de Chelly pojechaliśmy do Kanionu Chaco – naczelnego ośrodka Anasazi – w Nowym Meksyku. Mieliśmy nadzieję zbudować koło mocy w Chaco, ale kiedy tam dotarliśmy, okazało się, że rząd uniemożliwił odprawianie ceremonii w tym miejscu. Rozmawialiśmy z władzami, ale dały nam jasno do zrozumienia, że nie możemy tam nawet wnieść bębnów.

Zamiast tego poszliśmy więc do starożytnych ruin, w których przyciągnęło nas opuszczone kiva o potężnym promieniowaniu energii. Mieściło się ono na otwartym powietrzu, bowiem odchodzący stąd Chacoanie zniszczyli większość wytworów swojej cywilizacji i kiva były pozbawione dachów. Nie można było dostać się do środka. Otoczyliśmy więc kiva i rozpoczęliśmy ceremonię, mając do dyspozycji tylko nasze ciała i dusze.

Poprosiliśmy o pozwolenie nawiązania kontaktu, ale odpowiedziała nam cisza.

Postanowiliśmy rozejść się po tym ogromnym terenie i indywidualnie połączyć się z Ziemią i ze Starożytnymi. Tylko to nam pozostało.

Na początek wspiąłem się z kilkoma uczestnikami na zbocze klifu, skąd widać było cały kanion. Grałem przez chwilę na flecie, dostrajając swoje serce do tej ziemi, a potem głos wewnętrzny powiedział mi, bym odszedł od reszty i udał się na półkę skalną ukrytą przed wzrokiem moich towarzyszy (oraz władz).

W Chaco panowała susza – deszczu nie było od dawna i brakowało wilgoci. Życie wisiało na włosku. Matka Ziemia poprosiła, żebym utworzył małe koło mocy w tym ukrytym miejscu i połączył je energetycznie z moim kołem mocy w domu, w odległej o setki kilometrów Arizonie.

Znalazłem skały z zawartością żelaza i ułożyłem je w koło na dużym płaskim kamieniu. Modliłem się do Matki Ziemi tak samo, jak czynię to zwykle w dużym kole mocy i poprosiłem, by je z nim połączyła.

Minęło półtorej godziny i poczułem, że ceremonia dobiegła końca. Wróciłem do grupy i na powrót stałem się turystą.

Musicie teraz zrozumieć, że w Arizonie padało w tym czasie od dwóch tygodni. Wokół wszystko zieleniło się i wyglądało pięknie. Pożary przeszły do historii. Kiedy koło w Chaco zostało połączone z tym w Arizonie, energia mojego domowego koła mocy została wyssana i przeniesiona do Kanionu Chaco. Następnego dnia moja rodzina zawiadomiła mnie, że pogoda w Arizonie, w okolicach naszego domu znów powróciła do suszy, jaka panowała tam, zanim utworzyliśmy nasze małe rodzinne koło mocy.

Osobiście poczułem zmianę w chwili, w której miała ona miejsce, czyli kiedy ukończyłem budowę koła w Kanionie Chaco. Czułem, jakby ktoś odebrał mi siły życiowe. Zareagowałem bardzo osobiście.

Opowiedziałem tę historię uczestnikom wyprawy i wyjaśniłem, że musimy odnaleźć właściwe miejsce dla utworzenia naszego wspólnego koła mocy. Wiedziałem, że aby w tym regionie zapanowała równowaga, powinno to się wydarzyć jak najszybciej.

Ceremonia kiva

Następnego dnia naszej podróży, podczas poszukiwań odpowiedniego miejsca na koło oraz ceremonię, odwiedziliśmy dwa starożytne zespoły ruin Anasazi z kultury Chaco. Oficjalne władze ogrodziły te miejsca i dbają o nie szczególnie troskliwie.

W ruinach Salmon mogliśmy wejść do środka świętych budowli i domów zamieszkiwanych niegdyś przez Starożytnych. Wiedzieliśmy, że Anasazi mieli niską posturę w porównaniu z nami, ale tak naprawdę uświadomiły nam to dopiero rozmiary ich drzwi.

W ruinach Azteków, którzy byli Anasazi, po raz pierwszy i jedyny w czasie tej podróży znaleźliśmy się pod dachem podziemnego kiva. Poczuliśmy jego energię i tajemnicę. Usiedliśmy pod ścianami okrągłej komnaty przypominającej jaskinię na ławkach ustawionych specjalnie dla gości i opowiedziałem zebranym pokrótce historię stworzenia świata według Anasazi – o tym, jak wyłonili się z Trzeciego Świata i jak ten świat reprezentowało kiva z symbolicznym „sipapu" na szczycie, przez które Anasazi wychodzili na powierzchnię Ziemi. Potem wszyscy wniknęliśmy do świętej przestrzeni serca, jak czyniliśmy to wiele razy w czasie tej podróży, i odprawiliśmy tam ceremonię uzdrawiającą.

Nie pamiętam, co mówiłem, lecz pamiętam tamtą energię. Pamiętam, że podeszła do nas rodzina zwiedzających i stała przy nas z szacunkiem, podłączając się do ceremonii. Czułem, jak otaczają nas Starożytni i łączą się z nami. Kiedy medytowaliśmy wspólnie w tej ciemnej komnacie we wnętrzu Ziemi, droga była przygotowywana.

Uwaga: Podczas gdy modliliśmy się w kiva, prosiliśmy Anasazi o to, by towarzyszyli naszej grupie. Po zakończeniu ceremonii wiele osób z naszej grupy robiło zdjęcia. Na fotografiach uwidoczniona została obecność duchów Anasazi. Zdjęcia robiono ponad dwudziestoma aparatami, a na każdym z nich widoczne były te same świetliste kule. Obecnie pozostały nam jedynie fotografie trzech takich kul. Nie były one rezultatem załamania się światła w soczewkach aparatu, ponieważ występowały na zdjęciach robionych przez wszystkie aparaty. Anasazi naprawdę byli tam z nami, o czym przekonaliśmy się w naszej dalszej podróży.

Ceremonia w Anasazi Kiva. John Dumas gra w trakcie ceremonii na didgeridoo.
Zdjęcie: Nicole Andra

Kule w Anasazi 1

Kule w Anasazi 2

Lew, ogień i przeznaczenie

Następnego dnia weszliśmy do naszego domu na kółkach i pojechaliśmy na północ, do Kolorado, trzeciego stanu Czterech Kątów, najdalej wysuniętego na północ zakątka imperium Anasazi.

Kiedy zbliżaliśmy się do szeroko otwartej przestrzeni Parku Narodowego Hovenweep, czuliśmy potężną energię tego wyludnionego obszaru. Zatrzymaliśmy się w pierwszych ruinach Anasazi, gdzie spotkaliśmy strażnika Parku Narodowego. Nazywał się „Lionfire".

Kiedy Lionfire zobaczył, kim jesteśmy pod względem duchowym oraz co zamierzamy zrobić, czyli że chcemy wybudować koło mocy dla uzdrowienia Anasazi, wiedział, że rząd nie pozwoli nam tego dokonać na terenie parku narodowego. Otworzył jednak przed nami serce i zabrał nas na swoją własną ziemię, znajdującą się na terenie Parku Narodowego Hovenweep, na której również zachowały się ruiny Anasazi. Nazwał tę ziemię po prostu „Hovenweep".

Z jego posiadłości, stanowiącej doskonały punkt obserwacyjny, widać było wyraźnie we wszystkich kierunkach święte szczyty gór i formacje geologiczne ziemi Anasazi. Niegdyś na obszarze otaczającym jego ziemię oraz na jego ziemi żyły ich tu setki tysięcy, o czym świadczyły zachowane ruiny, których nie sposób było ominąć. Obecność Anasazi była tak silna w tym miejscu, że rozmawialiśmy o niej, wymieniając się wzruszeniami, bowiem poruszyła nasze serca.

Zapach szałwi wypełnił powietrze. W ukrytych wąwozach mieszkały duchy orłów. Na ziemi leżały skorupy pradawnych naczyń glinianych, jakby rzucone specjalnie, by poprowadzić nas ścieżką przeznaczenia.

Lionfire był nie tylko strażnikiem parku narodowego, który strzegł najdalej wysuniętych na północ ruin Anasazi, ale również szamanem, który długo studiował wiedzę o Starożytnych i wiedział wiele na temat sposobu ich życia.

Hovenweep leży na tej samej długości geograficznej, co Kanion Chaco, a więc bezpośrednio na świętej linii – Wielkiej Drodze Północnej prowadzącej tu bezpośrednio z Chaco. Dzisiaj nikt już nie wie, dokąd miała prowadzić ta droga ani dlaczego była ona tak ważna. Ale Hoovenweep leży właśnie przy niej i było dawniej miejscem o wielkiej mocy.

Przyjeżdżając tutaj wiedziałem, że znaleźliśmy się we właściwym miejscu. Czuli to wszyscy członkowie naszej grupy. Byliśmy w Hovenweep „u siebie" i poczuliśmy od razu, że tu właśnie zbudujemy nasze koło mocy dla uzdrowienia Anasazi.

Zaczęliśmy nasze odwiedziny od obejścia starożytnych domostw. Czasem udawało nam się wejść do środka i przekonać się po raz kolejny, jak niewielkimi ludźmi musieli być Starożytni.

Otrzymaliśmy pozwolenie utworzenia koła mocy nie tylko od strażnika Lionfire i jego żony Mary, ale również od Matki Ziemi. Powiedziała nam, byśmy „odpuścili" i traktowali tę ziemię, jakby była nasza. Nasze koło po zbudowaniu miało być strzeżone przez Lionfire'a i Mary, dwoje wiernych strażników tej ziemi. Jak nam powiedzieli, przed wielu laty usłyszeli przepowiednię o naszym przybyciu i ceremonii.

Zanim przyjechaliśmy, nie wiedząc nawet, że zmierzamy do Hovenweep (pamiętajcie, ze pierwotnie chcieliśmy zbudować koło w Kanionie Chaco), Mary napisała wiersz, aby uczcić naszą wyprawę. Powiedziała, że spłynął do niej w całości, a ona go tylko spisała. Kiedy zebraliśmy się wszyscy w wielkim kiva bez dachu, ale za to tak głębokim, że musieliśmy schodzić doń po drabinie, odczytała nam swój wiersz.

Tkanie

Stoimy tutaj otoczeni przez święte góry, w sipapu, gdzie rozpoczął się nasz świat. Przybywamy z czterech kątów ziemi, przychodzimy w miłości, przynosząc ze sobą wiedzę wielu kultur, w wielu językach. Szukamy zrozumienia, rozwoju i przemiany dla nas, naszych narodów i naszego świata.

Taka jest nasza intencja! Teraz tworzymy nowy świat, tkamy nową rzeczywistość.

Modlimy się o wsparcie i prosimy o świadków, o święte energie naszego świata:

*POWIETRZE – wiatry czterech kierunków, wiatry, które poruszają gwiazdy.

*WODĘ – deszcz, rzeki i źródła.

*OGIEŃ – nasze słońce, błyskawicę tańczącą na niebie.

*ZIEMIĘ – naszą matkę, jej piasek, jej wzgórza, jej góry.

*NASZYCH BRACI – czteronożnych, skrzydlatych, dzieci wody oraz te, które czołgają się i pełzają.

*NASZE SIOSTRY – stojących ludzi, od potężnych drzew po najmniejsze kwiaty

*NASZĄ LUDZKĄ RASĘ – od naszych przodków, którzy pierwsi chodzili po tej ziemi, po dzieci naszych dzieci, siedem pokoleń dalej, które wzywamy przede wszystkim.

*NAS SAMYCH – tu i teraz, abyśmy świadczyli i dążyli.

Jesteśmy tu po to, by utkać nową rzeczywistość.

W każdym tkaniu piękno powstaje w tkaninie, wątku i wzorach.

Przynosimy dla fundamentu siatkę z nici, ludzką energię, doświadczenie różnych kultur, siłę i dumę naszych społeczności, naszych rodzin, historię, naszą walkę, by zamanifestować naszą ścieżkę.

Splatamy je ze sobą i zawieszamy na obręczy, aby uformować sieć, formę naszego tkania.

Wplatamy do niej doświadczenia naszej codziennej podróży, nić piękna, obrót wrzeciona, chwilę w czasie. Z każdym krokiem integralności nasze działania wplatają czas do historii.

A Wzór?

Wzór, który wezwie całą ludzką rasę do zrozumienia, przemiany?

Wzór ten utworzyli nasi nauczyciele i nasze intencje.

Wysyłamy nasze intencje, by manifestowały się w
światecie, gdzie każdy duch, człowiek, zwierzę,
roślina i minerał żyją w harmonii i równowadze, zdrowiu i radości.
Prosimy naszych nauczycieli, aby poprowadzili nas
w działaniach, które są zgodne z tą intencją.
Pragniemy manifestacji boskości w nas samych,
która stworzy nową rzeczywistość.
To jest nasz czas.
Zostaliśmy wezwani.
Wspólnie utkamy nowy świat!

Wiesz Mary wprawił nas w zdumienie. Opowiadał o tym, o czym wszyscy myśleliśmy i mówiliśmy, a przecież spotkaliśmy się zaledwie poprzedniego dnia. Jeszcze bardziej zadziwiła nas wzmianka o „czterech kątach ziemi" oraz „wielu kulturach i wielu językach". Mary nie wiedziała, że zaledwie kilkoro z nas było Amerykanami. Uczestnicy wyprawy pochodzili z wielu krajów. Dwoje nie mówiło nawet po angielsku, ale słuchało nas sercem.

Po ceremonii kiva w Hovenweep nadszedł czas, by odnaleźć miejsce na utworzenie koła mocy.

Trzecie koło mocy

Hovenweep jest ogromne. Chodziłem w tę i z powrotem po tej ziemi, pragnąc „poczuć", w którym miejscu powinniśmy rozpocząć tę niezwykle ważną ceremonię. Nareszcie znalazłem się w punkcie, z którego wszystkie góry oraz pobliski starożytny wąwóz Anasazi zdawały się schodzić ze sobą w jednej linii. Nieco dalej na południe, zaledwie kilkadziesiąt metrów ode mnie, stały ruiny Anasazi, stanowiące niegdyś punkt o wielkim znaczeniu, bowiem górował on nad otoczeniem.

Czułem całym sercem, że to właściwe miejsce.

Kiedy się rozglądałem, „przemówił" do mnie wielki kamień, który miał być kamieniem centralnym. Ułożyłem go na ziemi w punkcie wyznaczającym środek koła mocy. Znalazłem cztery inne żywe kamienie, aby oznaczyć nimi cztery kierunki. Wykonałem czynności podstawowe, dzięki którym okazało się, że koło będzie miało ponad dziesięć metrów średnicy. Teraz grupa mogła je już dokończyć.

Wszyscy siedzieli jeszcze w autokarze z klimatyzacją z powodu upału i czekali, aż skończę. Byłem już tylko niecały kilometr od nich, toteż wysłano do mnie kuriera.

Cała grupa wysiadła z autobusu, gotowa rozpocząć to, co miało uzdrowić nie tylko Starożytnych i Współczesnych, ale również drzewa genealogiczne każdej osoby sięgające tysiące lat wstecz. Dla duchowego zdrowia wszystkich naszych przodków oraz uzdrowienia ziemi między Czterema Kątami, rozpoczęliśmy ceremonię jako dzieci Ziemi i jako jedna ludzka rodzina.

Na początek każdy z nas udał się w innym kierunku, aby „mówić" z duchami kamieni, które leżały na tej ziemi i prosić je o pozwolenie użycia ich do budowy koła. Jeden po drugim ludzie wracali z żywymi kamieniami, niesionymi blisko przy sercu, i zatrzymywali się w oczekiwaniu na chwilę, w której będą mogli ułożyć je w kole. Niektórzy musieli chodzić po kamienie kilkakrotnie.

Wybraliśmy dwóch mężczyzn i dwie kobiety, aby reprezentowali cztery kierunki. Zajęli oni miejsca za odpowiednimi kamieniami.

Rozpocząłem modlitwy, prosząc raz jeszcze o pozwolenie, a następnie określając intencję oraz cel naszego koła mocy. Potem wybrani strażnicy czterech kierunków pomodlili się sami, by chronić kierunki oraz przestrzeń we wnętrzu koła, która miała odtąd być święta.

Teraz do wtóru bębnów oraz śpiewu ludzie po kolei zanosili swoje kamienie do tej świętej przestrzeni, wchodząc przez „bramę" na wschodzie i dedykując każdy kamień strażnikom czterech kierunków, a następnie układając go w kole. Na początek utworzyliśmy kamienny krąg, w którym kamienie leżały ciasno obok siebie. Następnie krzyż z kamieni leżących pośrodku wyznaczył cztery kierunki. (Zapamiętajcie ten krzyż.)

Ponieważ nasze koło miało średnicę ponad dziesięciu metrów, zbudowanie go zajęło nam ponad dwie godziny. Energia rosła do momentu, w którym „zobaczyliśmy" tańczących z nami Anasazi, dzięki którym mogliśmy dopełnić dzieło. Każdy z uczestników kładł kamień i dołączał do tańczących, modlących się, śpiewających i grających na bębnach poza kołem i czekał, aż będzie mógł położyć następny kamień.

I tak w rytmie serca Koło Mocy Nowego Snu zostało zbudowane.

Usiedliśmy i po chwili milczenia rozpoczęliśmy pojedyncze modły. Każdy, kto dostawał „mówiącą laskę", wypowiadał piękne i święte modlitwy do koła – modlitwy o uzdrowienie tej ziemi i życia na niej; o nadejście deszczu, o powrót rwących strumieni rzek, o zdrowie, miłość i piękno, o to, by związki międzyludzkie rozkwitały w harmonii, aby zagoiła się blizna rozdzielająca białego człowieka i Indian.

Serca ludzi były otwarte, a energia i moc kosmosu rosła do chwili, w której ostatni z nas zakończył swoją modlitwę. Naszą ceremonię spowijało uczucie ogromnej energii i czystości.

Leczniczy krąg

W kluczowym momencie przeprowadziłem specjalny rytuał oparty o ceremonię Taos Pueblo. Dzięki niemu jeszcze więcej życia wpłynęło do koła, bowiem utworzyliśmy na tej ziemi piramidę o powierzchni wielu kilometrów, sięgającą wysoko do nieba i głęboko do ziemi, łączącą, ją i niebo z kołem mocy pośrodku. Celem wykreowania tej piramidy było sprowadzenie deszczu i równowagi duchowej dla wszystkich żywych istot w Czterech Kątach.

Pod koniec ceremonii koła mocy Matka Ziemia powiedziała mi, że deszcz spadnie w ciągu pięciu dni. Ogłosiłem to grupie, bowiem tak mnie uczono w Taos Pueblo. Ponieważ wokół nas trwała susza, jakiej dawno tu nie widziano, moja wiadomość rozpaliła iskrę nadziei w tych, którzy tu mieszkali.

Naszą intencją było, aby ten deszcz rozpoczął odnowę

południowego zachodu, sprowadził tu wodę oraz miłość i uzdrowienie relacji między białymi ludźmi a Rdzennymi Amerykanami.

Wszyscy czuliśmy miłość i pokój. Czuliśmy, że Anasazi są wokół nas. Było to dobre uczucie.

Spotkanie z gwiazdami

Zrobiło się ciemno i na niebie zaczęły pojawiać się gwiazdy. Zebraliśmy się w ruinach Anasazi, w najwyższym punkcie na tej ziemi. Tam Daniel Giamario, szamański astrolog, który podróżował z nami i uczył nas swojej mądrości, zaprosił nas po raz kolejny, bo nie było innych okazji, abyśmy popatrzyli wraz z nim na nocne niebo.

Wiedza Daniela oraz jego wgląd w kulturę starożytnych są naprawdę imponujące. Podczas całej podróży Daniel był gwiazdą świecącą pomocą innym. Owej znaczącej nocy doprowadził nas do zrozumienia praw nieba, z których nie zdawaliśmy sobie sprawy. Wspólnie wpatrywaliśmy się w Centrum Galaktyki, jak nas nauczył, i wypowiadaliśmy swoje osobiste modlitwy w kosmos. Ojciec Niebo słyszał je wszystkie.

Potem powoli wszyscy odnaleźliśmy w ciemności drogę do autobusu, podążając za światłem gwiazd, podobnie jak Anasazi przemierzali tę ziemię wiele setek lat temu. Przytuliśmy się do siebie, pragnąc zatrzymać na wieczność uczucie, które wypełniało nasze serca.

Czułem, jak trzy koła mocy – jedno w Payson, drugie małe w Kanionie Chaco i to, które stworzyliśmy dzisiaj – łączą się ze sobą. Wiedziałem, że spadnie deszcz.

Co jeszcze ważniejsze, Anasazi mieli teraz siatkę, dzięki której mogli powrócić do tego świata, przybyć do nas na

Ziemię, która wkracza obecnie na wyższe poziomy świadomości w procesie nazywanym przez wielu wstępowaniem. Dzięki niemu Siatka Jedności nad Ziemią zbliża się do stanu idealnej równowagi.

Mieszkania starożytnych w klifach

Następnego dnia chcieliśmy odwiedzić mieszkania Anasazi w klifach w Mesa Verde niedaleko Hovenweep. Mesa Verde było jednym z najpiękniejszych miejsc do życia, wysokim płaskowyżem otoczonym postrzępionymi wierzchołkami gór. Jednak z powodu niewiarygodnej suszy pożary lasów stały się tam nie do opanowania i Park Narodowy Mesa Verda został zamknięty dla turystów. Wówczas Indianie Ute, strażnicy Mesa Verde, pozwolili nam wejść prywatnie do tej części rezerwatu, która należy tylko do nich. Było to miejsce, które widziało niewielu białych ludzi.

Aby się tam dostać, nasz wielki autokar z fotelami lotniczymi i klimatyzacją musiał lawirować po wąskich zakurzonych drogach, wijących się wśród lasów cedrowych. Nasz kierowca umierał ze strachu przed tym, że nigdy się stąd nie wydostaniemy. Ale wszystko poszło gładko.

Ute powitali nas z honorami, bowiem znali cel naszej podróży. Podczas posiłku przewodnik opowiadał nam historie z plemiennego życia Ute. Potem poprowadził nas do krawędzi głębokiego wąwozu. Wydawało się, że żaden człowiek nie da rady zejść na dno kanionu bez pomocy liny, ale pokazał nam wykonane ręcznie drewniane drabiny, które zwieszono w dół zbocza.

Było w naszej grupie kilka osób, które zmuszone były skonfrontować się z lękiem wysokości i zejść na dół po chybotliwej drabinie do miejsca, w którym niegdyś znajdowały

się mieszkania Anasazi. Jedna z kobiet mogła zejść tylko dzięki pomocy innych podpierających ją z każdej strony, ale udało jej się zawędrować na dół i bezpiecznie powrócić. Dokonaliśmy konfrontacji z własnym strachem. Ludzie troszczyli się o siebie nawzajem. Nasza grupa zjednoczyła się w Jedno Serce.

Kiedy znaleźliśmy się w tym czarodziejskim miejscu, poczuliśmy jak wiele jest w nim życia, jak wiele duchów Anasazi. Czułem się niezwykle zaszczycony, że pozwolono mi tam wejść. Nie mogłem wydobyć z siebie słowa. Otaczały mnie głosy przeszłości, opowiadały o swoim życiu i o dawnej chwale. Mogłem wchodzić do ich domów, dotykać kamieni, których one dotykały, czuć pod palcami glinę naczyń, które wykonały przed setkami lat. Tamtej nocy, po wizycie w Mesa Verde, miałem sen.

Zagubione dzieci

Sen ów charakteryzował się przejrzystością, która zawsze wyczula mnie na szczególne znaczenie przekazu. Zwykle zapamiętuję te sny, ponieważ mają one znaczenie dla mojego duchowego rozwoju.

W tym śnie żyłem wraz z rodziną na terenie niedaleko Mesa Verde, w domu, którego nigdy wcześniej nie widziałem. Szedłem do garażu po samochód – we śnie garaż był wielki – kiedy zobaczyłem, że zamieszkali w nim Indianie. Podszedłem, żeby zapytać, czy wszystko w porządku, ale uciekli na mój widok. Nigdy wcześniej nie zdarzyło mi się nic podobnego. Pamiętam, jak myślałem: „Jakie to dziwne, że chcą mieszkać w moim garażu".

Potem, kiedy szedłem do samochodu, zobaczyłem troje indiańskich dzieci biegnących za garaż, żeby się przede

mną ukryć. Podszedłem, żeby zobaczyć, gdzie się schowały i porozmawiać z nimi i zobaczyłem, że skryły się w okrągłej dziurze o średnicy około metra. Byłem pewien, że wcześniej jej tam nie widziałem.

Zajrzałem do dziury i zobaczyłem, że sięga ona głęboko do ziemi, więc opuściłem się do środka, żeby przekonać się, co tam się znajduje.

Przestrzeń pod ziemią tworzyła wielki tunel wysoki i szeroki na cztery metry, który stopniowo opadał coraz niżej. Nikogo tam nie widziałem, więc poszedłem dalej.

Nie uszedłem pół kilometra, kiedy uświadomiłem sobie, że ludzie – mnóstwo ludzi – blokowali mi drogę na kilka metrów przede mną. Właściwie widziałem głównie ich oczy.

Z początku ich nie rozpoznałem, ale kiedy mój wzrok przyzwyczaił się do ciemności, zobaczyłem, że są dziećmi między dziesiątym a osiemnastym lub dziewiętnastym rokiem życia. Żadne z nich nie odezwało się słowem. Patrzyły tylko na mnie. I nie chciały mnie przepuścić.

Potem trzech mężczyzn mniej więcej w wieku trzydziestu lat utorowało sobie drogę naprzód, podeszło do mnie i popatrzyło mi w oczy. Ich ciała pokrywały blizny i ropiejące rany. Byli brudni. Wyraźnie potrzebowali pomocy.

Najstarszy z nich, może około czterdziestki, zaczął mówić. Twierdził, że jest wodzem Anasazi, jak ich nazywamy. Chciał wiedzieć, po co tu przybyliśmy. Odparłem, że pragnę im pomóc.

Obrócił się do dzieci i pokazał mi gestem, żebym im się przyjrzał. Dostrzegłem, że one również są w bardzo złym stanie. Trudno było mi znieść widok tak wielu poranionych i cierpiących dzieci. Cały czas myślałem tylko o tym, jak im pomóc.

Wódz zauważył moją reakcję. „Dziękuję, że przybyście" - powiedział.- „Ale teraz musicie już odejść". Zawróciłem więc i wróciłem do garażu. Wokół mojego domu kręciło się teraz więcej dzieci, ale zostawiłem je w spokoju. Nie wiedziałem, co robić. W ten sposób sen się zakończył.

Podczas ceremonii koła mocy czułem wyraźnie obecność Anasazi, podobnie jak wielu uczestników naszej grupy. Wtedy jednak nie zdawałem sobie sprawy z sytuacji. Nie połączyłem ze sobą znaczenia snu oraz obecności Anasazi podczas naszej wyprawy.

Cudowny rytuał

Następnego ranka niebo było niezwykle czyste, a my zbliżaliśmy się do Parku Narodowego Navajo zwanego Doliną Pomnika.

Jechaliśmy gładką płaską drogą prowadzącą do świętej doliny Navajo, otoczonej sięgającymi w niebo czerwonymi skałami. Nagle pojawiła się przede mną wizja. Zobaczyłem na przedzie Anasazi stojących po obu stronach drogi i wpatrujących się w nas. Były ich tam setki tysięcy.

Jeden z mężczyzn podszedł bliżej w stronę nadjeżdżającego autobusu. Stał zaledwie kilka metrów ode mnie. Był nim wódz Anasazi z mojego snu. Teraz wyglądał jednak po królewsku, odziany w pióra i piękną szatę mieniącą się kolorami. Odezwał się do nas.

Powiedział, że ceremonia koła mocy została im przepowiedziana przez starszyznę. Wiedzieli, że zaoferujemy im połączenie ze światem zewnętrznym. Oznajmił, że dzięki naszemu kołu oraz intencji miłości jego lud zostanie ocalony ze straszliwych tarapatów i bólu. Podziękował nam bardzo serdecznie za nasze starania.

Oświadczył jednak, że jako grupa nie zestroiliśmy

prawidłowo swoich energii. „Pokazał" mi mnie samego w podkoszulce z literą „X" narysowaną pośrodku koła. Jego zdaniem powinniśmy odwrócić owo „X" naszych energii, żeby powstał krzyż. Wyjaśnił, że w tym celu musimy stanąć bardzo blisko siebie.

Powiedział, że on i inni zostali schwytani pomiędzy światami, a my przybyliśmy, aby ich uwolnić. Dla każdego z uczestników tej wyprawy była to misja, która stanowiła zarazem nasze zadanie na to życie. Cała nasza praca i trudności, jakich doświadczaliśmy tak w naszym dotychczasowym życiu, jak i teraz, podróżując w upalnym sierpniowym słońcu po południowym zachodzie, były potrzebne, abyśmy mogli wypełnić to zadanie.

Podszedłem do mikrofonu w autobusie i opowiedziałem wszystkim o moim śnie oraz wizji. Jeden z uczestników również miał wizję podobną do mojej. Opisując te wydarzenia grupie, ledwo zdobywałem się na wypowiadanie słów, ponieważ wciąż czułem głęboki smutek na myśl o cierpieniu dzieci Anasazi – ich pokaleczonych ciał pokrytych ranami.

W tej wzruszającej chwili, kiedy znowu usiadłem, wszyscy w autobusie spontanicznie chwycili się za ręce i głęboko złączyli swoje serca. Spontanicznie popłynęły nam łzy i wszyscy zaczęliśmy śpiewać *Amazing Grace*. „Widzieliśmy" wokół siebie dzieci i czuliśmy, że się do nas przyłączają.

„Kiedyś się zagubiłem, ale teraz odnalazłem".

W tej samej chwili, w której zaczęliśmy śpiewać, kierowca zmienił drogę z 666 na autostradę 160. Jechaliśmy do miejsca, w którym spotykają się Utah, Kolorado, Nowy Meksyk i Arizona, do punktu zbiegania się Czterech Kątów.

Wódz Anasazi z mojej wizji pojawił się przede mną ponownie i powiedział: „Spójrz". Obraz koła i litery „X" w środku uległ przemianie w nasze koło mocy, w którym cztery centralne kamienie utworzyły kształt krzyża.

„Teraz musicie odprawić ceremonię" – powiedział wódz. – „Musicie stanąć na Matce Ziemi".

Musieliśmy znaleźć miejsce, w którym moglibyśmy się zatrzymać i przeprowadzić ceremonię na ziemi. Okazało się, że tym miejscem było skrzyżowanie Czterech Kątów. Diane Cooper, nasza „pani od potrzeb wszelakich", skierowała autokar do pomnika przyrody, którym zarządzają Navajo.

Mając w pamięci dotychczasowe doświadczenia, martwiliśmy się, czy pozwolą nam odprawić ceremonię w miejscu publicznym. Popatrzyłem w oczy Rdzennej Amerykanki, która sprzedawała bilety i spytałem o pozwolenie. Odparła bez wahania: „Możecie się tu modlić i odprawić ceremonię. Pozwalamy wam" – wskazała ręką na pewne miejsce. – „Możecie zrobić to tam".

Jako grupa jedności udaliśmy się do miejsca wskazanego przez kobietę i przekonaliśmy się, że znajdujemy się już na terenie Utah – w jedynym stanie, którego do tej pory nie odwiedziliśmy. Było to doskonałe, ponieważ Matka Ziemia powiedziała, że musimy odprawić ceremonie we wszystkich stanach Czterech Kątów.

Zebraliśmy się w ciasne koło i przy użyciu drobnych kamyków zbudowaliśmy maleńkie koło mocy w jego środku. Było to czwarte koło. Próbowaliśmy użyć kompasu, żeby wyznaczyć miejsce położenia kamieni, ale żaden nie funkcjonował! Za każdym razem, kiedy kładliśmy któryś na ziemi, pokazywał północ w innym kierunku. Znaleźliśmy wreszcie właściwy kierunek dzięki ustawionym w pobliżu oznakowaniom dla turystów.

Paliliśmy szałwię i cedr i ofiarowaliśmy tytoń. Nalaliśmy wody i wdychaliśmy życie do koła.

Wszystkie nasze serca otworzyły się jednocześnie, a

piękno i moc były oszałamiające. W powietrzu wyczuwało się miłość i czystość. Zacząłem płakać, ponieważ wiedziałem, że nasza Matka kocha nas i dba o nas. To było naprawdę wspaniałe.

Ponownie wznieśliśmy pieśń *Amazing Grace*. Jedna z uczestniczek naszej wyprawy znała wszystkie słowa, a jej jasny, słodki głos niósł nas aż do ostatniego wersu: „Bóg, który wezwał mnie tutaj poniżej, na zawsze będzie moim".

W taki oto sposób dzieci Anasazi zostały uwolnione z więzienia, w którym przebywały od setek lat.

ROZDZIAŁ DWUNASTY

Ceremonia Błyskawicy

Kanion Antylopy

A jednak to nie był koniec i nie byłem pewien, dlaczego. Wydawało się, że spełniliśmy zadanie. Zapytałem Matkę Ziemię, co jeszcze zostało do zrobienia, a ona powiedziała po prostu: „Drunvalo, został jeszcze podarunek dla was. Podarunek w postaci zrozumienia". Ale ja nie rozumiałem.

Tak więc znów byliśmy w drodze. Przed nami widniała długa, fascynująca droga do Page w Arizonie, umiejscowionego na wysokich krawędziach Wielkiego Kanionu. Tutaj mieliśmy odprawić naszą ostatnią ceremonię. Najpierw jednak spędziliśmy popołudnie i wczesny wieczór w niepowtarzalnej naturalnej katedrze zwanej Kanionem Antylopy, w której spotkaliśmy Dalvina, szamana Navajo, którego pełna zaangażowania gotowość do ochrony swojego ludu miała się dla nas stać ostateczną próbą wiary i miłości.

Kanion Antylopy jest dla Navajo miejscem tak pełnym świętości, że gościom wolno tu przebywać wyłączne w towarzystwie przewodników z tego plemienia. Strażnicy – Dalvin i jego dwie ciotki, Carol oraz Lisa - spotkali się z nami i wszyscy wsiedliśmy na ciężarówki, które zawiozły nas na pustynię znajdującą się w odległości dwudziestu paru kilometrów.

Dalej szliśmy piechotą do niemal niewidocznego wejścia, w którym schroniliśmy się przed upałem sierpniowego popołudnia w cichym chłodzie kanionu przypominającego pieczarę. Jasne piaszczyste podłoże było gładkie pod stopami. Światło o różnych odcieniach docierające z wielu otworów nad głowami wpadało do wirującej energetycznej przestrzeni, którą wyraźnie wyczuwaliśmy wokół.

Kanion Antylopy jest długim krętym wąskim korytarzem – nie przekracza siedmiu metrów w najszerszym miejscu – prowadzącym z jednego zakątka pustyni w inny. Po obu stronach wąwozu wznoszą się czerwone ściany skał, które wyglądają tak, jakby zostały wyrzeźbione ręką boskiego artysty. Przestrzeń płynie i wiruje jak woda, która ją ukształtowała. Nigdy wcześniej nie widziałem czegoś podobnego.

Dalvin prowadził nas w milczeniu w głąb kanionu. Kiedy wyszliśmy po jego drugiej stronie, usiadł na skalnej półce i zaczął nam opowiadać historie o swojej kulturze.

Mówił powoli i rytmicznie; tak cicho, że musieliśmy podejść bliżej, żeby go usłyszeć. Opowiedział nam o wypadku bliskiej śmierci, który przeżył jako młody chłopiec oraz o tym, jak tamto wydarzenie przesądziło o jego szamańskiej przyszłości. Zapadł wówczas w śpiączkę i nie budził się przez długi czas, kiedy to „odbył podróż poza granice rzeczy". Powrócił z niej odmieniony.

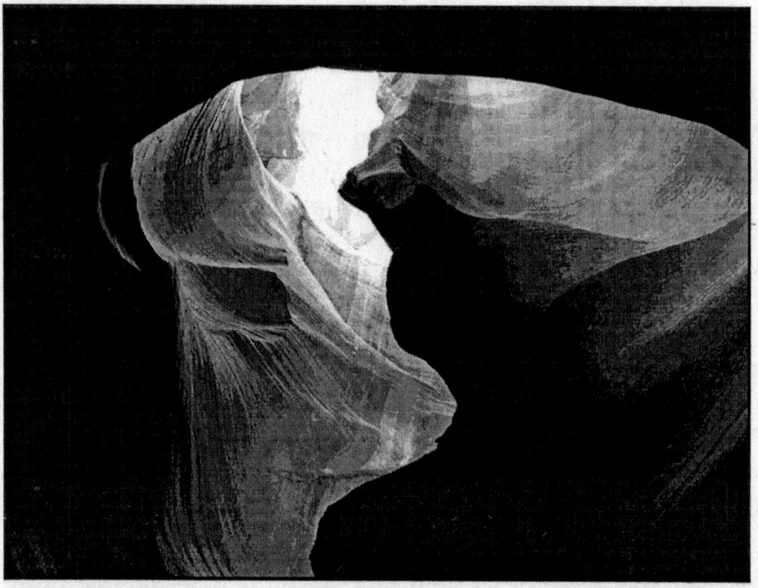

Kanion Antylopy.

Opowiedział nam o swojej Drodze z peyotem i wyjaśnił, że ten kanion jest żywym kościołem peyotu. Mówiąc, patrzył nam głęboko w oczy, jakby chciał się przekonać, kim naprawdę jesteśmy.

Po tych opowieściach Dalvin na powrót wprowadził nas do kanionu. Uświadomiłem sobie, że nie był nas pewien. Nie wiedział, co powinien myśleć o naszej ceremonii mającej się odbyć w tym świętym miejscu. Nie przekonaliśmy go, że mamy prawo utworzyć koło mocy w Kolorado, o czym poinformował go jeden z uczestników. Wielu członków naszej grupy wyczuwało jego wahanie.

Doszedłszy do niewielkiego kręgu w głębi kanionu, ponownie zebraliśmy się wokół Dalvina. Zagrał na gitarze i zaśpiewał, a potem oznajmił, że chciałby odśpiewać nam pieśń peyotu, ale nie ma grzechotki. Wtedy Vina, pół krwi Indianka, należąca do naszej grupy dała mu rytualną grzechotkę, którą miała ze sobą. Potrząsnął nią kilka razy, przyjrzał się jej uważnie, słuchał i zastanawiał się. Potem użył jej, aby odśpiewać nam dwie pieśni peyotu, pieśni mocy jego ścieżki. Vina twierdziła, że oddał jej grzechotkę i powiedział, że jest dobra. „Pomagała mi dobrze śpiewać”- oświadczył.

Po wysłuchaniu pieśni Dalvina odwdzięczyliśmy mu się, odśpiewując naszą pieśń: *Amazing Grace*. Kiwnął głową.

Jedna z ciotek Dalvina zapytała, czy chcemy odprawić ceremonię. Potwierdziliśmy to i wspólnie zagłębiliśmy się w Przestrzeń Serca, modląc się o to, by deszcz zaczął padać w rejonie Czterech Kątów, aby pogoda zmieniła się nad świętą ziemią Navajo i aby Rdzenni Amerykanie i biali ludzie stali się jak Jedno.

Wnętrze kanionu rozświetliło się łagodną poświatą i czuliśmy, jak nasze serca topnieją i łączą się w jedno – wszystkie z wyjątkiem jednego.

Susan Barber, jedna z uczestniczek naszej wyprawy, usiadła obok dwóch ciotek Dalvina i rozmawiała ze starszą, piękną kobietą o imieniu Carol. Susan zapytała ją, co myśli o naszej ceremonii.

„Przybywa tu bardzo wiele grup i wszyscy odprawiają swoje rytuały, które jednak nigdy nie wydawały mi się prawdziwe” – odparła Carol. „Dziś po raz pierwszy poczułam się w trakcie ceremonii z białymi ludźmi tak, jakbym brała udział w naszym rytuale” – uśmiechnęła się, a jej twarz rozpromieniła się.

„Widziałam nadchodzące deszcze” – dodała.

Potem przemawiał Dalvin, a jego słowa wywołały gęsią skórkę u tych, którzy siedzieli najbliżej. Powiedział, że koło mocy (narysował je palcem na swojej podkoszulce) ma w środku krzyż (narysował go z północy na południe i ze wschodu na zachód). Problem polegał na tym, że niektórzy ludzie odprawiali ceremonie „prawie dobrze". Jednak zamiast uformować swoje energie na kształt krzyża, robili to na kształt litery „X". Dalvin nakreślił wyimaginowane „X" w środku wyimaginowanego koła mocy na swojej koszulce i powiedział : „X prowadzi na ciemną stronę".

Był to dokładnie taki sam obraz – na koszulce – który otrzymałem w swej wizji w autobusie, zanim zaśpiewaliśmy dla dzieci Anasazi na ich drodze do wolności! Jak już wyjaśniłem, pokazano mi wówczas błąd, który został naprawiony. Teraz słyszałem te same nauki w „realu", które potwierdziły moją wizję.

Zatem Dalvin wciąż nie był przekonany.

Ślepiec odzyskuje wzrok

Na zewnątrz, kiedy mieliśmy już wsiadać do autobusu, Dalvin pokazał nam rysunek węża znajdujący się na ścianie u wejścia do Kanionu Antylopy i zaczął nam o nim opowiadać. Ilustrował każdy szczegół tej opowieści, wskazując na kształt węża i wodząc palcem po formacji o wysokości około jedenastu metrów. Kiedy to robił, jego ciotka Carol zwróciła się do mnie i powiedziała cicho: „Zadziwiające, prawda?". Zapytałem, co ma na myśli. „On jest całkowicie ślepy"- odparła.

I tak oto dowiedziałem się, że Dalvin – który przywiózł tutaj część z nas w swojej furgonetce (i miał nas odwieźć!), który bez błędu prowadził nas przez Kanion Antylopy, patrzył nam głęboko w oczy i teraz pokazywał palcem narysowane na skale linie węża, strażnika kościoła peyotu – stracił wzrok dawno temu na skutek wypadku, o którym nam opowiadał.

Według Carol goście odwiedzający kanion nigdy nie dowiadywali się o jego ślepocie. W istocie nie wiedziały o niej nawet jego własne dzieci.

Jeszcze raz otrzymaliśmy dar tajemnej wiedzy, ukrywanej zwykle przed współczesnymi stechnicyzowanymi umysłami większości ludzi odwiedzających rezerwat. Niewiele jednak wiedziałem o zamiarach Dalvina, który zamierzał posunąć się dużo dalej, aby przetestować naszą grupę.

Rafting na rzece Kolorado

Tego wieczoru dojechaliśmy do Lake Powell w Page w stanie Arizona, kurortu położonego na północnej krawędzi formacji Wielkiego Kanionu. Diane przygotowała tam dla nas niespodziankę: wycieczkę raftingową w górę rzeki Kolorado poprzez Kanion Glen, czyli 25 kilometrową przejażdżkę po najwspanialszych miejscach na Ziemi.

Płynęliśmy rzeką, podziwiając po obu stronach czerwone skały wyrastające na wysokość 6 000 metrów. Znajdowaliśmy się dosłownie w głębokiej szczelinie w Ziemi. Widzieliśmy wielkie czaple brodzące w wodzie i słuchaliśmy opowieści naszych przewoźników o ludziach, którzy mieszkali tutaj na długo przed przybyciem białych.

W pewnym miejscu wysiedliśmy z łodzi, żeby przejść się po brzegu. Ujrzeliśmy tam petroglify pozostawione przez Indian zamieszkujących kaniony przed wiekami. Zastanawialiśmy się nad znaczeniem tych rysunków. Jeden z nich zdawał się zawierać komunikat: „Tu można polować". A może: „Idź tą drogą, a znajdziesz smakowite kaczki".

Następnego ranka wyruszyliśmy do miejsca naszego przeznaczenia, czyli do Parku Narodowego Wielkiego Kanionu. Wiedziałem, że tutaj, na krawędzi jednego z siedmiu cudów świata natury, mamy odprawić naszą ostatnią ceremonię.

Ceremonia obdarowywania

Wybraliśmy ceremonię obdarowywania, ponieważ odprawiali ją Starożytni dawno temu, a współcześni Rdzenni Amerykanie robią to do dzisiaj. Składa się ona z wyboru przedmiotu, do którego czujemy się przywiązani i który bardzo pragnęlibyśmy zatrzymać, a następnie z podarowania go jako ofiary. Świat Rdzennych Amerykanów wierzy, że czyniąc to, uzdrawiamy siebie i nasze relacje.

Wydaje się to proste. Ponieważ jednak przywiązujemy wielką wagę do posiadanych rzeczy i ponieważ nasze ciało emocjonalne jest z nimi często połączone, następuje wówczas potężne uzdrowienie.

Troje z nas – ja sam i dwóch mężczyzn – długo przeszukiwaliśmy las w Wielkim Kanionie, aż wreszcie zgodziliśmy się co do jednego miejsca pośród drzew, zasłoniętego przed oczami ciekawskich. Oznaczyliśmy to miejsce kamieniem i w czerwonym pyle narysowaliśmy małe koło mocy. Potem moi towarzysze poszli, żeby sprowadzić pozostałych uczestników wycieczki.

Kiedy odeszli, zbliżyły się do mnie dwie klępy – matka i córka. Wyraźnie chciały sprawdzić, co się dzieje. Popatrzyliśmy na siebie, a potem one usiadły i patrzyły. W tamtej chwili poczułem, że cokolwiek tu się wydarzy, będzie to doskonałe.

Przygotowałem wszystko do ceremonii, a kiedy skończyłem, usiadłem na ziemi i zacząłem medytować. Wtedy Dalvin pojawił się przede mną w wizji. Powiedział: „Chcę, żebyście mi udowodnili, że naprawdę jesteście połączeni z Matką Ziemią i Wielkim Duchem. Jeśli tego dokonacie, dołączę do was całym sercem i pomogę wam we wszystkim. Jeśli nie, będziemy wrogami."

Odparłem, że sam również szukam dowodów na to, że wypełniliśmy swój cel w tej świętej podróży i powiedziałem, że dostanie ten dowód, cokolwiek nim będzie. Wiedziałem, że jedyne potwierdzenie, jakie Dalvin może przyjąć, musi pochodzić bezpośrednio od Matki Natury i nie będę miał nad nim kontroli. Zaproponowałem, że kiedy rozpocznie się Ceremonia Obdarowywania, w chwili, w której pierwsza osoba ofiaruje swój dar Babce prowadzącej ceremonię, na niebie pojawi się błyskawica i uderzy w ziemię blisko koła. W mojej wizji Dalvin zgodził się.

Spoza drzew zaczynali już wyłaniać się uczestnicy wyprawy - najpierw jeden, potem następni - i ustawiać się wokół niewielkiego kręgu z kamieni. Klępy zaczęły się niepokoić tak dużą liczbą ludzi i pospiesznie odbiegły.

Kiedy zgromadziliśmy się już wszyscy, poprosiłem najstarszą z kobiet, aby odegrała rolę Babki. Miała przyjmować dary, wysłuchiwać słów osób, które je ofiarowywały, a na koniec wybrać dary, jakie każda z osób miała otrzymać w zamian. Naszą Babką została Susan Barber (albo Moonhawk, co znaczy – „Księżycowy Jastrząb").

Gdy Babka zasiadła w środku po jednej stronie małego koła mocy, wszyscy uświadomiliśmy sobie, że pogoda zmieniła się. Słońce miało już zachodzić, a zamiast nieruchomego rozgrzanego powietrza, do jakiego zdążyliśmy się już przyzwyczaić w ciągu ostatnich dwóch tygodni, nagle się ochłodziło. Zerwał się wiatr, wyginając wierzchołki otaczających nas sosen. Burzowe chmury przesuwały się po ciemniejącym niebie. Powiało czymś nie z tego świata.

Wygłosiłem modlitwę na otwarcie ceremonii, prosząc, by dokonała się w miłości. Potem Babka poprosiła pierwszą osobę, aby podeszła ze swoim darem.

Był nią Ozyrys Montenegro. Wystąpił ze łzami w oczach, ponieważ jego dar miał dla niego szczególnie wielkie znaczenie – uklęknął na obu kolanach przed Babką, trzymając podarek w dłoniach.

W chwili, w której miał go oddać Babce, błyskawica rozdarła niebo i usłyszeliśmy potężny łoskot grzmotu. Piorun uderzył w ziemię zaledwie dwadzieścia pięć metrów od kręgu. Osoby siedzące w kole podskoczyły do góry ze strachu.

Nie przestraszyłem się. Byłem szczęśliwy. Roześmiałem się. Nie mogłem się powstrzymać, bo wiedziałem, że nasza święta podróż spełniła swój cel. Pamiętam, że patrzyłem na towarzyszy i uświadomiłem sobie, że siedzą przede mną dusze o wielkiej głębi oraz współczuciu – światowa społeczność mistrzów. Nie potrafiłem wydobyć z siebie słowa. Skierowałem wzrok na ziemię, ale nie zdołałem powściągnąć radości.

Po ceremonii Vina – która pożyczyła swoją grzechotkę Dalvinowi, który odśpiewał z nią pieśń peyotu, i nie wiedziała, co mi się przydarzyło podczas medytacji przed rozpoczęciem ceremonii – powiedziała, że Dalvin pojawił się przed nią po ceremonii i poprosił, żeby dała mi swoją grzechotkę. Wiedziałem, że ten gest pochodził od niego oraz że od tej chwili Dalvin będzie przyjacielem wspierającym nasze ceremonie również na innej ziemi. Dar grzechotki od Viny przeznaczony był dla nas wszystkich. Naprawdę oddychaliśmy Jednym Sercem.

Ceremonia obdarowywania trwała trzy godziny. Przez cały czas wiał wiatr. Gałęzie drzew nad nami kołysały się i uderzały o siebie. Myśleliśmy, że nadciąga wielka burza. Był to dzień czwarty od ceremonii koła mocy w Kolorado.

Kiedy nasz rytuał dobiegł końca, zawieja uspokoiła się jak za dotknięciem czarodziejskiej różdżki. Wiatr ucichł, chmury odpłynęły, a drzewa znieruchomiały. Nad naszym kręgiem nocne niebo rozświetliły miliony, miliardy gwiazd.

A POTEM PRZYSZŁY DESZCZE

Następnego ranka wyruszyliśmy w drogę do domu. Kiedy dojechaliśmy do Flagstaff, krople deszczu zaczęły dzwonić o dach autobusu. Stało się tak, jak powiedziała mi Matka Ziemia po ceremonii koła mocy. Minęło dokładnie pięć dni od czasu Hovenweep.

Kiedy później tego dnia wsiadałem do swojego samochodu, niebo było ciemne od chmur. Jechałem do domu w strugach deszczu.

Koła mocy również utworzyły teraz Jedno Serce, bowiem były naszym dziełem.

Ludzie, którzy spotkali się w przestrzeni Jednego Serca w czasie tej podróży podążyli własnymi drogami. Wrócili do swoich domów i bliskich. Mimo że teraz dzieli nas odległość, nasze serca na zawsze pozostaną Jednym. Zawsze będziemy pamiętać, jak prowadziła nas podczas tej pielgrzymki nasza miłość, jakich ludzi spotkaliśmy, jak połączyliśmy naszą twórczą moc i odprawialiśmy ceremonie dla uzdrowienia świata.

Wiem, że Anasazi stali się naszymi braćmi i siostrami oraz że nadejdzie czas, kiedy ich obecność w naszych sercach stanie się kluczową siłą dla naszego wielkiego wstępowania.

Niech Wielki Duch nas błogosławi, gdy będziemy powracać do zwykłego świata i niech błogosławi wszystkich tych, których nasze życie w jakiś sposób dotknie.

ROZDZIAŁ TRZYNASTY

Podróż do krainy Majów

Anioły zaczęły znów opowiadać mi o potrzebie odbycia podróży do ziemi Majów, ponieważ, podobnie jak Anasazi, ta starożytna kultura popełniła wielki błąd w odległej przeszłości. Jeśli błąd ten nie zostałby naprawiony, mógł wstrzymać proces wstępowania świata i nie pozwolić kobiecości na przejęcie odpowiedzialności za następne 13 000 lat. Krótko mówiąc, mieliśmy kolejny problem z siatką.

Minął już prawie rok od czasu, kiedy odprawialiśmy ceremonię na ziemi Anasazi i nie paliłem się do kolejnej podróży po świecie. Moim wielkim problemem jest to, że jestem leniwy. Tak więc drogie anioły musiały mnie nakłaniać do działania, które jak wiedziałem, wymagać miało wielu starań. Jestem wielkim głuptasem. Przebyłem tak wielką odległość, żeby się dostać na Ziemię, a teraz najchętniej bym odpoczywał.

Podróż do Czterech Kątów była oszałamiająca. Głęboko zaangażowaliśmy się w związek między starożytnymi Anasazi, Matką Ziemią oraz naszą małą grupą odważnych dusz, które oddychały jako Jeden Duch. Teraz poproszono mnie, żebym udał się jeszcze dalej w głąb rdzennego świata i głębiej w mroki pradawnej przeszłości.

Kiedy zrozumiałem, kim jest Lionfire, szaman z Hovenweep w Kolorado, oraz jak ogromną posiada wiedzę na temat Anasazi, dowiedziałem się, jak wiele wie on również na temat Majów. Zanim więc zacząłem tę podróż, poprosiłem go, aby mi towarzyszył jako znawca historii Majów. Szczęśliwie zgodził się.

Pora i cel wejścia na ziemię Majów

Pora naszego wyjazdu na Jukatan zbiegła się z zaproszeniem od szamana Majów, Hunbatza Mena, abyśmy wzięli udział w ceremonii przesilenia w Chichen Itza 20 marca 2003 roku.

Hunbatz, Rada Starszych Majów oraz około 250 przedstawicieli starszyzny z Ameryki Północnej, Południowej i Środkowej mieli przeprowadzić ceremonię na rzecz pokoju na świecie, łącząc swoje duchowe siły dla uzdrowienia świata. Nasza grupa miała wspierać ich wysiłki, odprawiając ceremonie w kręgu zewnętrznym wokół wewnętrznego rdzenia szamanów i starszyzny. Miała do nas dołączyć grupa europejska prowadzona przez Karolinę Hehenkamp, która towarzyszyła nam w podróży do Anasazi.

Po ceremoniach w Chichen Itza mieliśmy kontynuować spiralną wędrówkę, aby wypełnić kolejny cel naszej grupy, którym była podróż do ziemi Majów. Podobnie jak podczas podróży do Anasazi naszym celem miało być uwolnienie starożytnych Majów, którzy również zostali uwięzieni w Ziemi wewnętrznej.

Nie wiedzieliśmy wówczas – właściwie dowiedzieliśmy się o tym dopiero wtedy, kiedy to zobaczyliśmy – że mamy jeszcze jeden cel, który wypełnia się pod dziś dzień.

Uzdrowienie Wewnętrznych i Zewnętrznych Światów Majów

Podobnie jak to miało miejsce w Czterech Kątach uzdrowienie ziemi Majów oznaczało przywrócenie równowagi naturalnej między ich światami wewnętrznymi oraz zewnętrznymi. Dzięki temu światy wewnętrzne miały zacząć poruszać się razem z nami, ze światem zewnętrznym, w harmonii albo jeszcze lepiej, my zaś mieliśmy poruszać się w harmonii z nimi.

Powinno się to wydarzyć jak najszybciej. Jeśli wierzyć współczesnej wersji kalendarza Majów, kończy się on na roku 2012, nieco mniej niż dziewięć krótkich lat po naszej podróży w 2003 roku. W tradycji Majów okres, w którym znajdujemy się obecnie zakończy się momentem historycznym, zwanym Kresem Czasu, co oni interpretują jako zakończenie bardzo długiego cyklu oraz początek nowego.

Naszym zadaniem miało więc być otwarcie kanałów dla Majów w Ziemi wewnętrznej, aby połączyli się z tymi na powierzchni w swych przygotowaniach do ostatecznego wstąpienia. Siatka Świadomości Jedności miała osiągnąć stan większego skupienia, a energia Świetlistego Węża w Andach na terenie Chile miała się wzmocnić i świecić jaśniej.

Ponownie, jak to miało miejsce zeszłego lata w Czterech Kątach, Jukatan i jego okolice nawiedziła straszna susza.

Częścią naszego zadania było więc odprawienie ceremonii sprowadzających deszcz – fizyczny symbol równowagi, której poszukiwaliśmy.

Po co tej starożytnej kulturze międzynarodowa grupa ludzi, która miała wyświadczyć im przysługę? Czy zapomnieli, jak to się robi? Czy z jakiegoś powodu utracili duchową moc sprawczą? Nie wiem. Nadal wydaje mi się dziwne, że powierzyli tak osobiste zadanie przedstawicielom obcych kultur. Przypomina mi to jednak czasy, w których Taos Pueblo z Nowego Meksyku poprosili mnie, bym pochował ich zmarłych. Uważali, że będzie dla nich lepiej, jeśli zrobi to przybysz z obcej kultury.

Być może Majowie potrzebowali siły z zewnątrz, aby otworzyć kanały energetyczne. A może, jak to się zdarza większości z nas, okoliczności przekroczyły ich możliwości działania i potrzebowali pomocy.

Niezależnie od tego, jaki był powód, Majowie zaprosili nas, zarówno ci żywi, jak i starożytni, abyśmy przybyli do Meksyku i odprawili ceremonie z nimi oraz dla nich. Nie mogliśmy im odmówić.

Spotkanie w Merida

Poczułem, jak bije mi serce, kiedy tylko dotknąłem ziemi meksykańskiej. Miałem silne uczucie łączności między tą wyprawą a podróżą do Anasazi. To była ta sama energia, jakby już została wyśniona. Czułem w środku, że ta nowa wyprawa do świątyń czakramów Majów może odmienić moje życie. Nie wiedziałem tylko, w jaki sposób. Kto poza Bogiem i być może Starożytnymi mógł wiedzieć, co się wydarzy? Wkraczałem na obszar nieznany.

Po przybyciu do okrągłego miasta Merida zostałem

skierowany do hotelu Los Aluxes, co oznacza „Mali Ludzie", a wymawia się „aluszas". Spotkałem tam Lionfire'a i Caroline, którzy przybyli wcześniej. Przez następne 24 godziny nasza grupa sześćdziesięciu dusz powoli zbierała się ze wszystkich strona świata.

Powitanie Majów

Na nasze pierwsze spotkanie Lionfire zorganizował szczególny wieczór ze swoimi przyjaciółmi Majami.

Zebraliśmy się w niewielkiej sali hotelowej, gdzie członkini starszyzny Majów – piękna Babka – stanęła przed nami i w języku Majów udzieliła nam pozwolenia na uczestnictwo w ceremonii i wizytę w miejscach zarezerwowanych tylko dla kapłanów. Czuliśmy się niezwykle zaszczyceni. Polało się wiele łez.

Później grupa muzyków o nazwie „Wayak" zagrała dla nas przejmującą muzykę. Ich gardłowe okrzyki i dźwięki lokalnych instrumentów wydawały się pochodzić z odległej przeszłości. Nie przypominały niczego, co słyszeliśmy do tej pory. Urok tego wieczoru stanowił doskonałe rozpoczęcie naszej pielgrzymki oraz ceremonii, które miały sprowadzić zdrowie i równowagę dla Majów i ich ziemi, a także przygotować ich do odprawienia niezwykle istotnych ceremonii w przyszłości – od których pewnego dnia będzie zależało przetrwanie całego świata.

W czasie, gdy siedzieliśmy w kręgu zauważyłem, że będziemy poruszać się po tej samej spirali świątyń, którą przebyliśmy wraz z Kenem przed dwudziestu laty. Teraz mieliśmy dołączyć jeszcze nowe świątynie. Czułem się jak weteran i dziecko jednocześnie. Nie mogłem się już doczekać.

Świątynie Uxmal

Po przyjeździe do Uxmal nasza międzynarodowa grupa zaczęła sobie przypominać jak to jest oddychać Jednym Sercem. Zebrała się wokół, podczas gdy ja opowiedziałem im historię wielkiego wahadła Kena oraz zadziwiające wydarzenia 1985 roku. Potem wszyscy weszliśmy do Wielkiej Piramidy, gdzie ujrzałem drzewo wyrosłe nad naszym kryształem obsydianu. Było większe niż w 1995 roku, w czasie, kiedy przybyłem do Chichen Itza, aby wraz z Hunbatzem Manem wziąć udział w ceremonii przesilenia wiosennego. Było zarazem jedynym drzewem rosnącym na porośniętym trawą terenie, doskonale dostrojonym do ośrodka piramidy oraz krawędzi budynku położonego obok.

Weszliśmy na szczyt Wielkiej Piramidy – była to stroma wspinaczka, przyprawiająca o zawrót głowy tych uczestników wyprawy, którzy nigdy wcześniej nie robili czegoś podobnego. Z góry zobaczyliśmy wielki obszar Uxmal, jego piramidy i świątynie rozsiane na przestrzeni wielu kilometrów w dżungli. Łatwo było sobie wyobrazić, jak niegdyś to miejsce stanowiło wielki ośrodek Majów.

Nasza ceremonia przybrała niezwykłą formę – geometrię vesica piscis. Wyobraźcie sobie nas, grupę sześćdziesięciu osób, na szczycie piramidy próbujących ustawić się tak, by nasze ciała utworzyły koła zachodzące na siebie. Ostatecznie udało nam się tego dokonać, a zarazem rozpocząć pierwszą ceremonię podczas tej podróży. Dwa przecinające się koła reprezentowały wewnętrzne ceremonie plemienne oraz ceremonie naszej międzynarodowej grupy, które działały jako Jedno.

Pod koniec tej ceremonii uświadomiłem sobie, że już nawiązaliśmy pierwszy kontakt ze Starożytnymi. Czułem, jak nas obserwują, karmią i testują. W odpowiedzi na to serca uczestników naszej wyprawy otwierały się coraz szerzej – i tego właśnie było trzeba, żeby zyskać akceptację Majów żyjących na powierzchni Ziemi oraz tych, którzy przebywali w Światach Wewnętrznych.

Rysunek 6: Obraz Vesica pisces („rybiego pęcherza")

Ceremonia w kształcie „rybiego pęcherza"

Nasz nieco niezborny wyjazd z Uxmal został potraktowany ze splendorem. Majowie na całym Jukatanie palili ogniska, przygotowując się do siewu. Na niebie zawisła łuna, która sprawiła, że zachodzące słońce świeciło niezwykłym blaskiem.

Podziwialiśmy piękno tego miejsca i naszego doświadczenia i wiem, że Wielki Duch zgromadził właściwe osoby, aby wspólnie przeprowadziły one powierzone im zadanie. Nie mogłoby być lepiej, nawet gdyby wszystko zostało zaplanowane.

Labna

Po odwiedzinach w Uxmal zanim powróciliśmy do Meridy, pojechaliśmy do świątyń Labna i Kaba.

Labna reprezentuje drugą czakrę, czyli ośrodek seksualny. Ziemia ma tam rdzawą czerwoną barwę, przypominającą tę w Sedonie, w Arizonie, gdzie obecnie mieszkam. Cały kompleks świątynny ma miękki uwodzicielski smak i energię, która potrafi przeniknąć do każdego serca.

Przeprowadziliśmy prostą ceremonię, głównie dla oczyszczenia. Obchodziłem w koło każdą z osób z palącą się szałwią i cedrem, podczas gdy jeden z nas wybijał powolny rytm serca na bębenku. W czasie, gdy siedzieliśmy w kręgu, wydarzyło się coś, co miało stać się dla nas później poważnym problemem.

Jedna z kobiet z Ameryki Południowej zaczęła tracić panowanie nad sobą, gdy rytualny dym owijał się wokół niej. Jej twarz wykrzywiła się, a z jej ciała zaczęły wydobywać się dziwne odgłosy. Po kilku minutach zaczęła machać rękami i wywijać całym ciałem, napełniając obecnych lękiem. Ludzie siedzący po obu jej bokach zareagowali natychmiast i próbowali ją uspokoić, ale dla mnie było oczywiste, że coś związanego z ciemną stroną jej życia zaczęło się właśnie wyrażać.

Postanowiłem to zapamiętać i obserwowałem tę kobietę od tamtej chwili. Widziałem, że mogła wywrzeć szkodliwy wpływ na naszą współpracę, nie rozumiałem jednak, co to znaczy ani skąd się bierze.

Kaba

Ostatnią świątynią, jaką odwiedziliśmy tego dnia była Kaba. Dawno temu nosiła inną nazwę. Świątynia ta bardzo mnie interesowała, ponieważ Majowie przybyli z Atlantydy, gdzie Żydzi po raz pierwszy wkroczyli do ludzkiej świadomości. (Zob. *Pradawna Tajemnica Kwiatu Życia*, Tom I.) Pierwotną nazwą Kaby była „Kabała" – słowo to każdy Żyd rozpozna jako tytuł świętej księgi judaizmu. Informacja ta nabiera znaczenia tylko wtedy, kiedy wiemy coś na temat historii Majów.

Po tym, co wydarzyło się w Labnie, pozwoliliśmy grupie rozejrzeć się po Kabie i nie odprawialiśmy tam ceremonii. Energia musiała się skrystalizować, abyśmy zrozumieli, co nas czeka. Wracaliśmy do domu do Meridy, oczekując tego, co zdarzy się w następnej kolejności, gdy tymczasem Majowie delikatnie przekazywali swoje potrzeby naszej zewnętrznej świadomości.

Merida

Tego wieczoru wszyscy położyliśmy się wcześnie, ponieważ musieliśmy wstać o czwartej rano. Chcieliśmy być świadkami wschodu słońca w porze przesilenia, które każdego roku przechodzi przez maleńki otwór w świątyni, zbudowanej przez cywilizację sięgającą 500 roku przed naszą erą, w miejscu starszym od innych na Jukatanie.

Później mieliśmy powrócić do hotelu w Merida, spakować się, odwiedzić niezwykłe Jaskinie w Balancanche, a następnie wyruszyć w drogę do Chichen Itza na ceremonię przesilenia, która miała się odbyć nazajutrz.

Spotkanie z Hunbatzem Menem

Zanim opowiem wam o Dzibilchaltun, gdzie mieliśmy wziąć udział w starożytnym obrzędzie wiosennego przesilenia, muszę przytoczyć wam moją rozmowę z Hunbatzem Menem, którą przeprowadziłem poprzedniego dnia przy śniadaniu.

Gdy Hunbatz popijał kawę, a ja sączyłem herbatę, przeglądaliśmy plan wyprawy, aby zsynchronizować nasze działania w najbliższej przyszłości. Ponieważ mieliśmy wspólnie odprawić ceremonię w Chichen Itza – w ośrodku serca – musieliśmy dokładnie określić, jak ułożymy nasze energie w stosunku do Inków, Majów oraz setek przedstawicieli innych rdzennych kultur, którzy mieli przybyć z obu Ameryk. Innymi słowy, Hunbatz chciał wiedzieć dokładnie, gdzie będziemy i jak będziemy kontaktować się z tą grupą. Grupa Karoliny Hehenkamp miała pojechać z Hunbatzem po naszym rozstaniu w Chichen Itza. Chcieliśmy wiedzieć, gdzie będziemy się znajdować podczas licznych nadchodzących ceremonii.

Po skończonej rozmowie Hunbatz zmienił temat. Chciał mi opowiedzieć o przyszłości, a szczególnie o znaczeniu kryształowych czaszek w przyszłych ceremoniach. Mówił o tym, że czaszki te są żywe i że wkrótce połączą się w naszych ceremoniach, kiedy zbliży się Kres Czasu.

Co ciekawe, Rada Rdzennych Amerykanów w Stanach Zjednoczonych przysłała kryształową czaszkę do mego domu w Arizonie, zanim wyjechałem. Miałem ją przechować przez czas nieokreślony. Jednak nie uwzględniałem kryształowych czaszek w moich próbach zrozumienia sensu tej podróży po Jukatanie. Słuchałem opowieści Hunbatza i zastanawiałem się, jaką informację zachowają one dla mnie na przyszłość.

Jakże niewiele wiedziałem. Jak zwykle, dowiedziałem się o wszystkim ostatni.

Świątynia Dzibilchaltun

W 1995 roku widziałem ceremonię wiosennego przesilenia z Hunbatzem i byłem bardzo podekscytowany perspektywą ponownego przeżycia tego pięknego rytuału w towarzystwie wspaniałej grupy osób.

Przybyliśmy na miejsce stanowiące jeden z ważniejszych ośrodków inicjacyjnych wielu szkół wiedzy tajemnej na całym świecie mniej więcej dwadzieścia minut przed wschodem słońca. Wielu innych, w większości Majowie, również przybyli, aby świętować z nami.

Świątynia wschodu słońca jest kamienną budowlą z otworem, przez który każdego roku w porze przesilenia przechodzą pierwsze promienie słońca. Do świątyni idzie się długim skalistym korytarzem, przypominającym pas do lądowania z niskimi zaroślami po obu stronach. Świątynia umiejscowiona jest na końcu tego korytarza.

Lionfire również był tam wcześniej i teraz pomagał członkom naszej grupy dostroić się na odległość do świątyni, aby mogli oni zobaczyć promień słońca przenikający przez otwór.

Na dwie minuty przed wschodem słońca wydarzyło się coś, czego nigdy nie zapomnę.

Para starszych Meksykanów, ludzie, których poznałem wcześniej, podeszła do mnie i zapytała:

„Czy to ty, Drunvalo?"

Odwróciłem się, aby z nimi porozmawiać, chociaż wiedziałem, że słońce wstanie już za kilka sekund.

Kobieta, Maria, trzymała w ręku biały materiał, który owijał spory przedmiot. Odwinęła rąbek, żeby pokazać mi, co jest w środku. Ujrzałem w jej dłoniach fantastycznie piękną, połyskującą białą starożytną kryształową czaszkę Majów. Popatrzyła na mnie i powiedziała: „Proszę, podnieś ją do serca".

Położyłem kryształową czaszkę na sercu, stanąłem twarzą do Dzibilchaltun w chwili, w której pierwszy promień słońca zaczął przenikać otwór w świątyni. W ciągu kilku sekund światło słoneczne rozświetliło cały otwór i poczułem, jak promienie słońca eksplodują ze mnie.

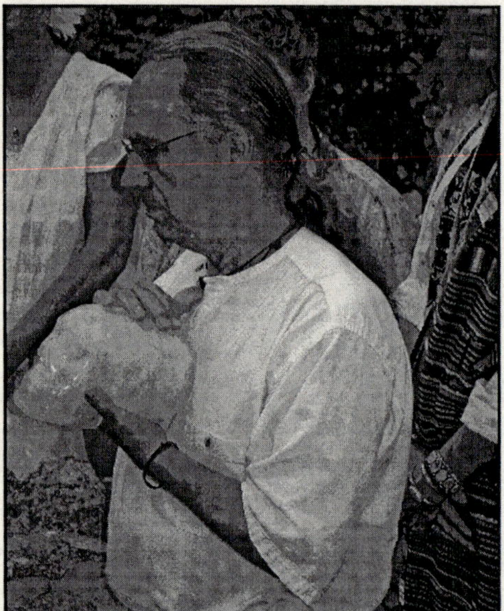

Kryształowa czaszka Majów

Miałem wizję. Ujrzałem dwie ludzkie dusze Majów w kryształowej czaszce, którą trzymałem przy sercu. Byli to mężczyzna i kobieta, żywi, połączeni w seksualnym uścisku, wpatrzeni w siebie w odwiecznej wzajemnej miłości.

W tamtej chwili w przebłysku zrozumienia wiedziałem na pewno, co Majowie robią z kryształowymi czaszkami.

Wybierano spośród nich kilka osób, zazwyczaj już przy narodzinach, które miały brać udział w ceremonii kryształowych czaszek. Każda z tych osób była wybierana, aby uchwycić esencję kultury Majów w jednym z trzynastu okresów czasu od początku do samego jej końca. Ludzie ci przechodzili trwający całe życie trening dla tego jednego celu. W odpowiednim momencie podczas ważnej ceremonii mieli połknąć pewien środek psychodeliczny i dzięki treningowi, umierali zachowując jednak świadomość, podczas gdy ich dusze opuszczały ciało i przenikały do kryształowej czaszki. Od tej pory czaszka stawała się ich domem, ich ciałem na setki, a nawet tysiące lat.

Dzibilchaltun

Zamieszkują oni teraz kryształowe czaszki przechowując wiedzę, wspomnienia i mądrość starożytnych Majów, aby we właściwym czasie – u Kresu Dziejów – były one pamiętane. Ich celem było spełnienie się teraz, w chwili obecnej. Czaszki powoli łączyły się ze sobą na całej ziemi Majów, ponieważ taki był ich cel od samego początku. Jest ich w sumie trzynaście, a w bliskiej przyszłości Ceremonia Trzynastu Czaszek Majów stanie się rzeczywistością i proroctwo Majów wypełni się, co będzie znaczyło, że starożytny przekaz wniknie do współczesnego ducha Majów.

Kiedy to sobie uświadomiłem, ujrzałem starą babkę siedzącą w milczeniu z tyłu wnętrza kryształowej czaszki. Wiedziałem, że to ona zaaranżowała odwieczne małżeństwo między dwojgiem kochanków. Wiedziałem, że zaplanowała wszystko, co kryształowa czaszka miała zrobić dla jej ludu. Starożytne babki opracowały metodę przekazywania informacji poprzez tysiąclecia i nadal pełniły straż nad czaszkami.

Wiedza, wspomnienia i mądrość przechowywane przez kochanków Majów pochodziły z okresu, w którym ich kultura przeżywała swój pierwszy rozkwit. Pochodziły z czasów, kiedy miłość i współczucie rządziły całym ich światem. To owa niezwykła miłość, współczucie oraz wiedza miały ponownie zapłonąć w sercach współczesnych Majów.

Widok słońca przechodzącego przez otwór w świątyni oraz kryształowa czaszka i jej duchowi kochankowie otworzyły moje serce w sposób, w jaki nigdy bym nie uwierzył, gdyby tak się nie stało. Starożytni Majowie zaczęli do mnie mówić o tym, co było dla nich ważne.

Słuchałem i modliłem się. Wiedziałem, że to będzie kolejna podróż serca, która jeszcze głębiej odmieni życie na Ziemi oraz relacje między ludźmi. Wierzyłem, że może nawet uzdrowić dławiące chmury dwutlenku węgla, które duszą naszą planetę. Dała mi wielką nadzieję.

Nie zdawałem sobie jednak sprawy, że inne doświadczenie o równej intensywności czeka nas już za kilka godzin. Mieliśmy wejść do miejsca o tak wielkiej mocy, tak głęboko ugruntowanego w sercu, że pobyt w nim miał odmienić każdego z nas na zawsze. Mieliśmy tam rozmawiać bezpośrednio ze Starożytnymi.

Cenote w Dzibilchatun

Cenote są świętymi basenami – czasem nawet rozmiaru średniego jeziora – zasilanymi wodą z podziemnych źródeł. Jak pamiętacie, odwiedziłem jedno z nich w Chichen Itza Iza w 1985 roku, podczas wspólnej podróży z Kenem. Dla Majów wszystkie święte miejsca muszą znajdować się w pobliżu cenote, bowiem źródła postrzegane są przez nich jako bramy do Światów Wewnętrznych. Wody cenote mają podobno głębokie właściwości uzdrawiające, a basen w Dzibilchaltun jest najbardziej szanowany pod tym względem.

Kiedy obejrzeliśmy wschód słońca w czasie wiosennego przesilenia, stojąc w kamiennej świątyni w Dziilchaltun, udaliśmy się do jej cenote, pięknego stawu położonego na skraju dżungli. Zebraliśmy się pośród kamiennych ruin i odprawiliśmy coś w rodzaju krótkiej mszy, medytując na rzecz Majów, naszej podróży oraz uzdrowienia wojny w Iraku, która wybuchła dokładnie w wigilię naszej wyprawy. Ciekawe, że Majowie wybrali tę datę na Ceremonię Pokoju na Świecie dwa i pół roku wcześniej.

Po ceremonii strażnicy starożytnej czaszki z kryształu, którą przyłożyłem do serca ułożyli święty przedmiot na przykrytej tkaniną skalnej półce. Każdy z nas mógł jej teraz dotknąć i poczuć jej moc.

Nagle silna i przerażająca manifestacja ciemnej energii usiłowała przeniknąć do naszego kręgu, przejmując kontrolę nad ciałem jednej z kobiet. Było to ciało tej samej kobiety z naszej grupy, która poddała się tej sile już w Labnie. Kobieta, w którą weszła zła istota uniosła kryształową czaszkę nad jej głową i z całej siły cisnęła nią o skałę, na której przedmiot dotąd spoczywał. Trzech mężczyzn pod wodzą Lionfire'a chwyciło tę kobietę i usiłowało odebrać jej czaszkę. Walczyli z nią kilka minut, ostatecznie udało im się jednak uratować święty przedmiot. Kobieta parsknęła z furią, podczas gdy zły w niej poruszył się.

Obserwowaliśmy ją uważnie na przemian, chcąc chronić grupę przed złem. Wiedzieliśmy, że znajdujemy się w jego domu. Była to istota, która przeniknęła do świadomości Majów u szczytu rozwoju ich kultury i zamieniła ich miłość i piękno w potrzebę składania ofiar z ludzi i lęk. Wiedząc o tym, Lionfire nie spuszczał z czaszki oka. Mimo to stracił przy tym całą swoją siłę, podobnie jak dwóch innych mężczyzn, którzy jej strzegli. Wiedzieliśmy już, jak silna i zdeterminowana była ta energia. Bez wątpienia należało ja usunąć z ciała tej kobiety, zanim miała się odbyć ceremonia w Chichen Itza.

Uczestnicy naszej wyprawy rozumieli, że owa energia ciemnej strony nie pojawiła się bez powodu. Stanowiła w dużej mierze część problemu, który pragnęliśmy rozwiązać, aby wspomóc proces uzdrowienia świata. Wiedzieliśmy, że musimy przeciwstawić jej dobro – podejść do niej z miłością, współczuciem, a nawet z wdzięcznością, szczególnie zaś potraktować tak tę członkinię naszej grupy, która pozwoliła na jakimś poziomie swojego bytu, aby przypadła jej w udziale tak trudna rola. Musieliśmy przygotować plan.

Przestraszeni, w pośpiechu wróciliśmy do Los Aluxes na śniadanie, a następnie wyruszyliśmy na spotkanie kolejnej przygody w czasie tej podróży do niezrównanych Jaskiń Balancanche. (Mówię „jaskiń", ponieważ ta jaskinia ma wiele odnóg rozchodzących się w różnych kierunkach.)

Nasz przewodnik Humberto

Chciałbym napisać teraz kilka słów o Humberto Gomezie, naszym Merlinie, przewodniku po ziemi Majów.

Humberto ma siedemdziesiąt parę lat, a wygląda najwyżej na sześćdziesiąt. Jest niski i szczupły. Ma wygląd arystokraty, niczym hiszpański hidalgo, od którego pochodzi.

W ciągu dwóch pierwszych dni naszej podróży był milczący – miły, czarujący, niezwykle pomocny, ale zamknięty w sobie.

Jednak w drodze do Balancanche Humberto nie mógł dłużej zachować milczenia. Wiedziałem, że skończył archeologię. Tymczasem okazało się, że był nadzwyczajnym erudytą, posiadał ogromną wiedzę na temat archeologii swojej ojczyzny oraz że jako młody człowiek dokonał odkrycia Jaskiń Balancanche! Kiedy wjechaliśmy na parking przed wejściem do jaskini, uświadomiłem sobie, że Humberto wie na temat tego miejsca więcej niż ktokolwiek ze współczesnych.

Mimo że tego dnia wstaliśmy przed wieloma godzinami, wciąż było dość wcześnie, kiedy przybyliśmy do muzeum. Jaskinie były jeszcze zamknięte. Czekaliśmy zatem i poprosiłem Humberto, aby opowiedział nam o swoim odkryciu.

Zebraliśmy się wokół, chętni wysłuchać tego, co miał nam do powiedzenia. Z początku nieśmiało, z czasem jednak nabierając coraz większej werwy i kolorytu, Humberto ożywił dla nas swoje doświadczenie sprzed lat. Była to pierwsza z wielu historii, jakie nam opowiedział podczas tej spiralnej wyprawy po Jukatanie. Był zaś wspaniałym gawędziarzem!

Humberto był dwudziestokilkuletnim studentem archeologii, kiedy pewnego dnia natrafił na małą brudną jaskinię w pobliżu swojego domu. Nie powiedział o niej nikomu, bowiem postanowił urządzić sobie w jej wnętrzu kryjówkę. Medytował w niej, albo po prostu chował się, kiedy chciał być sam.

Jaskinia stała się dla Humberto miejscem magicznym, choć w istocie nie przedstawiała szczególnego zjawiska. Nic nie wskazywało na to, że mogła pochodzić z czasów starożytnych Majów. Ot, zwyczajna jaskinia. Ale była jego tajemnicą i powracał do niej latami.

Pewnego dnia 1959 roku Humberto poczuł potrzebę opukania jednej ściany jaskini. Wyglądała ona zwyczajnie, jak każda inna ściana. Kiedy jednak zaczął kopać pod tym murem w ziemi, odkrył ukryty za nią znajomy fragment muru z cegły i zaprawy, który był wyraźnie dziełem starożytnych Majów! Wyobraźcie sobie, jak musiał być przejęty, kiedy ostrożnie wyjął kilka kamieni z muru, aby przecisnąć się do głębokiej ukrytej podziemnej jaskini, znajdującej się po drugiej stronie.

Zdany wyłącznie na siebie, Humberto pokonał niekończące się korytarze i ścieżki wydrążone w skale. Odnalazł tam coś niepowtarzalnego, o czym nie słyszano do tej pory na ziemi Majów. W różnych miejscach natrafiał na ołtarze wykonane z naturalnych stalagmitów i stalaktytów. Wokół tych ołtarzy leżały ofiary, które złożono przed tysiącem lat, nie dotykane od tamtej pory ludzką ręką. Każdy z tych przedmiotów – setek glinianych naczyń, wizerunków oraz żaren ofiarowanych bogowi deszczu, Chac – spoczywał w miejscu, w którym złożyli go starożytni Majowie podczas ceremonii. Jaskinia była ukryta przed okiem ludzkim, toteż nikt nie dotykał tych rzeczy.

Humberto natychmiast zawiadomił władze o swoim odkryciu, aby zapewnić mu ochronę przed aktami wandalizmu.

Zazwyczaj, kiedy w Meksyku ma miejsce odkrycie archeologiczne, rząd zabiera wszystko, co można do muzeum. Jednakże w tym nietypowym przypadku uczeni i przedstawiciele władz, którzy weszli do jaskini jako pierwsi, zrozumieli, jak ważne jest zachowanie tego wszystkiego w stanie nienaruszonym. Zapieczętowano zatem wejście i ustawiono przed nim straż.

I tak jest do dzisiaj. Nie ruszono ani jednego przedmiotu w tym miejscu. Wydeptano jedynie dróżkę okrążającą wnętrze jaskiń, aby zwiedzający mogli na własne oczy zobaczyć, jak wyglądało ono przed wiekami.

Po odwiedzeniu jaskiń przez przedstawicieli rządu rozeszły się pogłoski o jej odkryciu. Następnego dnia przed wejściem pojawili się przedstawiciele starszyzny Majów oraz szamanów, którzy zażądali, by wpuszczono ich do środka w celu odprawienia stosownej ceremonii. Humberto opowiadał nam o tym z rozbawieniem. Podkreślił, że Majowie nie zapytali, czy wolno im tam wejść i odprawić rytuał. Powiedzieli: „Mamy zamiar to zrobić!". A rząd na to: „Nic z tego!".

Dyskusje na ten temat trwały przez jakiś czas, aż w końcu rząd zgodził się spełnić roszczenia Majów pod jednym warunkiem: Majowie musieli pozwolić na obecność przedstawicieli rządu podczas uroczystości z prawem do jej fotografowania!

Negocjacje przedłużały się. Wreszcie Majowie poddali się pod dwoma warunkami: wszyscy obecni w jaskini podczas ceremonii mieli zachować pod przysięgą milczenie na temat tego, co zobaczą. Po drugie: nikomu nie wolno było wyjść przed zakończeniem rytuału, co oznaczało konieczność przebywania wewnątrz przez dwadzieścia cztery godziny bez jedzenia i picia. Starszyzna ostrzegała, że ten, kto wyjdzie wcześniej, bierze na siebie odpowiedzialność za konsekwencje swojej decyzji.

Zostało więc postanowione. Majowie i Meksykanie zstąpili w ciemności ziemi, aby odprawić ceremonię, i pojawili się z powrotem po dwudziestu czterech godzinach, w ulewnym deszczu. Był to znak, na który czekali Majowie. Wiedzieli, że

Chac, bóg deszczu, wysłuchał ich modlitw.

Humberto również brał udział w ceremonii i nigdy nie zapomniał, jaką moc ma Chac.

Po tej opowieści Humberto zaczął snuć przed nami inne, równie barwne historie. Zachwycał nas informacjami o miejscach, które widzieliśmy oraz o historii Jukatanu. Zapytałem go, czy opowie mi o przebiegu ceremonii w Balancanche, ale odmówił. Dał słowo, że dochowa tajemnicy. Był to jedyny raz, kiedy odmówił odpowiedzi na postawione pytanie.

W jaskiniach Balancanche

Nigdy wcześniej nie byłem w jaskiniach Balancanche. Ani ja, ani żaden z uczestników naszej grupy nie wyobrażaliśmy sobie, co nas czeka po wejściu do środka.

Przede wszystkim spodziewaliśmy się, że spędzimy tam większą część dnia. Aby chronić to miejsce, strażnicy wpuszczali do środka tylko dziesięć osób jednocześnie. Tylko takiej liczby mogli dopilnować i upewnić się, że nikt niczego nie dotknął ani nie zabrał.

Ale Humberto brał udział w naszych ceremoniach i widział, jak wiele mamy szacunku dla świętych miejsc Majów. Wiedział, że uzyskaliśmy pozwolenie Starożytnych na pobyt w tym miejscu. Ponieważ to on odkrył jaskinie, użył swoich wpływów, aby zrobiono dla nas wyjątek. Pozwolono nam wejść w grupach dwudziestoosobowych.

Był to dla nas wielki zaszczyt i dowód zaufania. Zaczęliśmy dzielić się na trzy grupy, kiedy Humberto przekonal strażników, by jeszcze bardziej nam zaufali. Ostatecznie pozwolono nam wejść w dwóch grupach po trzydzieści osób!

Byłem ostatnią osobą w pierwszej grupie. Przepełnieni szacunkiem szliśmy krętymi korytarzami, stanowiącymi plątaninę ścieżek, do samej gardzieli jaskini będącej ogromnym otworem opadającym spiralnym ruchem w głąb Ziemi. Mieliśmy wrażenie, że ptaki wylatujące z jaskini oraz kwiaty zwieszające się z jej ścian pokłoniły głowy. Włosy na karku stanęły mi dęba.

Wejście do tej jaskini przypominało powrót do łona Matki. Moje serce otworzyło się. Była to całkowicie bezwolna reakcja na obecne tam energie.

Szliśmy coraz dalej w głąb Ziemi, głębiej i głębiej w mrok. Czułem, że jest to jedno z najświętszych miejsc, w jakich kiedykolwiek byłem. Moje serce otwierało się coraz bardziej. Nie miałem nad tym kontroli. Czułem i widziałem, że ci, którzy szli przede mną, przeżywali to samo.

Nagle zorientowałem się, że nucę pieśń.

Potem usłyszałem jakiś dźwięk z tyłu. Obróciłem się, żeby sprawdzić, skąd pochodzi i ujrzałem szybko zbliżającą się drugą grupę. Czy popełnili błąd? Nie posłuchali polecenia strażników?

Tymczasem podchodziła już do mnie pierwsza z osób, uśmiechając się w poczuciu świętości tego miejsca.

„Co tu robicie?" – zapytałem.

„Humberto postanowił wpuścić od razu całą grupę" – powiedziała.

„Oczywiście" – mruknąłem do siebie. Tak było właściwie. Moje serce było przepełnione świętością i pięknem tego miejsca. Ta nieoczekiwana zmiana dopełniła miary.

Szliśmy dalej grupą sześćdziesięciu osób w miejscu, do którego wpuszczano zaledwie dziesięć, zjednoczeni w miłości i uczuciu duchowego zachwytu, jakich nigdy wcześniej nie doświadczyliśmy. I nie mówię tego lekkim tonem.

I wtedy weszliśmy do głównej części jaskini, w której ogromny stalagmit połączył się przed milionami lat w jedno z gigantycznym stalaktytem, tworząc wielki filar o wysokości co najmniej dwudziestu metrów. Wokół niego leżały ofiary złożone przez Majów dawno temu. Naczynia modlitewne ustawiono na ziemi wokół kolumny środkowej. Trwały tutaj przez setki tysięcy lat.

Uczucie świętości obezwładniło mnie całkowicie. Moje serce nie zdołało dłużej powstrzymywać łez. Rozpłakałem się. Łzy zasłaniały mi widok, ale dostrzegłem, że ludzie zebrani wokół mnie również płaczą.

Przybyliśmy do ziemi Majów, aby poczuć Świętą Przestrzeń Serca. Oto znajdowaliśmy się w fizycznej przestrzeni pulsującej żywą wibracją serca – wszyscy byliśmy zespoleni z tym miejscem. Cała moja istota wibrowała nim.

Szliśmy dalej krętymi korytarzami w głąb pozostałych dwóch jaskiń, nieco mniejszych, z ołtarzami połączonych stalagmitów i stalaktytów oraz ofiarami starożytnych rozłożonymi wokół nich. Uczucie świętości narastało w nas.

Cenote w Balancanche

Święta Przestrzeń Serca zawsze jest związana z wodą. Wszedłem wreszcie do komnaty w jaskini, do której przyciągał mnie basen. Woda była w nim tak czysta, że ledwie ją dostrzegłem, kiedy wyłoniła się w sąsiedniej jaskini. Ta woda żyła. Naprawdę żyła.

Zajrzałem w głąb cenote i odniosłem wrażenie, że zaglądam do innego świata.

Stało tam troje ludzi z naszej grupy i wpatrywało się w taflę wody z płaczem. Kiedy do nich podszedłem, padliśmy sobie w ramiona.

W owej chwili wiedziałem, że jestem w swoim plemieniu. Ze łzami i otwartymi sercami modliliśmy się za siebie, Majów oraz Matkę Ziemię.

Znałem to miejsce. Czułem je wcześniej w swoim sercu. Czy możecie sobie wyobrazić, jakie to uczucie przebywać w fizycznej przestrzeni wraz z innymi materialnymi istotami i doświadczać wspólnie tego samego? Nigdy wcześniej nie czułem czegoś podobnego.

Strażnicy jaskini, którzy pozostawali niewidoczni zaczęli nam sygnalizować światłami, że czas wracać.

Kiedy zawróciłem, nie mogłem wydobyć z siebie słowa. Ledwo pamiętam, jak wyszedłem z jaskini. Wydawało mi się, że śnię.

Kiedy zorientowałem się, co się dzieje, byłem już na zewnątrz w pobliżu muzeum. Usiadłem samotnie i zamknąłem oczy. Nadal czułem w swym sercu wibracje. Potrzebowałem pół godziny, aby dostatecznie ugruntować w sobie to przeżycie na tyle, by móc wstać i wsiąść do autobusu.

Nigdy tego nie zapomnę. Będę zawsze pamiętał Majów, których modlitwy wciąż rezonują w świętej przestrzeni, tak jak będę pamiętał tych pięknych ludzi, którzy weszli do Matki razem ze mną.

Siedząc pod drzewem i czekając aż wszyscy się zbiorą, przypomniałem sobie modlitwę mojej najbliższej nauczycielki z Taos Pueblo, Cradle Flower:

Piękno przede mną
Piękno za mną
Piękno po lewej
Piękno po prawej
Piękno nade mną
Piękno pode mną
Piękno jest miłością
Miłość jest Bogiem.

ROZDZIAŁ CZTERNASTY

Oczyszczanie krainy Majów

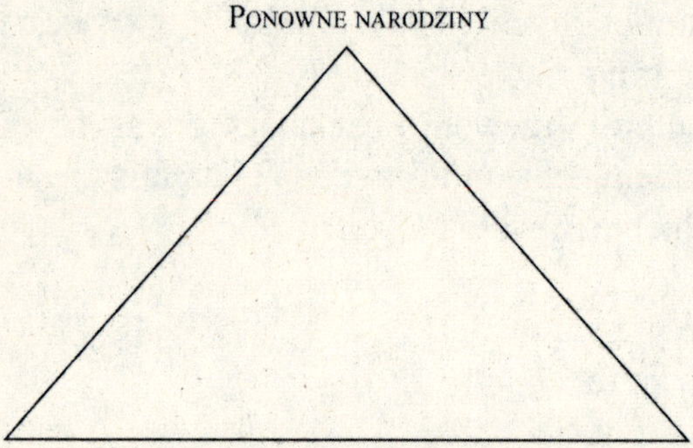

Rysunek 7: Wielka Ceremonia Serca Majów

ŚWIĄTYNIA CHICHEN ITZA

Elegancki hotel Mayaland mieści się w dżungli, w punkcie graniczącym z obszarem świątynnym w Chichen Itza. Udaliśmy się tam prosto z Balancanche i przyjechaliśmy znacznie wcześniej, niż się nas spodziewano, dzięki temu, że pozwolono nam wejść do jaskiń całą grupą.

Tego wieczoru przed kolacją poproszono mnie, abym nauczył dwie nasze grupy (Europejczyków przybyłych z Caroline Hehenkamp oraz naszą) Medytacji Życia w Sercu. Zaledwie kilku uczestników wyprawy nie zetknęło się z nią wcześniej. Większość brała udział w warsztatach jej poświęconych. Po naszych wspaniałych przeżyciach tego dnia nawet ci, którzy nie oddychali wcześniej w medytacji serca potrafili zrozumieć, o co w niej chodzi – o przeniesienie własnej świadomości z mózgu do fizycznego serca – oraz jak to osiągnąć: przypominając sobie o Świadomości Jedności.

Trzeba włożyć nieco wysiłku, aby to w pełni zrozumieć i wprowadzić w sobie wewnętrzne zmiany, to znaczy przenieść ośrodek naszego życia z umysłu do serca. W taki właśnie sposób żyliśmy dawniej, przed upadkiem naszej świadomości, który nastąpił 13 000 lat temu i podzielił ją na świadomość dobrą oraz złą. Zaczęliśmy wówczas osądzać każdą sytuację i każdy obraz, jaki zaprezentowało nam życie.

Powrót do serca jest tak prosty, że większość ludzi ma trudności ze zrozumieniem tego. Nauczyliśmy się, że im bardziej coś jest skomplikowane, tym większe ma znaczenie. Jednak przekonane to nie dotyczy naszej pierwotnej świadomości.

Sądzę, że ludy pierwotne zapraszają mnie do udziału w swoich ceremoniach dlatego, że nauczyłem się żyć w sercu. Oni „widzą", że jestem w zgodzie z sercem, a nie z umysłem, że jestem taki jak oni. Najważniejszy jest dla nich ten podstawowy aspekt ludzkiej duszy. Wiemy, że możemy zaufać sobie nawzajem i, jak mówią Majowie przy pozdrowieniu, „In lak esz", co znaczy „Ty jesteś innym ja". Kiedy żyjecie w sercu, „In lak esz" nabiera znaczenia zrozumiałego tylko dla serca, bowiem ten sam duch, który jest w tobie, jest również we mnie.

Jeśli chcecie dowiedzieć się czegoś więcej na ten temat, przeczytajcie moją książkę *Życie w przestrzeni serca*, która nie tylko wyjaśnia tę metodę szczegółowo, ale udziela też konkretnych wskazówek. Możecie spróbować sami i przekonać się, czy lepiej wam się żyje w sercu czy w umyśle.

Po kolacji, pod gwiazdami, w tym przepięknym miejscu niedaleko piramidy czakry serca Chichen Itza, weszliśmy razem do Świętej Przestrzeni Serca i oddychaliśmy jako Jedno.

A teraz ciemna strona: to tylko iluzja

W czasie, gdy uczestnicy naszej wyprawy udali się na odpoczynek przed czekającą nas ceremonią wielkiego przesilenia, musiałem zająć się problemem istoty, której obecność uświadomiłem sobie podczas pierwszej ceremonii w Labna, a później doświadczyłem rankiem, kiedy trzymałem w rękach kryształową czaszkę. Nie mogłem dłużej zwlekać. Należało rozwiązać problem przed rozpoczęciem ceremonii w Chichen Itza, która miała się odbyć nazajutrz. W przeciwnym razie energia ta przeszkadzałaby nam we wszystkich czynnościach. Nie można było jej lekceważyć.

Uznałem, że ta kobieta, uczestniczka naszej wyprawy, została zaatakowana przed ducha bądź duchy, które miały na celu uniemożliwić nam wypełnienie naszej misji.

Wszyscy przewodnicy – Diane Cooper, Lionfire, pan Humberto oraz ja sam – spotkaliśmy się i uzgodniliśmy, że zajmiemy się tą sprawą przed pójściem spać, bowiem następnego ranka musieliśmy wstać bardzo wcześnie.

Zastanawialiśmy się, gdzie przeprowadzić rytuał uzdrawiający. Wiedziałem z doświadczenia, że kobieta może krzyczeć, kiedy obca istota będzie opuszczała jej ciało, a w hotelu byłoby to nie do pomyślenia. Ktoś mógłby wezwać policję. Nie wiedzieliśmy, co robić.

Zapytaliśmy o radę Humberto. Zaproponował miejsce w pobliżu parkingu hotelowego. Nie było całkowicie odosobnione, ale postanowiliśmy przeprowadzić naszą sesję w autokarze. W ten sposób chcieliśmy zagłuszyć ewentualne krzyki kobiety.

Wszystko zostało ustalone. Kobieta dobrowolnie ułożyła się na środkowych siedzeniach w samochodzie. Dwie osoby z naszej grupy pozostały na zewnątrz, aby trzymać straż. Dwóch innych uczestników weszło do środka, na wypadek, gdybyśmy potrzebowali pomocy.

Cień ofiar starożytnych

Nawiązałem kontakt telepatyczny z istotami zasiedlającymi ciało tej kobiety i od razu uświadomiłem sobie, że było ich kilka, ale dwie z nich stanowiły jedno obdarzone niezwykłą mocą. Były związane ze światem Majów oraz starożytnym obrzędem składania ofiar. Istota ta obejmująca dwoje w jednym oraz jej pragnienie stworzenia chaosu były siłą napędową ceremonii składania ofiar ludzkich przez Majów!

Ta podwójna istność żyła nie tylko w kobiecie znajdującej się przede mną, ale również w sześćdziesięciorgu osobach żyjących na ziemi Majów, głównie samych Majów. Przeplatała się ona z całą ich ziemią. Wiedziała, dlaczego przybyliśmy i miała nas powstrzymać przed uwolnieniem Majów żyjących w Ziemi wewnętrznej. Jej intencją było nie doprowadzić do powstania stanu równowagi.

Wezwałem Archanioła Michała i zbudowałem na planie oktahedronu złotą piramidę wokół ciała tej kobiety, w której miały się znaleźć istoty wychodzące z jej ciała i która miała posłużyć jako okno do wysłania ich z powrotem do świata, w którym Bóg je pierwotnie stworzył.

Według mnie usuwanie każdego istnienia nie wiąże się z siłą, ale ze współczuciem i komunikacją. Wiem z doświadczenia, że kiedy duchy uświadamiają sobie, że przywrócimy je do domu, w którym będą mogły wypełnić święty cel swojego istnienia, zaczynają współpracować. Nie walczą. Zwykle też okazują się wówczas zagubione jak dzieci i w niczym nie przypominają demonów zniszczenia.

Tak było jednak do tej pory. Tymczasem dostałem kolejną lekcję.

Mniejsze duchy były wdzięczne za umożliwienie im powrotu do domu – takie też były moje dotychczasowe doświadczenia – i odeszły bez problemu. Jednak dwójka w jednym odmówiła wyjścia z ciała kobiety. Całe jej ciało miotało się, ukazując opór tej istoty. Nie chciała się poddać. Jej udział w starożytnych ceremoniach ofiarnych Majów oraz przywiązanie do tej ziemi i do jej ludu były zbyt silne i zbyt przemożne, by chciała z nich zrezygnować. Przejawiały się w zbyt wielu aspektach, by mogła się od tego uwolnić. Od wieków nakazywała Majom robić rzeczy, które ona sama w głębi serca uważała za złe.

Nie miałem wyboru. Musiałem okazać większą stanowczość. Nigdy wcześniej nie podejmowałem się takiej roli.

Użyłem swojego Mer-ka-ba, czyli ciała świetlistego, oraz mocy i siły Archanioła Michała. Wspólnie wysyłaliśmy fale energii, które koncentrowały energię owej dwoistej istoty i kierowały ją przez ośmiokątną bramę wymiarów, dzięki czemu musiała ona opuścić ten świat i powrócić do własnego świata, gdziekolwiek on się znajdował.

Wiedzieliśmy mimo jej oporu, że gdyby nam się udało, powrót okazałby się dla niej wstąpieniem do raju!

Jako pierwsza została wessana w próżnię słabsza z obu części. Stawiała przy tym jednak ogromny opór. Pozostało nam jeszcze usunąć drugą część – silniejszą.

Ostatecznie, przy użyciu ogromnych ilości siły i mocy, opierająca się część podwójnej istności wyszła przez brzuch tej kobiety i powoli zaczęła znikać w bramie wymiarów.

W momencie, w którym istota opuściła ciało ludzkie, Świat Zewnętrzny zadrżał czując niewiarygodną moc tego ducha i siłę jego powiązania z tą ziemią. W promieniu trzydziestu metrów od nas wydarzyły się jednocześnie dwie rzeczy. Kępka drzew rosnących na niewielkim kilkumetrowym obszarze po prawej stronie od miejsca, w którym stała kobieta, zaczęła gwałtownie się trząść. W pewnej chwili wielka gałąź jednego z drzew ułamała się i uderzyła o ziemię.

W tej samej odległości po lewej stronie rosła inna grupa drzew, których pnie miały średnicę mniej więcej dwudziestu pięciu centymetrów. One również zatrzęsły się gwałtownie. Wyglądało to tak, jakby nadjechał buldożer i próbował usunąć je z korzeniami. Niewiarygodne było to (nie było zaś wiatru), że większość drzew złamała się u podstawy i spadła na dach starego volkswagena, miażdżąc go.

W chwili, w której duch opuścił ciało kobiety, „zobaczyłem" jak oczyściły się postacie dwóch innych Majów oraz cały obszar w promieniu kilkuset kilometrów. Wyglądało to tak, jakby przez tę ziemię przetoczył się potężny huragan i znikł bez śladu.

Było po wszystkim. Zapanował spokój.

Ziemia Majów była wolna. Kobieta została sama we własnym ciele.

Nasza grupa zaczęła prawdziwe przygotowania do ceremonii Serca w Chichen Itza, która miała odbyć się nazajutrz – ceremonię tę od dawna zapowiadali Majowie oraz ich kalendarz. Starszyzna rdzennych ludów ziemi oraz ludzie zamieszkujący cztery jej strony mieli modlić się razem jako Jedno o to, by świat odnalazł pokój.

Wypełnienie starożytnego proroctwa

Odgłosy tropikalnych ptaków przedzierały się przez drewniane ściany chaty, w której przebudziłem się z pięknego snu do innego, który do tej chwili wydawał się zbyt odległy. Wtedy przypomniałem sobie. Czekałem na nadejście tego dnia przez dwa i pół roku. Dawno temu dostałem maila od Hunbatza Mena, który zapraszał mnie na ceremonię wyznaczoną przez ich kalendarz. I oto ów dzień nadszedł.

Wyskoczyłem z łóżka, ubrałem się i zbiegłem po schodach, wiedząc, że musimy być punktualni. Nie wolno nam się było spóźnić, ani popełnić błędu. Zbyt wielu ludzi czekało na tę chwilę z ogromną niecierpliwością. Gdybyśmy się spóźnili, musieliby zacząć bez nas.

W holu czekało sześćdziesiąt osób ubranych w lśniącą biel, jak prosił Hunbatz Men. Ich uśmiechy i żywa energia mówiły same za siebie. Byliśmy gotowi na to, co miało przynieść nam życie, któremu oferowaliśmy swoje serca i modlitwy. Po doświadczeniach w Jaskini Balancanche nasze serca były szeroko otwarte i stanowiliśmy jako grupa Jedno Serce. Tymczasem Życie miało za chwilę otworzyć przed nami kolejny rozdział swojej tajemnicy. Kto wiedział, co się wydarzy? Ja z pewnością nie wiedziałem.

Ustawiliśmy się w parach przed bramą, w której sprzedawano bilety. W takim porządku przeszliśmy do kompleksu Chichen Itza. Podążaliśmy krętą dróżką wśród drzew tropikalnych, aż dotarliśmy do podstawy Piramidy Zamkowej znajdującej się po stronie wschodniej. Słońce prażyło niemiłosiernie, poruszaliśmy się więc w cieniu drzew.

Hunbatz miał przybyć o godzinie dziesiątej w asyście ponad 250 członków starszyzny oraz szamanów. Staliśmy grupkami przed piramidą i rozmawialiśmy w oczekiwaniu na ich przybycie.

Czekaliśmy długo. Towarzyszyła nam grupa z Europy, toteż wkrótce zaczęliśmy wymieniać się pieśniami pochodzącymi z różnych narodów. Śpiewaliśmy je przez jakiś czas, a potem ucichliśmy. Czekaliśmy. Gdzie była starszyzna? Nikt z nas nie wiedział.

Później tego ranka podeszli do mnie kapłan i kapłanka ze świątyni Uxmal i przedstawili się. Byli ubrani w stroje rytualne. Wyglądali pięknie i promieniowali energią. Ich spokój i uśmiechy oraz sposób zachowania świadczyły o posiadaniu potężnego źródła wewnętrznego duchowego Światła. Podziękowali nam za przybycie i gotowość do wzięcia udziału w ceremoniach. Z naszej strony ofiarowałem im naszą miłość i szacunek oraz wsparcie.

Wkrótce potem pojawił się kapłan Inków z Peru, także odziany w strój rytualny. Zaczął rozmowę z grupą stojącą nieopodal pod wielkim drzewem. Miał potężną energię. Wydawało się, że przybył, aby zainspirować ludzi do udziału w wielkiej ceremonii.

Ale gdzie był Hunbatz Men? Nigdzie go nie widziałem.

Dochodziło południe i słońce stało wysoko na niebie. Wreszcie dostaliśmy wiadomość, że Hunbatz i starszyzna spóźnią się. Policja zamknęła drogi w promieniu trzech kilometrów od świątyni i byli oni zmuszeni iść na piechotę.

Czekaliśmy więc jeszcze trochę, kiedy wyniknął kolejny problem. Zmieniono miejsce ceremonii na teren znajdujący się za Piramidą Zamkową, głębiej między drzewami. Ceremonia miała się rozpocząć pomimo nieobecności Hunbatza Mena oraz starszyzny.

Nie wiedziałem, co się z nim stało, ale mój głos wewnętrzny nakazywał mi, bym wziął udział w ceremonii.

Nasz Tęczowy Krąg

Udaliśmy się we wskazane miejsce i wkrótce znaleźliśmy się na wielkiej polanie w dżungli promieniującej idealną energią dla odprawienia ceremonii. Dołączyła do nas grupa Karoliny Hehenkamp i inni, z którymi wspólnie utworzyliśmy wielki krąg. Znaleźli się w nim ludzie o wszystkich barwach skóry, ludzie wszystkich ras.

Kapłan i kapłanka z Uxmal, którzy mieli przewodzić ceremonii ułożyli na ziemi specjalną tkaninę, która miała utworzyć ołtarz. Ustawiono na niej kryształy i inne przedmioty rytualne. Potem umieszczono na niej pierwszą, drugą i kolejne z trzynastu kryształowych czaszek Majów tak, by uformowały one zwarte koło. Następnie okryto je narzutą utkaną przez Majów, aby schować je przed wzrokiem, bowiem nie nadszedł jeszcze czas na „specjalną" ceremonię. Odniosłem wrażenie, że czaszki intonują pieśń i pogrążyłem się w medytacji razem z nimi.

Ku memu zaskoczeniu kapłanka, która wyraźnie przewodziła ceremonii poprosiła mnie, bym wszedł do wewnętrznego kręgu. Spytała, czy ktoś jeszcze z mojej grupy powinien znaleźć się w tym miejscu, a ja wskazałem Lionfire'a. Ów człowiek z rodu Majów bardziej pasował tam niż ja.

Dołączyło do nas około piętnastu członków starszyzny i rdzennych ludów. Byli między nimi Meksykanie, Amerykanie, ale przede wszystkim przedstawiciele rdzennych kultur, między innymi kapłan Inków. Szczególnie zapamiętałem grupę trzech szamanów Inków z Ameryki Południowej. Byli piękni – czułem, jak z ich serc pełnych radości bije czysta energia Matki Ziemi.

Kapłanka Majów rozpaliła ceremonialne zioła i kadzidła w małym starożytnym kociołku. Napełniły one powietrze intensywnym aromatem. Kobieta uniosła ramiona w górę, a jej towarzysz zadął w konchę, otwierając ceremonię rytualną modlitwą skierowaną w cztery strony świata.

Oboje kapłani przemawiali w języku Majów, aby nie zdradzać ceremonii. Ich modlitwy wznosiły się, przemieszane z dymem kadzideł. Potem przemawialiśmy my wszyscy, znajdujący się w kręgu wewnętrznym, i modliliśmy się kolejno prosząc z całego serca, o to, by spełniły się nasze gorące pragnienia uzdrowienia Ziemi i jej mieszkańców.

Nasze działania odznaczały się pięknem, mocą i precyzją. Czuliśmy się, jakby ceremonia ta została zaplanowana przed eonami. Kolejne wydarzenia następowały po sobie tak naturalnie, jakbyśmy ćwiczyli je po wielekroć.

Ale było coś jeszcze. Aspekt, którego sobie nie uświadamiałem z powodu swego głębokiego zaangażowania. Łączył się on z osobami tworzącymi krąg zewnętrzny.

Kiedy my, przewodzący ceremonii, wypowiadaliśmy słowa w swoich językach, posyłając je Duchowi, nasze przekazy były tłumaczone na inne języki. Jedna po drugiej, rytualne modlitwy i prośby krążyły po polanie w językach Majów, Hiszpanów, Anglików, Niemców, Rosjan, Francuzów, niesione przez wiatr do tej niewiarygodnej grupy osób przybyłych z najdalszych zakątków świata, by pomóc światu stać się Jednością.

Jedna z kobiet powiedziała mi później: „Podczas całej ceremonii czułam, że Wieża Babel zaczyna się zapadać, a nasz świat nie będzie odtąd taki, jaki był dotychczas".

Być może więc nasze zgromadzenie na ziemi Majów

podczas rytuału stanowiło symboliczne zakończenie podziałów między krajami, kulturami i rasami. Z czasem doświadczymy tego w rzeczywistości.

Kiedy ostatni kłąb dymu wzniósł się nad zebranymi i ceremonia dobiegła końca, wszyscy podbiegliśmy do siebie jak starzy przyjaciele z dawno utraconych plemion. Obejmowaliśmy się i wymienialiśmy nie tylko miłością, ale również numerami telefonów i adresami. Pragnęliśmy zachować tę energię, którą wówczas odczuwaliśmy. Byliśmy tęczą Jednego Ducha.

Hunbatz Men i starszyzna

Kiedy odchodziłem w stronę piramidy, ktoś do mnie podbiegł i opowiedział mi, co się przytrafiło Hunbatzowi Menowi i starszyźnie. Po tak pięknym doświadczeniu zabrzmiało to jak koszmar senny.

Wszyscy oni dotarli ostatecznie do Chichen Itza i przygotowali się do odprawienia ceremonii w pierwotnie wyznaczonym miejscu. Ustawili na ziemi kociołek z ziołami i kadzidłami. Kiedy wszyscy byli gotowi, rozpoczęli ceremonię od zapalenia ziół i kadzideł.

W tej samej chwili wtargnęła policja z gaśnicami i zdławiła płomień.

Starsi byli oburzeni, wszczęli spór z policjantami. Hunbatz milczał, bowiem spodziewał się takiego obrotu wypadków. Ostrzeżono go wcześniej.

W końcu policja przerwała ceremonię, aresztując ośmiu członków starszyzny z Ameryki Południowej. Rytuał dobiegł końca, zanim naprawdę się rozpoczął.

Hunbatz powiedział mi później, że udał się na poszukiwania naszej grupy. Odnalazł nas pogrążonych w głębokiej modlitwie, zgodnie zaś ze swymi przekonaniami nie czuł się uprawniony, by do nas dołączyć. Obszedł jedynie nasz krąg dwukrotnie, błogosławiąc nas.

Powiedział mi, że gdybyśmy nie przybyli tam ze wszystkich zakątków Ziemi i nie odprawili ceremonii przed przewodnictwem dwojga Majów, wydarzenie zapowiadane w kalendarzu nie miałoby miejsca. Podziękował nam ze łzami w oczach.

Wejrzeliśmy w nasze serca i poczuliśmy wdzięczność, zdając sobie sprawę, że Wielki Duch nie zawsze działa w sposób dla nas zrozumiały.

NADEJŚCIE WĘŻA

Po zakończeniu ceremonii nasza mała międzynarodowa grupa dusz mogła dołączyć do wielkiego tłumu zebranego po to, by obserwować nadejście „węża" do Piramidy Zamkowej, tak jak w 1985 roku obserwowaliśmy to razem z Kenem.

Teraz, 21 marca 2003 roku, grupa ponad 80 000 osób stłoczyła się na trawie przed stopniami, po których miał zejść potężny wąż.

Ale poranne słońce przesłoniły chmury. Popołudniowe niebo oblekło się szarością. Promienie słoneczne nie mogły rzucić cienia. Osiemdziesiąt tysięcy osób przybyłych z całego Meksyku, Ameryki Południowej i całego świata siedziało lub stało z koszykami piknikowymi i swoimi rodzinami, czekając na cień, który być może nie miał się ukazać.

Nagle, późnym popołudniem, chmury rozstąpiły się i słońce wychynęło rozświetlając blaskiem piramidę. Cień ogarnął boczną część stopni. Tłum wydał z siebie wspólny okrzyk radości, a potem umilkł obserwując mistyczny ruch „węża".

Patrzyłem na tę ludzką chmarę i przypomniałem sobie koncerty rockowe z lat sześćdziesiątych. Wydawało się, że Starożytni i Wdzięczni Zmarli zmienili miejsca. Zamiast słuchać charyzmatycznej grupy muzycznej eksplodującej na scenie, byliśmy oczarowani – wszyscy i każdy z osobna – powolnym ruchem milczącego cienia, pokonującego przestrzeń w dół mitycznej piramidy w odnowionej afirmacji Świętej Spirali Życia.

Dwa Cenote

Kiedy odchodziłem stamtąd po spektaklu cienia, przypomniałem sobie fragment rozmowy, jaką odbyłem z Hunatzem Menem, który nieoczekiwanie wyjaśnił mi, co oznaczały dwa jeziorka w Chichen Itza oraz jak były ze sobą połączone. Powiedział, że łączyła je podziemna rzeka, nad którą celowo zbudowano Piramidę Zamkową. Właśnie nurt tej rzeki dawał energię budowli. Ken i ja nie wiedzieliśmy o istnieniu drugiego jeziorka.

Hunbatz Men spojrzał mi w oczy i powiedział: „Drunvalo, drugie cenote też trzeba naładować kryształem. Dzięki temu połączymy energie obu jeziorek".

Kiedy więc odszedłem po ceremonii schodzącego „węża", skierowałem się do drugiego cenote, aby spełnić prośbę Hunbatza.

Kryształ i dopełnienie

Poszło ze mną kilkoro członków naszej grupy, którzy zapewne chcieli zobaczyć, co będę robił. Jeśli chodzi o mnie, uznałem, że ktokolwiek pójdzie, jest do tego przeznaczony.

Nie ma przypadków ani błędów.

Odnalazłem po kilku minutach drugie cenote i zauważyłem, że stanowiliśmy grupę czternastu osób. Opowiedziałem im o naszej podróży z Kenem w 1985 roku oraz o prośbie Hunbatza Mena. Wydawało się, jakby wszyscy skończyli szkołę ezoteryczną, tak doskonale wiedzieli, co robić.

Chwyciliśmy się za ręce i przekazywaliśmy sobie kryształ tak, by każda z osób mogła się z nim pomodlić. Modlitwy zanosiliśmy w imieniu Majów oraz uzdrowieniu Matki Ziemi. Potem ostatnia osoba wrzuciła kryształ do głębokiej tajemniczej wody.

Czułem, że połączenie zostało nawiązane. Czułem przypływ energii. Widziałem swym wewnętrznym okiem dwa jeziorka łączące się ze sobą i napełniające Piramidę Zamkową nową/dawną energią. Zrozumiałem wówczas wagę tego, co Tot i Hunbatz Men starali mi się przekazać. Po raz pierwszy poczułem się spełniony.

Wezwanie słońca

Po powrocie do hotelu znalazłem kartkę od Hunbatza Mena, na której napisał, że chciałby porozmawiać z członkami naszej grupy. Obiecał, że z nami będzie, ale tak się nie stało – do tej pory. Był bardzo zajęty, ale chciał dotrzymać obietnicy.

Zebraliśmy się półkołem przy basenie i czekaliśmy na niego. Było już ciemno. Świeciły nam gwiazdy oraz przyćmione światła hotelowe.

Hunbatz pojawił się i wyjaśnił, co mu się wówczas przydarzyło. Przeprosił nas i podziękował za odprawienie ceremonii. Powiedział, że bez naszego udziału Dzieło nie zostałoby ukończone. Nazwał nas „nauczycielami nowego świata" i wyjaśnił, na czym polega odpowiedzialność tej roli.

A potem nauczył nas świętej pieśni do majskiego boga słońca Kin. Ponieważ tak wielu członków naszej grupy „przypomniało" sobie o swoim majskim dziedzictwie, intonowanie pieśni obudziło w nich uczucie bycia w obu miejscach jednocześnie – w starożytnej przeszłości oraz w chwili obecnej.

Nasz dzień w Chichen Itza zakończył się pod gwiazdami wspólnym śpiewem i przypominaniem sobie o swym starożytnym rodowodzie.

Byliśmy niezwykle wzruszeni i przeczuwaliśmy tajemnicę. Wydawało nam się, że nie możemy pomieścić w sobie więcej.

Gdybyśmy wiedzieli, jak wiele nas jeszcze czeka, byłoby nam trudno w to uwierzyć. Tymczasem wszystko dopiero się rozpoczynało.

ROZDZIAŁ PIĘTNASTY

Okrągła tęcza

Następnego dnia po ceremonii przesilenia w Chichen Itza, gdy w naszych sercach wciąż jeszcze rozbrzmiewały modlitwy, opuściliśmy hotel Mayaland i skierowaliśmy się do Quintana Roo.

Tego dnia mieliśmy odbyć podróż w stronę piątej czakry w Tulum. W drodze do hotelu na meksykańskich Karaibach zamierzaliśmy odwiedzić Coba – największe wykopalisko archeologiczne na Jukatanie, na którym wiele jeszcze pozostało do odkrycia. Później tego popołudnia wybieraliśmy się na wyprawę trekkingową do jednego z setek jeziorek w Qiuntana Roo, leżącego na terenie prywatnym, głęboko w dżungli w pobliżu Tulum.

Jechaliśmy powoli do Coba. Po tak licznych niespodziankach nie żywiliśmy szczególnych oczekiwań. Byliśmy jak dzieci, które poza otwartym sercem mają również szeroko otwarte oczy. Czekaliśmy, aż Bóg pokaże nam nasze następne zadanie.

Starożytne miasto Coba

W Coba znaleźliśmy budowlę otoczoną niewielkimi krytymi strzechą z palmy miejscami do piknikowania. Zjedliśmy lunch. Jedną ze specjalności kuchni było świeże mleczko kokosowe, które piliśmy przez słomkę bezpośrednio z owocu. Po lunchu weszliśmy na teren świątyni Coba.

Coba obejmuje obszar o wielkości prawie 75 kilometrów kwadratowych, zamieszkiwany niegdyś przez społeczność Majów w liczbie 40 000 osób. Starożytne miasto, które wówczas otaczało kompleks świątynny było tak duże, że gdybyśmy mogli zobaczyć je przed tysiącem lat, zapewne zmienilibyśmy swoje wyobrażenia na temat Majów. Spoglądając z wierzchołka Wielkiej Piramidy w Coba – Nohoch Mul – dostrzegliśmy dowody istnienia zaawansowanej cywilizacji.

Nasz przewodnik, Humberto, powiedział, że Coba było piastą nowoczesnego wówczas systemu dróg, zwanego Sacbe (wymawianego „sok-bej"). Były to drogi kamienne sięgające wysokości jednego do dwóch metrów i pokryte zaprawą murarską. Obecnie zaprawa w większości już zniknęła, ale wiele kamieni pozostało. Humberto pokazywał je nam, kiedy szliśmy tą drogą. W okresie największego rozwoju cywilizacji Majów wszystkie Sacbe prowadziły do Coba.

Konstrukcja dróg, jak powiedział nasz przewodnik, była dość niezwykła, zważywszy na to, że Majowie nie znali koła i nie posiadali koni. Być może służyły one jako ścieżki, którymi podążały procesje religijne. Według Humberto najbardziej prawdopodobne jest to, że drogi budowano według planu zawartego w Kalendarzu Majów. Przypominają one ogromną astronomiczną maszynę czasu. Przewodnik nie wyjaśnił nam jednak, w jaki sposób funkcjonowały. Jest to zapewne dziedzina, która wymaga dokładnego zbadania.

Jedną z atrakcji Coba są riksze. Turyści, którzy nie mają ochoty na pieszą wędrówkę od bram Coba do stóp Wielkiej Piramidy mogą tam pojechać. Pojazdy te przypominają oryginalne riksze na czterech kołach ciągnięte przez jednego człowieka. W ich zmodyfikowanej wersji przewoźnik jedzie na rowerze. Nie widzieliśmy ich w żadnym innym miejscu na Jukatanie.

Zbliżając się do Wielkiej Piramidy, Nohoch Mul, zastanawiałem się, czy będzie ona przypominała miejsce, które odwiedziliśmy z Kenem przed laty. W 1985 roku znajdował się tam jedynie niewielki kamienny dom stojący na szczycie wysokiego wzgórza. Obecnie odkryto całą budowlę, która stanowi największą piramidę na Jukatanie.

Od czasu mojej ostatniej wizyty w tym miejscu w Coba odkopano sporą liczbę spośród 6500 piramid, świątyń oraz budowli innego rodzaju. Wielka Piramida pomimo swoich rozmiarów wydaje się teraz niemal pozbawiona znaczenia w obecności tak wielu struktur widocznych na terenie kompleksu. Byłem zadziwiony widząc, jak wiele z tego, co dawniej było ukryte, zostało teraz ujawnione i wystawione na widok publiczny.

Panowała tam fantastyczna energia.

Nie zamierzaliśmy odprawiać ceremonii w Coba. Przybyliśmy tam, żeby poczuć to miejsce i połączyć się z nim. Członkowie grupy mogli swobodnie zajrzeć w każde miejsce, toteż natychmiast rozproszyli się między drzewami. Później, niby mgła, która rozrzedza się i gęstnieje, na powrót odnajdowaliśmy się, odkrywaliśmy intrygujące miejsca i medytowaliśmy. Było to wspaniałe uczucie. Czułem się cudownie.

Tulum: koło tęczy

Minęło osiemnaście lat od czasu, kiedy szedłem po trawie porastającej Tulum. Na polecenie rządu zabudowano ten teren, aby móc łatwiej kontrolować zachowanie turystów. W ten weekend przybyło ich tam wielu.

Nie przeszkadzała mi obecność tłumu ani zmiany. Czułem, że cokolwiek tu się wydarzy, będzie miało znaczenie dla procesu równoważenia energii Majów.

Najpierw wszyscy rozeszliśmy się w różnych kierunkach, a ja szukałem miejsca, w którym umieściliśmy niegdyś kryształ. Zdarzyło się to tak dawno temu. A jednak odnalazłem je po dwudziestu minutach. Wiedziałem, że się nie mylę, kiedy zajrzałem do środka i zobaczyłem freski.

Przystanąłem w świątyni i rozglądałem się po Tulum. Chciałem wybrać odpowiednie miejsce dla odprawienia ceremonii. Po chwili dostrzegłem na rozległym trawniku miejsce, które wydawało się promieniować jaśniej niż inne. Poszedłem tam. W tym czasie grupa zebrała się ponownie i wszyscy podążyli moim śladem. Miejsce okazało się być idealne. Nie wiem dlaczego ani co tam się znajdowało. Po prostu było idealne.

Następnie wybrałem punkt, który miał wyznaczać środek kręgu, położyłem na ziemi materiał, który miał utworzyć ołtarz i oznaczyłem cztery kierunki. Ktoś z grupy podał mi duży kryształ, który umieściłem na ołtarzu. Kolejno inni członkowie grupy układali na nim swoje przedmioty i kryształy. Wkrótce wszystko było gotowe, by rozpocząć ceremonię. Wybrałem spomiędzy ochotników cztery osoby, które miały stanąć w miejscach wyznaczających cztery kierunki. Stanęły one twarzami do środka kręgu. Każde z nich odmówiło modlitwę, „stając się” obranym kierunkiem, a tym samym tworząc ochronę dla wewnętrznego kręgu.

Potem ukląkłem w środku kręgu, przedstawiając kierunek powyżej oraz poniżej. Pomodliłem się, aby przypieczętować tę wewnętrzną przestrzeń.

Opiszę teraz wydarzenia, które miały miejsce podczas tej pełnej mocy ceremonii w „dziedzinach wewnętrznych".

Kilka minut po rozpoczęciu rytuału grupa Majów żyjących w Ziemi wewnętrznej nawiązała ze mną kontakt i poprosiła o pozwolenie na wzięcie udziału w ceremonii. Trzech starych Majów dosłownie pojawiło się przede mną; ich ciała były przezroczyste, a jednak widziałem ich wyraźnie. Popatrzyli mi w oczy i z wielkim szacunkiem zapytali telepatycznie, czy mogą do nas dołączyć. Zrobili to, a po nich zjawili się inni.

Chcąc pomóc tym uczestnikom naszej wyprawy, którzy nie „widzieli", opisywałem głośno to, co się działo w jednej z niewidzialnych oktaw trzeciego wymiaru, który nas otaczał.

Na początek trzej przedstawiciele starszyzny Majów, którzy zjawili się jako pierwsi, weszli do naszego kręgu od północy i stanęli przed ołtarzem. Było oczywiste, że najstarszy z nich, który stał pośrodku, był ich przywódcą. Odezwał się w języku Majów, wzywając pozostałych członków swojego plemienia.

Następnie pojawiło się czworo innych Majów – dwie kobiety i dwóch mężczyzn. Stanęli oni za naszymi ludźmi reprezentującymi cztery strony świata, dzięki czemu wypełnili przestrzeń wewnętrzną swoją wiedzą i zrozumieniem. Po nich przyszło trzydziestu Majów, którzy rozproszyli się, zajmując miejsca w kręgu.

Od tamtej chwili rozpoczęła się wymiana między starożytnymi a uczestnikami naszej wyprawy. Ich podstawowym celem było uzyskanie kontroli nad środowiskiem, a szczególnie nad opadami deszczu, dzięki czemu mogliby doprowadzić do stworzenia równowagi między Światem Zewnętrznym i Światami Wewnętrznymi, które zostały zaburzone. W owym czasie na Jukatanie panowała groźna susza. Nie padało już od wielu miesięcy.

Majowie rozpoczęli ceremonię od zbudowania wielkiej energetycznej piramidy, rozciągającej się na cztery strony świata. Piramida była z początku niewielka – obejmowała przestrzeń zajmowaną przez zgromadzonych. Potem starożytni powiększyli ją mocą swoich umysłów tak, że sięgała długości mniej więcej trzech i pół kilometra w każdą stronę. Uczynili to w taki sam sposób, jaki oglądałem w Taos Pueblo w Nowym Meksyku. „Widzieli", czy też stworzyli wizję piramidy istniejącej w przestrzeni trzeciego wymiaru (naszego świata), a następnie siłą intencji sprawili, że stała się rzeczywista. Wypełniali ową przestrzeń oddechem, aby przekazać piramidzie energię siły życiowej. Ta technika sprawia, że otoczenie reaguje tak, jakby znajdowała się tam prawdziwa piramida w trzecim wymiarze.

Przeciętna osoba nie widziała piramidy, ale dla przyrody była ona równie realna jak wszystko inne. Piramidy funkcjonują w przyrodzie tak jak góry. Przyciągają chmury i deszcze. Małe budowle nie wywierają tak dużego efektu, ale te pokaźne, szczególnie, jeśli sięgają trzech i pół kilometra, oddziałują na środowisko tak samo jak wielkie szczyty gór.

Nasza piramida utworzyła górę, która miała przyciągnąć deszcz. Majowie z wnętrza Ziemi kontrolowali jej wielkość, a tym samym potrafili określić ilość opadów deszczu w tym rejonie półwyspu. Chcąc spotęgować siłę oddziaływania piramidy, utworzyli kilka podobnych, które uformowały coś w rodzaju łańcucha górskiego ciągnącego się na długości wielu kilometrów na północ.

Po wykonaniu tego zadania, członek starszyzny Majów stojący pośrodku ogłosił, że deszcz spadnie przed nastaniem następnego dnia i że susza się skończyła.

Na zakończenie ceremonii poprosił, byśmy zaintonowali pieśń skierowaną do słońca, powtarzając jego imię – „Kin". Wszyscy zebrani, zarówno widmowi Majowie, jak i członkowie naszej grupy, odśpiewaliśmy imię słońca po wielekroć. Kończąc, unieśliśmy ramiona w górę i otworzyliśmy oczy, patrząc w niebo.

W chwili, w której po raz ostatni wypowiedzieliśmy święte imię słońca, wejrzeliśmy w niebiosa i zobaczyliśmy święty znak, który powiedział nam, że właściwie odprawiliśmy ceremonię. W ten jasny bezchmurny dzień wokół słońca rozbłysła doskonała tęcza w kształcie koła. Była tak wyraźna, że jej wszystkie barwy promieniowały niemal elektrycznym światłem.

W tamtej chwili uświadomiliśmy sobie, że to, co zrobiliśmy i co robimy podczas naszej podróży jest błogosławione przez Wielkiego Ducha. Moje serce otworzyło się tak szeroko, że mogłem roztopić się w Ziemi tak jak Majowie, którzy powracali teraz do światów wewnętrznych. To było piękne.

Zastanawiam się, co pomyśleli sobie o nas turyści i ich dzieci, patrząc, jak obejmujemy się nawzajem płacząc i śmiejąc się od ucha do ucha, a jednocześnie rozmawiając w czterech lub pięciu różnych językach. W tamtej chwili nie zdawałem sobie sprawy z obecności innych ludzi.

Większość z nas pobiegła do oceanu i wskoczyła w turkusowe fale, w których podskakiwaliśmy niczym spławiki na końcu wędki. Ci, którzy nie zabrali strojów kąpielowych, wskakiwali do wody w ubraniach. Pryskaliśmy się wodą, śmialiśmy się i bawiliśmy. To było wspaniałe! Życie jest wspaniałe!

Tymczasem w górze magiczne koło tęczy opasywało jasne słońce. Utrzymywało się tak przez długi, długi czas.

Pojawia się kolejna kryształowa czaszka

Przyszła pora powrotu do autobusu, a w każdym razie tak myśleliśmy. Okazało się jednak, że z woli Boga nie wypełniliśmy jeszcze zadania wyznaczonego nam na ten dzień. Kiedy schodziłem w dół ze świątyni Tulum w stronę parkingu, zatrzymał mnie Meksykanin, który podał mi białą czaszkę w Dzibilchaltun. Teraz miał przy sobie drugą starożytną kryształową czaszkę Majów. Przyciągała mnie tak, jak płomień przyciąga ćmę. Czaszka była zielona jak jadeit i półprzezroczysta.

Nawiązałem kontakt z kryształem i zostałem przedstawiony mężczyźnie, który w nim mieszkał. Jeszcze raz pokazał mi on, w jaki sposób starożytni Majowie używali kryształów.

Potwierdził, że wybierano jedną osobę, która miała umrzeć. Następnie jej duch wchodził do kryształu i mieszkał w nim do chwili, w której wypełniał się cel kryształu. Mieszkańcy mlecznobiałej kryształowej czaszki z Dzibilchaltun stanowili parę – mężczyznę i kobietę – była tam również babka. Jeśli i w tym krysztale znajdowała się babka, nie widziałem jej. Być może była tam, ale nie chciała, bym ją zobaczył.

Zawsze wydaje się, że cele kryształu wiążą się z przechowywaniem wiedzy i wspomnień starożytnych Majów do Czasów Ostatecznych - czasów, w których żyjemy obecnie.

Nie wiedziałem, jakie znaczenie ma fakt, że tak wiele kryształowych czaszek wkracza w energię naszej niewielkiej grupy. Pierwsza kryształowa czaszka pojawiła się w Dzibilchlatun, a kiedy ujawniła to, co zamierzała ujawnić, znikła z powrotem w dżungli. Potem przyszła kolejna, nawiązała kontakt z naszą grupą i również znikła bez śladu. Powtarzało się to, co przewidział Hunbatz Men w swojej mądrości, kiedy siedzieliśmy razem przy herbacie w Merida.

Tego wieczoru, wkrótce po powrocie do naszego fantastycznego hotelu, otworzyło się niebo i zaczął padać ulewny deszcz, zgodnie z zapowiedzią przedstawiciela starszyzny Majów, który oświadczył, że „deszcz spadnie przed nadejściem jutra". Popatrzyłem w niebo, zamknąłem oczy i dziękowałem Bogu za łaskę i przyjęcie naszych modlitw oraz ceremonii po raz drugi. Tak samo jak kiedyś, czułem, że tworzyliśmy grupę osób właściwą do wykonana tego zadania.

Przed powrotem do Uxmal i Merida mieliśmy jeszcze odprawić dwie ceremonie. Najpierw jednak musiały wydarzyć się dwie rzeczy, aby przygotować nas, a być może również i świat, na uwolnienie negatywnych energii męskich i żeńskich sprzed tysięcy lat. Owe dwa zdarzenia miały w pewnym sensie charakter ceremonii, chociaż bardziej przypominały współczesne sesje terapeutyczne. Każdy z uczestników wyprawy przybył na Jukatan obarczony jakimś problemem emocjonalnym związanym z energią seksualną. Ten problem dotyczy niemal każdego żyjącego człowieka.

Mówiąc w skrócie, czakra seksu, czakra serca oraz czakra szyszynki mieszcząca się w środku głowy, funkcjonują jak jedno, kiedy są ze sobą zestrojone. Brak harmonii między nimi powoduje zaburzenia natury emocjonalnej, które z kolei wywołują stan braku zestrojenia. Zaburzenia te wymagały przywrócenia równowagi w naszej grupie, zanim mogła ona dopełnić dwóch ostatnich ceremonii, a tym samym dokończyć swe zadanie.

Dla wielu z nas te procesy, które miały mieć miejsce po zakończeniu naszej pracy w Kohunlich, świątyni trzeciego oka, były odczuwalne najmocniej spośród wszystkich doświadczeń w czasie tej podróży.

Energia w Tulum skumulowała się w sposób, który uświadomił nam, że dalsza droga będzie odkrywała przed nami cudowne przeżycia, nad którymi nie mieliśmy kontroli. Tylko Matka Ziemia i starożytni Majowie wiedzieli, co nas czeka i dokąd nas to zaprowadzi.

Właśnie to przekazali nam współcześni Majowie. Powiedzieli nam w sierpniu 2003 roku, że do 15 grudnia wejdziemy do nowego świata. Oznajmili nam również, że do tej chwili prawdopodobnie będzie otaczał nas chaos.

Czuję, że nasza podróż do ziemi Majów ukazywała naturę owej przemiany, która będzie dotyczyła nas wszystkich. Zaprawdę bowiem nasz świat jest snem – a jego natura snu jest coraz bardziej widoczna. Śniący ma się wkrótce przebudzić i zrozumieć, że śni. Co ważniejsze, sen o życiu na tej planecie może zostać przemieniony. I to jest klucz!

Po 8 listopada 2003 roku, kiedy to nastąpiło całkowite zaćmienie księżyca oraz Wielki Sekstyl Planet – wydarzenie astrologiczne, które nazwano Harmonijną Zgodą – wszyscy ostatecznie uświadomimy sobie, że sen jest w istocie „tylko światłem oraz intencją". Tak uważam, chociaż wiem, że potrzeba na to czasu. Brama do czwartego wymiaru otworzy się szeroko przed tymi, którzy będą wiedzieli.

Co to oznacza? Oznacza to, że jesteśmy poza czasem.

Musimy wziąć odpowiedzialność za nasze myśli, uczucia i emocje. Bowiem każdy z nas jest Śniącym. A to, co śnimy, stanie się rzeczywistością w tym świecie. Takie jest przekonanie Majów: jesteśmy coraz bliżej 21 grudnia 2012 roku oraz 19 lutego 2013 roku. Moc Śniącego staje się coraz silniejsza.

Światy Wewnętrzne i Świat Zewnętrzny zaczynają się łączyć w jedno. Takie przekonanie żywią nie tylko Majowie, ale i wiele innych rdzennych grup i proroków. Tworząc ową jedność, musimy najpierw spalić to, co w nas podwójne oraz negatywizm, który przetrwał zbyt długo.

Tak więc następna faza naszej świętej podróży po ziemi Majów wydawała się tworzyć wzór dla tych przygotowań, przez które wszyscy obecnie przechodzimy. Podczas naszej dwudniowej wyprawy z Tulum do Palenque wszyscy doświadczaliśmy szeregu zdarzeń i braliśmy udział w ceremoniach, które wydawały się służyć przeniesieniu nas na następny poziom istnienia.

ROZDZIAŁ SZESNASTY

Kohunlich i trzecie oko: Integracja Męskości i Żeńskości

Kiedy nasza grupa przybyła do Kohunlich, moje wspomnienia z wcześniejszej podróży z Kenem stanęły przede mną jak żywe. W mojej głowie kłębiły się pytania. Czy będzie tak samo? Czy nadal są tam schody i otwór w kształcie trójkąta? Nie opowiedziałem jeszcze uczestnikom wyprawy o tamtych wydarzeniach.

Rozpoczęliśmy wspinaczkę na pierwotną piramidę, tę, na której powierzchni widoczne były ogromne ludzkie twarze. W tej chwili byliśmy po prostu turystami, badającymi i odczuwającymi energię tego świętego miejsca. Potem opowiedziałem wszystkim historię o dziwnym otworze i drzewie z maleńkim otworkiem. Na koniec wyruszyliśmy na poszukiwanie marmurowych schodów.

Ale Kohunlich się zmieniło. Miałem nadzieję, że znajdę piramidę w miejscu, w którym przed wielu laty umieściliśmy z Kenem kryształ. Chciałem przywołać wspomnienia, ale tym razem miało być inaczej.

W kompleksie świątynnym zbudowano liczne ścieżki, ciągnące się na długość wielu kilometrów. W różnych miejscach umieszczono mapy. Podążaliśmy przez chwilę ścieżkami, na przemian skręcając i powracając w to samo miejsce, żeby pójść kolejną dróżką. Nigdzie nie natrafiliśmy jednak na szczególną piramidę ani na otwór znajdujący się przed nią, do którego dawno temu wrzuciłem kryształ.

Na koniec dotarliśmy do szerokich pradawnych schodów, wbudowanych w stromy stok wzgórza. Schody nie przypominały w niczym marmurowych stopni, po których szliśmy wraz z Kenem, a mimo to owo miejsce mnie przyciągnęło. Wszyscy czuliśmy potrzebę wejścia na sam ich szczyt.

Kiedy tam dotarliśmy, przekonałem się, że nie jest to piramida ani inna święta budowla, a raczej rezydencja starożytnych Majów. Wewnątrz znajdowały się maleńkie pomieszczenia na przepięknym terenie pełnym szerokich dziedzińców, na których Majowie mogli się gromadzić. Wydawało się to idealnym miejscem dla naszego celu.

Porzuciłem pomysł poszukiwania piramidy i otworu w kształcie trójkąta i wspólnie wybraliśmy najlepsze miejsce pod drzewami, które zapewniały nam cień od jaskrawych promieni słonecznych. Rozłożyliśmy na ziemi „okrycie słońca", określiliśmy punkt centralny i zabraliśmy się do tworzenia ołtarza, układając na nim kryształy i inne święte przedmioty.

Grupa utworzyła krąg wokół ołtarza i ponownie cztery osoby spośród nas – dwóch mężczyzn i dwie kobiety – zostały wyznaczone, aby stanąć w miejscach określających strony świata.

Podobnie jak w Tulum, spod Ziemi wyłonił się i stanął

przede mną najwyższy kapłan Majów, wniósł do góry ramiona i ustawił czworo swoich ludzi za naszymi strażnikami czterech kierunków. Potem z ziemi zaczęło wychodzić wielu innych Majów i ustawiać się w kręgu nieco większym od naszego. Z początku wyłoniły się tylko ich głowy, obracając się wokół kręgu. Potem powoli, wciąż wirując, pojawiły się także ich ciała. Ostatecznie wszyscy znaleźli się na powierzchni Matki Ziemi w naszym świecie. Zorganizowali to tak, że każdemu uczestnikowi naszej grupy przypisano jedną osobę ze świata starożytnych, która pozostawała z nią podczas trwania ceremonii.

Majowie odziani byli w szaty o żywych barwach, ich twarze zdobiły geometryczne wzory, a we włosy mieli wpięte pióra. Ich energia była elektryzująca. Czułem, że zapowiedzieli tę ceremonię dawno temu i że miała ona dla nich wielkie znaczenie. Byli bardzo poważni.

Przebieg rytuału różnił się od obrzędu w Tulum. Tam utworzono wiele energetycznych piramid oddziałujących na wielką przestrzeń, które miały przywrócić równowagę na ziemi i sprowadzić deszcz. Tym razem zbudowano tylko jedną piramidę, a jej celem, jak zrozumiałem z telepatycznego przekazu od wodza, było duchowe przebudzenie ludu Majów.

Nie jest dla mnie do końca zrozumiałe, co wydarzyło się starożytnym Majom podczas ceremonii. Wiem tylko, że moje serce stawało się coraz lżejsze. Lionfire twierdzi, że Majowie odchodząc z Kohunlich zabrali ze sobą całą negatywną energię, z którą radziliśmy sobie do tej pory w naszej grupie i pogrzebali ją bardzo głęboko w ciele Matki Ziemi. Cokolwiek się wydarzyło, napełniło nas uczuciem szczęścia. Pamiętam, że tuż po zakończeniu ceremonii rozejrzałem się wokół i zobaczyłem, że dosłownie wszyscy jej uczestnicy uśmiechali się i promieniowali światłem.

To, co się stało, było odzwierciedleniem tego, co działo się wcześniej, być może więc Lionfire miał rację mówiąc o oczyszczeniu. Ludzie obejmowali się i bawili. Każdy z nas miał wspaniałe samopoczucie. Obserwując to, uświadomiłem sobie, jak idealnym miejscem dla tego doświadczenia były rezydencje starożytnych Majów, ich domostwa.

Wiedziałem jednak, że Majowie pomogli nam wprawdzie oczyścić się z negatywnej energii, ale nie sięgnęli najgłębszych części naszej psychiki i ciała emocjonalnego – naszych zaburzeń seksualnych. Tego musieliśmy dokonać sami. Wymagało to od nas głębokiego przebaczenia.

Następnego dnia, wzbogaceni w światło, zamierzaliśmy zabrać się do przeprowadzenia trudnej pracy wewnętrznej. Tymczasem dopełniliśmy dzieła na ten dzień i pełni radości powracaliśmy do autobusu.

Tak, wciąż rozglądałem się w poszukiwaniu piramidy z marmurowymi stopniami oraz trójkątnego otworu. Czułem jednak, że ich nie odnajdę. Miały pozostać tajemnicą.

Świątynie Przebaczenia

Kolejny dzień naszej podróży po Jukatanie okazał się dla mnie niezwykły. Nie widziałem jeszcze kompleksu świątynnego, do którego zmierzaliśmy. Budowle te reprezentowały ciemną stronę energii męskich i żeńskich. Mieliśmy tam odprawić dwie niewiarygodne ceremonie, czy też przeprowadzić procesy uwalniające nas raz na zawsze z uwięzienia w polaryzacji między męskim a żeńskim, uwalniające naszą boską siłę.

Cel naszej wizyty w tym miejscu wiązał się niepodzielne z Teraz – z Kresem czasu, jak nazywali to Majowie – potrzebowaliśmy więc wnieść poprawki do naszej świadomości polaryzacji, aby móc osiągnąć wyższy poziom duchowego zrozumienia. Musieliśmy tego dokonać, bowiem w przeciwnym razie nie moglibyśmy pójść dalej. Ów zrównoważony stan nie mógł trwać wiecznie, ponieważ wraz z każdym oddechem i działaniem tworzymy swoją karmę. Miał jednak trwać wystarczająco długo, byśmy zdążyli wypełnić swoje zadanie.

Zanim wyruszyliśmy w podróż do ziemi Majów, nie mieliśmy pojęcia, że owa ceremonialna terapia równoważąca stanie się częścią naszego doświadczenia. Nasze oczy i serca zrozumiały to będąc w drodze. Ten etap naszej świętej pielgrzymki do ziemi Majów zdawał się ukazywać wzór przygotowań, jakie każdy z nas przechodzi na Ziemi. W ciągu dwóch dni podróży z Tulum do Palenque wszyscy przeżywaliśmy podobne doświadczenia i braliśmy udział w ceremoniach, jakby specjalnie przygotowanych przez Majów w celu przyspieszenia naszego wyjścia poza polaryzację i osiągnięcia Jedności. Działo się to niemal niezależnie od naszej woli.

Przygotowania: Początek w Becan

Kiedy wyjeżdżaliśmy rankiem z hotelu, nie było pośród nas ani jednej osoby, może z wyjątkiem Lionfire'a, która wiedziałaby w jakim stopniu ten dzień przeobrazi nasze życie. Lionfire wybrał trzy świątynie i on jeden wydawał się przeczuwać, co nas tam czeka.

Nasz przewodnik odczuwał głęboką łączność z wydarzeniami o ogromnym ładunku energetycznym, które dotyczyły mrocznej strony naszych męsko-żeńskich energii. Jako szaman niósł w sobie energetyczną manifestację dualistycznych energii. Był kimś w rodzaju kachina – istotą całkowicie mroczną po jednej stronie i świetlistą po drugiej. Częścią jego podróży w tym życiu było harmonizowanie i równoważenie obu tych stron, a jego obecność pomagała zespolić tę energię w naszej grupie w miejscu, w którym mieliśmy szansę uwolnić negatywne jej aspekty.

Nasze przybycie do Becan wniosło ducha zabawy i radości. Stanowiło doskonałe przygotowanie do ceremonii, które mieliśmy odprawić później.

Becan jest stolicą regionu starożytnego imperium Majów. Powstało około 600 roku przed Chrystusem, ale największą aktywność przejawiało w latach 600-1000 naszej ery. Stanowi jedno z najważniejszych zabytków architektonicznych w Campeche.

To starożytne miasto otoczone jest kanałem, co na ziemi Majów stanowi niespotykane zjawisko. Faktycznie słowo *becan* oznacza w ich języku „rów utworzony przez wodę". Niektórzy uważają, że ów rów stanowił zabezpieczenie przed ewentualnymi napastnikami. Zdaniem innych reprezentował podziały społeczne: elita budowała swoje monumentalne domy na terenie otoczonym przez rów, podczas gdy klasy niższe żyły na zewnątrz.

Kamienny tunel na powierzchni ziemi łączy dwa główne place starożytnego miasta. Odnaleźliśmy tam zadziwiające malowane maski. Stojąc na jednym z ołtarzy „czuliśmy", że służył on niegdyś składaniu ofiar z ludzi. Nie wiem, czy tak było naprawdę, wiadomo jednak, że kultura Majów w pewnym momencie wybrała tę przerażającą praktykę.

Dla nas Becan było miejscem integracji energii męskich i żeńskich, punktem równowagi. Lionfire ujął to tak:

> „Podczas gdy wielu z nas rozmawiało z Drunvalo na ołtarzu integracji męskości i żeńskości, inni bawili się i tańczyli z piramidami. Wcześniej

w trakcie tej podróży, w Coba, mówiłem o tym, że każda piramida jest czymś w rodzaju instrumentu muzycznego, na którym „gra się" na różne sposoby w zależności od tego, jak z nimi „tańczycie". Kiedy opuściliśmy ołtarz i zagłębiliśmy się między budowle, odkryłem z zadziwieniem, że większość uczestników naszej wyprawy tańczy w górę, w dół i w koło oraz na wierzchołkach piramid.

Cóż za radość! Tego nam właśnie było trzeba: zabawy, dziecka. To jest przygotowanie. Grupa przeszła przez lęk. Na szczycie akropolu w Becan widzieliśmy wyraźnie w oddali świątynie Xpuhil i Chicanna, miejsca, w których mamy odprawić ceremonie ku czci zintegrowania w nas energii męskich i żeńskich.

Xpuhil: ceremonia integracji męskiej

Prosto z Becan odbyliśmy krótką podróż do Xpuhil. Szybko przebyliśmy skalistą ścieżkę wiodącą przez las i wyszliśmy na porośnięty trawą teren świątyni o trzech wieżach, na którym mieliśmy odprawić ceremonię.

Xpuhil oznacza „tam, gdzie rośnie sitowie". Imponujące wieże przedstawiają Itzamnę – Boga Stwórcę i pierwszego szamana – jako węża niebieskiego. Główna budowla Xpuhil ma dwanaście komnat i tarasów. Jej trzy potężne wieże sięgają wysoko do nieba. Pośrodku znajduje się wgłębienie otoczone głową węża. Ów kompleks integruje niską, średnią i wysoką energię męską, z ukierunkowaniem na kosmiczny seks i miłość.

Nigdy wcześniej nie brałem udziału w ceremoniach integracji męskiej i żeńskiej energii, którą mieliśmy odprawić w następnej kolejności. Nie wiedziałem, co będziemy robić ani jak to się stanie. Pozwoliłem sobie poczuć, co należy zrobić, a potem wypowiedziałem to na głos.

Najpierw znalazłem miejsce na trawie przed świątynią Xpuhil i poprosiłem, aby wszyscy mężczyźni stworzyli grupę i usiedli, podczas gdy kobiety miały stanąć w kręgu wokół nich. Ujęły się one za ręce, nadając ton energii grupy.

Następnie usłyszałem podpowiedź, że mamy skonstruować formy geometryczne wokół mężczyzn, a przede wszystkim platoniczny ośmiościan w złotym świetle; jego wierzchołek miał być połączony z Ojcem Niebo, a podstawa zanurzona w Matce Ziemi. Dolny wierzchołek łączył się energetycznie z samą Matką Ziemią. Kiedy to uczyniliśmy, poczułem, że formy te ożywają dzięki pranie, czyli energii siły życiowej.

Poprosiłem mężczyzn, aby uwolnili negatywny aspekt swojej męskiej energii do obu wierzchołków i aby zwizualizowali sobie tę energię, opuszczającą ich ciała mentalne, emocjonalne i fizyczne, płynącą niczym woda do obu wierzchołków. Energie mentalne popłynęły w górę i zostały uwolnione do Ojca Niebo. Energie bardziej fizyczne i emocjonalne odpłynęły w głąb Matki Ziemi.

Musicie wiedzieć, że negatywna energia nie stanowi problemu dla naszych boskich Rodziców. Równoważą ją, dzięki czemu może zostać ponownie użyta w procesie Życia.

Zamilkłem i pozwoliłem, żeby się zaczęło.

Tego dnia w Xpuhil panował upał, a my staliśmy w pełnym słońcu. Było nam gorąco już przed rozpoczęciem ceremonii, a później upał stał się niemal nie do zniesienia. Mimo to jestem przekonany, że żaden z uczestników rytuału nie zwracał uwagi na to, co się dzieje na zewnątrz, będąc całkowicie skupionym na ruchu i przemianie energii duchowych.

Wszyscy odczuwaliśmy zmiany, kiedy mężczyźni uwalniali negatywny aspekt męski z całej naszej przeszłości, reprezentowany w ich ciałach i polach energii tu i teraz.

Z początku odbywało się to powoli, kiedy jednak mężczyźni zestroili się z tym, co się z nimi działo, uwolnienie zaczęło przebiegać szybciej i łatwiej.

Jeśli chodzi o mnie, to potrafię widzieć przepływ energii, a wtedy napełnił mnie on zachwytem nad swą urodą oraz dreszczem ekscytacji. Energetyczne wzory w kolorach czerwonym, czarnym i żółto-zielonym wydobywały się z mężczyzn spiralnym ruchem. A wszystko to działo się jednocześnie.

Widziałem na ich twarzach ból, kiedy puszczali to, co trzymali w sobie od tysięcy lat, wcielenie po wcieleniu – energię, która dotkliwie oddziaływała na ich związki z żonami, córkami i przyjaciółkami w sposób, nad którym nie mieli kontroli. Wypływało wszystko, co kryło się tam od prawieków głęboko pod warstwą świadomości. Gwałt, przemoc i mord, ból, jaki mężczyzna sprawiał niewinnym kobietom i dzieciom – teraz zostało to ujawnione i popłynęło do serc naszych Boskich Rodziców, którzy pełni boskiego współczucia uzdrawiali dusze tych mężczyzn.

W pewnym momencie nastąpiła zmiana. Niemal dało się słyszeć zbiorowe westchnienie wznoszące się w górę. Wkrótce proces dobiegł końca.

Chciałbym w tym miejscu powiedzieć, że była to najsilniejsza grupa mężczyzn, z jakimi zdarzyło mi się przebywać. Było ich więcej niż kobiet, i odznaczali się oni niezwykłą mocą. Wielu było zaawansowanymi w swojej praktyce szamanami i uzdrowicielami.

Z powodu tak wysokiego poziomu swego duchowego rozwoju, ci niewiarygodni mężczyźni byli nad wyraz otwarci na doświadczenia. Nie tylko posiadali wgląd, ale również zdolność wykonywania moich poleceń. Kiedy powiedziałem „koniec", większość mężczyzn siedzących w kręgu utworzonym przez kobiety, płakała.

Poprosiłem kobiety, by ich przytuliły, a one czyniły to przez długi czas. Potem mężczyźni podchodzili do jednej kobiety po drugiej ze łzami w oczach i obejmowali je. W ten sposób składali Kobiecie milczące podziękowania za miłość, którą wciąż w sobie nosi mimo przepaści dzielącej obie płci, która utrzymuje się od tysięcy lat. Milcząc, prosili je o wybaczenie. Pozwolili sobie poczuć się bezbronni. Pozwolili sobie przyjąć z ich rąk ukojenie. Uwolnili się od sztywności i samotności, które od setek lat dźwigali na swoich barkach jak największy ciężar.

Potem rozmawialiśmy o tym, że uwolnienie to objęło nie tylko nas samych, ale również całą Ziemię. Czuliśmy, że utorowaliśmy w ten sposób ścieżkę dla innych, że rozpoczęliśmy proces, który będzie trwał przez nadchodzące dni, miesiące i lata, do momentu, w którym cały rodzaj ludzki zostanie w pełni zintegrowany.

Wracaliśmy do autobusu w milczeniu. Nikt nie spodziewał się, że ta ceremonia okaże się tak pełna mocy. Wszyscy czuliśmy, że to doświadczenie stanowiło jedną z naszych najważniejszych misji w tym wcieleniu. Każdy z nas był tu na swoim miejscu. Każdy był niepowtarzalną istotą, cenną i potrzebną pozostałym uczestnikom.

W atmosferze milczącej jedności jechaliśmy do świątyń w Chicanna. Nie mieliśmy pojęcia, jak potężne wzruszenia mieliśmy tam przeżyć.

Chicanna: ceremonia integracji żeńskiej

Staraliśmy się trzymać ustalonego planu – musieliśmy dotrzeć do Palenque jeszcze tego wieczoru. Wciąż jeszcze pełni wzruszenia po ceremonii w Xpuhil podążaliśmy skalistymi ścieżkami Chicanny w poszukiwaniu miejsca, w którym będziemy mogli odprawić kolejny obrzęd. Temperatura wzrosła, więc chcieliśmy schronić się w cieniu.

Lionfire powiedział nam, że Chicanna różni się od innych budowli starożytnych Majów. Skonstruowano ją w wyrafinowanym, niemal barokowym stylu architektonicznym. Ujrzeliśmy niewielkie budynki o drzwiach przedstawiających usta Itzamny, wyobrażonego tutaj w postaci potwora ziemskiego, którego paszcza reprezentuje bramę do Xibalba, podziemnego świata Majów.

Mówi się, że inicjowani w tym miejscu często odczuwają zmiany związane z przejściem do innego wymiaru i mają poczucie, jakby chodzili wśród gwiazd. Jest to bowiem miejsce przesiąknięte ciemną kobiecą magią. Chicanna równoważy i integruje energie męskie i żeńskie w kobietach. Tutaj mieliśmy odprawić ceremonię integracji energii żeńskiej.

Podeszliśmy do niewielkiej piramidy, przed którą znajdował się dziedziniec oraz niska półkolista ściana w pobliżu krawędzi lasu, dzięki czemu drzewa rzucały na nią cień.

Poprosiłem kobiety, aby zebrały się przed tą ścianą i usiadły wygodnie w półkolu. Potem zwróciłem się do mężczyzn, prosząc, by stanęli przed kobietami w szeregu wzdłuż ściany. Uformowaliśmy w ten sposób podłużną płytką miskę z pokrywką. Kobiety znalazły się w jej wnętrzu, a mężczyźni tworzyli wieko.

Mężczyźni chwycili się za ręce i uwolnili energię przestrzeni. Utworzyłem te same święte wzory geometryczne platońskiego ośmiościanu, tym razem jednak kobiety zostały otoczone łagodnym różowym światłem, aby umożliwić im wysłanie energii w górę do nieba czy też do Ojca Niebo i w dół do serca Matki Ziemi.

A potem zacząłem mówić. Nie wiedziałem, co powiem. Z początku moje wskazówki dla kobiet były podobne do tych, które dałem mężczyznom. A potem przyszło mi do głowy, żeby poprosić kobiety o skorzystanie z możliwości i wypowiedzenie wszystkiego, czego do tej pory nie mogły wyrazić, a co zostało im uczynione w ciągu wieków istnienia cywilizacji. Prosiłem, by wypowiedziały to i przebaczyły.

Kiedy wypowiedziałem te słowa, wiele kobiet westchnęło. W polu energii zaszła zmiana, jakby pękła misa, którą utworzyliśmy. Umilkłem i pozwoliłem, by proces toczył się własnym torem.

Było inaczej niż podczas ceremonii dla mężczyzn. Kobiety próbowały pozwolić sobie nawiązać kontakt z bólem i przerażeniem, których nie chciały dotąd oglądać ani czuć. Jedna po drugiej wkraczały w rzeczywistość życia kobiet przez wieki, kiedy to były traktowane jak przedmioty lub jeszcze gorzej. O wiele gorzej.

Potrzebowały wsparcia, by kontynuować proces. Poprosiłem więc mężczyzn, aby podeszli do kobiet, głaskali je po twarzach i patrzyli im w oczy, aby obdarzyli je czułością, miłością i zrozumieniem, którego potrzebowały. Dołączyłem do mężczyzn i razem podchodziliśmy do każdej z kobiet, pocieszając je i pomagając im przejść przez ogromny emocjonalny ból i smutek, który pragnęły z siebie uwolnić.

Trwało to przez długi czas. Kobiety krzyczały, łkały

z głębokim, dręczącym duszę żalem, na który dotąd nie ośmieliły się spojrzeć. Mężczyźni podtrzymywali je, pocieszali i obdarzali miłością. Kilka kobiet przyjęło pozycję płodu, a mężczyźni obejmowali je z niewiarygodną czułością, jakby były maleńkimi dziećmi.

Jedna z kobiet powiedziała mi później, że w ciągu pierwszych dziesięciu minut tego procesu miała ochotę zwymiotować. Było to dla niej nieoczekiwane doświadczenie. Nigdy nie rozumiała, dlaczego ludzie pisali w książkach o mdłościach na widok desekracji ciał ludzkich, a teraz uświadomiła sobie, że po prostu nigdy wcześniej nie mogła „w to wejść".

Tego dnia dzięki zadziwiającemu wsparciu innych kobiety nabrały odwagi, by po raz pierwszy nawiązać kontakt ze swoimi prawdziwymi uczuciami, a mężczyźni z tej grupy odzyskali kontakt z własną siłą. Kobiety pozwoliły sobie skonfrontować się i doświadczyć uczuć, które odpychały od siebie przez kolejne wcielenia. Kiedy w pełni skontaktowały się z tymi przeżyciami i odczuły pełne emocje z tym związane, uczucia wzięły w nich górę. Potem otrzymały wsparcie ze strony mężczyzn, uwolniły smutek i poczuły się kompletne po raz pierwszy od tysięcy lat.

Zakończenie

Milcząc, z oczami zaczerwienionymi od płaczu, wyczerpani emocjonalnie, udaliśmy się do znajomego autobusu i odjechaliśmy na południowy zachód do Palenque, gdzie nasza grupa miała odprawić ostatnią ceremonię w spirali świątyń, którą otrzymałem niegdyś od Thotha.

Czuję, że proces integracji, jaki rozpoczął się tamtego dnia trwa nadal. Czuję, że ciągle pozwalamy sobie na pełne doświadczanie energii męskich i żeńskich, uwalnianie gniewu, lęku i nienawiści. Ale tamtego dnia w Campeche utorowaliśmy drogę dla innych – podążając nią, zarówno mężczyźni, jak i kobiety Matki Ziemi odnajdą nowe życie.

ROZDZIAŁ SIEDEMNASTY

Palenque i Światło w Uxmal

Po dwóch ceremoniach integrujących Boską Męskość i Boską Kobiecość wsiedliśmy do autobusu, aby wyruszyć w długą drogę do Palenque. Mieliśmy tam spędzić trzy noce. Następnego dnia, mimo że wciąż jeszcze mieliśmy odwiedzić kilka świątyń, odprawiliśmy naszą ostatnią ceremonię kryształu pod piramidą w Palenque.

Podczas jazdy część uczestników naszej grupy martwiła się lokalizacją hotelu, który leżał na rogatkach miasta. Aby się tam dostać, musieliśmy minąć punkt wojskowej kontroli. Słyszeliśmy, że zwykle czeka się tam godzinami. Ale Boski Duch najwyraźniej był z nami, bowiem nie zatrzymywano nas i dotarliśmy do hotelu na czas.

Był to piękny kompleks o niskich zabudowaniach, otaczających rozległy trawnik. Prowadziły przezeń ścieżki wysadzane palmami i kwitnącymi krzewami. Ponieważ odwiedzaliśmy go już wiele razy wcześniej podczas naszej wizyty w Meksyku, przywitano nas napojami owocowymi i kwiatami.

Następnego ranka po wspaniałym śniadaniu zaserwowanym w sali restauracyjnej wyruszyliśmy do Palenque.

Kompleks świątynny w Palenque

Lionfire napisał w naszym przewodniku o tym miejscu, że jest ono zarówno ośrodkiem czakry korony/szyszynki, jak i punktem przecinania się aktywnych arterii i linii geomantycznych Pierzastego Węża.

Palenque jest nad wyraz eleganckim miastem położonym na skraju dżungli Peten w stanie Chiapas, będącym ogromnym obszarem w południowo-zachodniej części Jukatanu. Znajduje się tam wiele niezwykłych rzeczy: Plejadiańska Komnata Kronik, szkoła wiedzy tajemnej poświęconej świętej geometrii, duży ośrodek archeo-astronomiczny oraz wir inicjacyjny Zachodu w głębi lądu.

Palenque integruje energię Kundalini płynącą przez wszystkie czakry oraz ciała duchowe inicjowanego. Z tego powodu Świetlisty Wąż wykorzystuje ów kompleks świątynny w swojej drodze z Chile do ludu Majów jako coś w rodzaju szkła powiększającego, skupiającego promienie słoneczne. Dlatego właśnie świątynie te miały dla nas ogromne znaczenie.

Dla mnie osobiście Palenque jest najbardziej tajemniczym spośród wszystkich kompleksów świątynnych na ziemi Majów. Pozostaje w stanie doskonałej równowagi i koncentruje energię szyszynki w sposób przekraczający możliwości innych świętych miejsc na Ziemi. Czułem się zaszczycony, że mogłem powrócić do tego pięknego pradawnego świata, w którym panowało tak głębokie zrozumienie natury duchowej.

Kiedy wpuszczono nas na miejsce uczestnicy naszej wyprawy rozeszli się, aby zwiedzić ów olbrzymi kompleks, w którym stały piramidy i kamienne tarasy, podczas gdy ją sam wybrałem się na poszukiwanie miejsca, w którym razem z Kenem umieściliśmy pierwszy kryształ. Musiałem je odnaleźć, żeby wyznaczyć odpowiednie miejsce dla odprawienia ceremonii.

Nie było to łatwym zadaniem. Większość tego, co było ukryte pod darnią podczas mojej pierwszej wizyty w Palenque, teraz zostało wydobyte na zewnątrz. Pamiętałem, że przed osiemnastoma laty umieściliśmy kryształ między piramidą a niewielkim pagórkiem. Wkrótce jednak przekonałem się, że „niewielki pagórek" został rozkopany i przemienił się w małą piramidę! Kiedy zorientowałem się, gdzie znajduje się kryształ, natychmiast podążyłem w tym kierunku.

Kiedy dotarłem do małej piramidy, zobaczyłem, że jeden z uczestników naszej grupy siedzi na jej wierzchołku. Wspiąłem się tam, żeby z nim porozmawiać. Trwał pogrążony w medytacji, więc zostawiłem go w spokoju i sam również usiadłem, żeby pomedytować.

Ujrzałem energię wydobywającą się z piramidy potężnym strumieniem. Poruszała się ruchem spiralnym, rozciągając się na odległość wielu kilometrów od piramidy. Zrozumiałem to, czego nie wiedziałem wcześniej: dlaczego umieściliśmy kryształ właśnie tam. Kryształ najwyraźniej został zaprogramowany tak, by uczynić z tego miejsca antenę wysyłającą swój przekaz do świata – szczególnie do świata Majów.

Otworzyłem oczy i przekonałem się, że mój towarzysz zrobił to samo.

„Czy czujesz spiralną energię wychodzącą z tej małej piramidy?" – spytał. – „Nie mogę uwierzyć, że ma tak wielką moc. Nikt by się tego nie domyślił, patrząc na nią z pewnej odległości."

Dziwny gość

Wybrałem do ceremonii miejsce znajdujące się w jednej linii z tą piramidą, ogromnym wirem energetycznym oraz nieco większą piramidą znajdującą się nieopodal.

Rozłożyłem na ziemi ołtarz, wyznaczyłem cztery kierunki i umieściłem kryształ pośrodku tkaniny. Wkrótce pojawiło się kilku uczestników naszej wyprawy. Zostawiłem jednego z nich na straży ołtarza i poszedłem poszukać reszty naszych pielgrzymów błądzących po ogromnym kompleksie.

Wróciłem i usiadłem pod drzewem, czekając aż wszyscy przyjdą.

Myślałem o pobliskiej Świątyni Inskrypcji, na której większość zwiedzających dostrzega wyobrażenie Maja astronauty na kamieniu wielkiego grobowca znajdującego się wewnątrz. Siedziałem w pobliżu podstawy tej świątyni, w cieniu starego liściastego drzewa i wspominałem Khan Kha, architekta tej budowli. Myślałem o tym, jak podobna jest to świątynia do konstrukcji w Chichen Itza, którą on również zaprojektował. Nagle podeszła do mnie starsza kobieta.

Powiedziała, że przyjechała tu z Ameryki Południowej, żeby wziąć udział w ceremonii. Nie wiedziała, kim jestem, ale uznała, że mogę wiedzieć, gdzie ona się odbędzie.

Zaskoczyła mnie. Pokazałem jej ołtarz. Odwróciła

się, zamierzając odejść, ale zatrzymałem ją i spytałem, w jakim celu przebyła tak daleką drogę.

„Jestem szamanką" – odparła. – „Wiem, że ta ceremonia ma wielkie znaczenie. Słyszeliśmy o niej w całej Ameryce Środkowej i Południowej. Wielu ludzi modli się, by została odprawiona."

Powiedziałem jej, kim jestem, a wtedy podeszła do mnie i objęła mnie z wielką serdecznością. Poprosiła o pozwolenie uczestniczenia w rytuale, na co oczywiście przystałem.

Nie miałem pojęcia, że ktokolwiek poza Bogiem, naszą grupą i kilkorgiem członków starszyzny Majów wiedział, co robimy. Mogłem się jednak tego spodziewać, bowiem słowo podróżuje z dżungli do dżungli niczym lecący kondor.

Ceremonia Światła

Ceremonia rozpoczęła się tak samo jak inne. Bardzo szybko jednak z wnętrza Matki Ziemi wyłonił się przedstawiciel starszyzny Majów i wzniósł w górę ramiona. W tej samej chwili z ziemi zaczęła wznosić się potężna energia.

Jej poziom wzrastał do momentu, w którym nie czułem już nic poza nią. Spowijała nas i przeniknęła do mojego wnętrza. Widziałem tylko białe światło.

Wiem, że coś musiało się dziać w świecie trzeciego wymiaru, ale nie potrafię tego opisać w jego kategoriach. Nie wiem nawet, jak długo to trwało. Nie zdawałem sobie sprawy z tego, co się dzieje poza tą zadziwiającą energią białego światła. Nie umiem nawet wyjaśnić, jaki był cel rytuału!

Być może nie potrafiłem ogarnąć w pełni tego, co się wydarzyło z powodu braku doświadczenia w tej dziedzinie. Pozostało mi uczucie, że ceremonia ta została zaplanowana tysiące lat temu, a dzięki temu, że się odbyła, życie Majów i reszty świata stanie się lepsze.

Pomimo niewystarczającej wiedzy na temat tego, co się działo, wstałem czując się o wiele szczęśliwszy. W oczach zebranych widziałem miłość. Wiedziałem, że cokolwiek się stało, było to właściwe. Czułem również, że zanim nasza podróż dobiegnie końca, jej uczestnicy doświadczą tego, jak bardzo Matka Ziemia i Majowie doceniają naszą miłość i wsparcie.

Sposób, w jaki miało się to wydarzyć, pozostawał tajemnicą, ale wiedziałem, że coś się stanie. Odchodziłem z Palenque pogrążony w medytacji, trzymając swą rękę na sercu.

Zejście do grobu Pacala.

Tymczasem nasza grupa dostąpiła zaszczytu, który był zazwyczaj udziałem tylko rdzennych Majów: wizyty w starożytnym grobowcu króla Pacala żyjącego w ósmym wieku. Warto było skorzystać z tego przywileju, bowiem wkrótce po naszym wyjeździe z Palenque grobowiec miał zostać zamknięty na zawsze.

Pacal był ostatnim z wielkich królów Majów, którego uznano za boga. Majowie wierzą, że po swojej śmierci – kiedy został złożony w sarkofagu zbudowanym przez siebie i pokrytym jadeitem – Pacal osiągnął boskość, przekroczył śmierć i narodził się ponownie w panteonie bóstw Majów.

Ponieważ do grobu mogła wejść ograniczona liczba

osób, zostałem na zewnątrz, bowiem dawno temu pozwolono mi przebywać w tym miejscu tak długo, jak chciałem. Przedstawię jednak relację z wnętrza grobowca pochodzącą z ust jednego z uczestników naszej wyprawy. Nie zawiera ona opisu niewiarygodnych wyobrażeń wyrytych na powierzchni płyty królewskiego sarkofagu, ale napisano o tym co najmniej jedną książkę, ponieważ kryje on w sobie wielką tajemnicę i przedstawia symbole wiedzy tajemnej. Polecam wam tę lekturę.

Do wnętrza grobowca Pacala prowadzą kamienne schody opadające w głąb Świątyni Inskrypcji. Aby stanąć na ich stopniach, członkowie naszej grupy musieli wspiąć się na wierzchołek piramidy.

U wejścia stał strażnik, który dokładnie sprawdził ich pozwolenia i policzył liczbę wchodzących, żeby upewnić się czy jest zgodna z przepisami.

Przy schodach głównych spotkali starego Maja, który, jak powiedział nam Lionfire, był strażnikiem grobu w czasach, zanim Meksyk roztoczył opiekę nad zabytkami kultury Majów. Rząd, rzecz jasna, żywił przekonanie, że ów człowiek pracuje dla władz – w istocie pełnił on swoją funkcję przez większość życia, a służył jedynie bogom.

W drodze do grobu musieli zejść po wewnętrznych stopniach, ciemnych, wąskich i stromych. Ta wędrówka trwała bardzo długo, aż dotarli do poziomu ziemi i dalej w głąb. Schody wykonano z różowego marmuru. Były niezwykle gładkie dzięki niezliczonym pielgrzymkom pokonującym tę drogę w ciągu tysiąca dwustu lat od śmierci króla.

Pokrywa sarkofagu Pacala.

Sarkofag znajdował się w niewielkim kamiennym pomieszczeniu i chroniony był żelazną kratą. Zwiedzający przysiedli na schodach w grupkach liczących po kilka osób, bowiem było bardzo mało miejsca, i z szacunkiem modlili się w obecności wielkiego władcy. Wyraźnie odczuwali świętość tego miejsca.

Potem, pełni wdzięczności i wielkiego spokoju, powrócili po stromych, spowitych w ciemności schodach w górę ku światłu dnia.

Taniec we śnie

Zanim opowiem wam o naszym kolejnym, niemal cudownym doświadczeniu, muszę napisać parę słów o innym kompleksie zbudowanym przez Majów, znanym jako Tikal. Tikal reprezentuje dla wszystkich Majów ósmą czakrę, znajdującą się na wysokości dłoni wyciągniętej nad czakrą korony. Czakra ta stanowi naszą mistyczną łączność ze Wszystkim, Co Jest i otwiera nas na wyższe poziomy świadomości. Kiedy umieściliśmy z Kenem kryształ w tym miejscu, czułem, że energia Tikal jest wyższa niż w innych starożytnych miejscach na ziemi Majów, wyższa nawet niż w Palenque.

Ale Tikal leży na terenie Gwatemali, a nasza grupa nie mogła się tam udać. Zamiast tego Duch zesłał nam Nadię i Adama, dwie piękne istoty mieszkające w tym kraju, które, podobnie jak starsza pani z Ameryki Południowej, poczuły wezwanie, by wziąć udział w naszej świętej pielgrzymce. Mimo, że nie wpisali się oni na listę uczestników, byli częścią naszej grupy. Wiedzieli również, w chwili, w której ich o to poprosiłem, że do nich właśnie należy zadanie umieszczenia ostatniego kryształu w Tikal, który przekazałby nasze intencje i modlitwy ostatniej ze świątyń.

Co dziwne, nie widzieliśmy Nadii i Adama przez kilka ostatnich dni. Potem pojawili się na ceremonii w Palenque i wyjaśnili nam, co się z nimi działo. Pojechali do Gwatemali, aby sprowadzić dla nas grupę muzyków. Ich gra była zarazem świętym rytuałem, jak i doskonałą rozrywką. Nazywali się Kan Nal i mieli zagrać dla nas nocą pod gwiazdami.

Po kolacji wszyscy zgromadziliśmy się w specjalnie przygotowanym dla nas zakątku na terenie hotelu. Zapalono latarnie i wkrótce popłynęła muzyka. Z początku sączyła się powoli i łagodnie. Najpierw niby wezwanie rozległ się pierwszy instrument ludowy, potem dołączył do niego inny, zaterkotał drewniany bębenek, odezwał się przenikliwy głos fletu. Od czasu do czasu słychać było ostry krzyk ptaka.

Tymczasem muzyka stawała się coraz głośniejsza i bardziej złożona. Podeszła do nas kapłanka i wręczyła nam liście bananowca. Ułożyła na nich kolby kukurydzy, kryształy i inne naturalne przedmioty stanowiące dla Majów świętość. Każdy z nas w swoim czasie zanosił te dary w ofierze do ognia.

Bębnienie oddziaływało wręcz hipnotycznie i uczestnik naszej grupy, jeden z wielu utalentowanych szamanów towarzyszących nam w tej podróży, ujął kilka płonących pochodni i rozpoczął taniec ognia, poruszając się w takt muzyki i wywijając zapalonymi pochodniami niczym buławami.

Przyłączyliśmy się do tego tańca na „klepisku", kołysząc się ekstatycznie do wtóru przenikliwych organicznych dźwięków Kan Nal.

Taniec trwał do późnej nocy. Powiedziano mi później, że tańczyłem przez godzinę boso na twardej ziemi. Pewnie tak było, chociaż równie dobrze mogłem odbywać swój taniec w chmurach!

Potrzebne nam było to święto. I zostało nam dane. Wszystko działo się we właściwej porze.

Wszyscy płyniemy tą samą łodzią

Następnego dnia udaliśmy się na południowy wschód, na granicy z Gwatemalą. Nocą zamierzaliśmy wrócić do naszego hotelu w Palenque.

Po drodze odwiedziliśmy Bonampak, gdzie znajdują się zadziwiające starożytne malowidła ścienne przedstawiające w szczegółach życie Majów oraz odprawiane przez nich ceremonie.

Zmierzaliśmy jednak przede wszystkim do świątyni Jaguara w Yaxchilan. Jest to fantastyczna świątynia wybudowana po obu stronach rzeki granicznej między Meksykiem a Gwatemalą. Meksykanie przeprowadzili wykopaliska po swojej stronie, zaś Gwatemalczycy nie pozwolili dotąd nikomu naruszyć kompleksu świątynnego znajdującego się po ich stronie.

Jechaliśmy tam wiedząc, że wkrótce na rzece powstanie tama i te wspaniałe budowle znikną na zawsze pod wodą.

Ostatni Znak

Ostatniego dnia naszej podróży po ziemi Majów ponownie zawitaliśmy w Uxmal. Musieliśmy znaleźć się tam o właściwej porze, aby obejrzeć pokaz światła organizowany tam co wieczór. Chcieliśmy zakończyć nim naszą wyprawę. Opowiadano nam, że jest to piękne przeżycie, a Uxmal znajdował się po drodze do Meridy, na której mieliśmy zamknąć koło odwiedzanych przez nas świątyń.

Niektórzy uczestnicy naszej wyprawy narzekali, pytając dlaczego mamy kończyć tę podróż przedstawieniem organizowanym dla turystów, w sztucznym świetle reflektorów. Uważali, że jest to głupi pomysł.

Nie umiałem odpowiedzieć na to pytanie. Wiedziałem tylko, że „powinniśmy" obejrzeć pokaz świateł w Uxmal i że będzie to miało dla nas szczególne znaczenie. Tak więc pojechaliśmy tam nie zważając na protesty.

W Uxmal powstało wiele restauracji i sklepów. Nikomu nie wolno zwiedzać piramid przez zakończeniem pokazu. Czekaliśmy więc, robiliśmy zakupy i zjedliśmy co nieco. Wszyscy zastanawiali się, dlaczego nasza święta podróż kończy się w tak tandetnym otoczeniu.

Dokładnie o godzinie, w której miał rozpocząć się pokaz, kiedy staliśmy razem czekając na pojawienie się pierwszych świateł, zaczęło się *to*. Najpierw spadło kilka kropel deszczu, a potem jakby otworzyło się niebo i spadła wielka ulewa, która wkrótce przekształciła się w burzę. Nad nami pojawiła się błyskawica, a po niej zaczęły uderzać grzmoty. Trwało to około dwóch godzin. Rozszalała się nawałnica. Matka Ziemia postanowiła urządzić własny pokaz świateł w miejscu, w którym mogliśmy go podziwiać bezpiecznie pod dachami budynków Uxmal.

Przybyliśmy na Jukatan w okresie wyniszczającej suszy. Widzieliśmy już deszcz, krótkotrwałą burzę na Karaibach po wizycie w Tulum oraz przelotne opady w drodze na południe. W niczym nie przypominały jednak tego, co działo się teraz. To bóg Majów Chac oddawał nam cześć. Z naszego punktu widzenia mówił nam, że nasza praca podczas odprawianych ceremonii została przyjęta do świata Majów.

Wciąż widzę tam naszą grupę przemokniętą do suchej nitki pod zadaszeniem na otwartej przestrzeni. Nareszcie wszyscy przekonaliśmy się, po co przybyliśmy do Uxmal. Śmialiśmy się, tańczyliśmy i obejmowaliśmy się ze łzami radości, zapatrzeni i wsłuchani w nasz prywatny pokaz świateł zesłany nam przez Matkę Ziemię i Ojca Niebo.

Kiedy dotarliśmy do Meridy i jechaliśmy w stronę hotelu, ulice spływały strumieniami deszczu na wysokość dwudziestu paru centymetrów. Nasz autobus płynął w nich niczym statek powracający nocą z długiego rejsu po morzu.

Nasze serca otworzyły się szeroko. Ponownie staliśmy się Jednym Sercem, podczas gdy siatki opasujące Ziemię zbliżyły się do stanu idealnej równowagi.

ROZDZIAŁ OSIEMNASTY

Zaproszenie od Inków do Peru

Przed rozpoczęciem tych podróży aniołowie powiedzieli mi, że ceremonie mające na celu przywrócenie równowagi w świecie powinny odbyć się również na terenie imperium Inków, w Peru. Na Jukatanie, po ceremonii w Chichen Itza, podszedł do mnie kapłan Inków, szaman, który poprosił o chwilę rozmowy.

Był to młody mężczyzna w wieku trzydziestu kilku lat, ubrany w rytualny strój Inków. Miał we włosach pióra i piękny uśmiech. Jego ojciec, również szaman Inków, przysłał go, by ze mną pomówił. Młody szaman powiedział, że jego lud dostał przepowiednię o przybyciu grupy ludzi do Peru, którą nazwał „kołem świata". Członkowie tej grupy mieli pochodzić ze wszystkich stron świata, a ich zadaniem miało być uzdrowienie jego ludu z błędów, które popełnił on w czasach starożytnych.

Podkreślił, że to jego ojciec prosi mnie o zwołanie „koła świata" i przybycie do Peru w celu odprawienia wspólnej ceremonii wraz z nim i innymi szamanami. Powiedział również, że ojciec nie jest pewien, czy grupa, z którą przyjadę, będzie tą zapowiadaną w proroctwie. Oświadczył, że stwierdzą to przedstawiciele starszyzny Inków po naszym przybyciu do Peru.

Szaman Inków w Chitchen Itza.

Powiedziałem mu, że będę medytował nad tym, co musiał powiedzieć i jeśli okaże się to zgodne z wolą Boga, przyjedziemy tam w 2004 roku. Uściskaliśmy się serdecznie, łącząc się w swoich sercach. Obaj wiedzieliśmy, że wszystko zależy od Wielkiego Ducha.

Po moim powrocie do domu w Stanach dwaj aniołowie rozmawiali ze mną na temat wielkiego znaczenia tej podróży. Poinformowali mnie, że Inkowie również pozostawili wielu swoich ludzi w głębi Ziemi, kiedy przybyli do Czwartego Świata oraz że podziały występujące w ich kulturze wymagają uzdrowienia. Był to jeden z warunków zaprowadzenia równowagi w Siatce Świadomości Jedności. Inkowie nie mogli dokonać uzdrowienia bez pomocy z zewnątrz, podobnie jak Anasazi oraz Majowie.

Aniołowie oświadczyli również, że zaburzenia równowagi w Siatce Świadomości Jedności są poważniejsze niż kiedykolwiek do tej pory. Co więcej, dzięki szczęśliwemu zakończeniu tej podróży Świetlisty Wąż energii Kundalini po raz pierwszy miał wniknąć do serc kobiet tego świata, szczególnie na terenie Peru i Chile. Miał on zestroić żeńskość na niemal idealnej pozycji tak, by kobiety mogły nauczać rodzaj męski (rodzaj żeński) o Świetle, nawet jeśli rodzaj męski (rodzaj żeński) nadal żyje w najciemniejszej części najciemniejszego cyklu, który Hindusi nazywają Kali Yuga.

Aniołowie powiedzieli mi, że ostatnia ceremonia w Peru ma na celu przypomnienie Inkom ich wiedzy, wspomnień oraz mądrości, czyli wartości nadrzędnych dla przejścia ludzkości na wyższy poziom świadomości. Według kapłana Inków ich przepowiednia głosi, że odzyskają oni całą wiedzę, wspomnienia i mądrość, kiedy na ich ziemię przybędzie koło świata.

Dowiedziałem się również od aniołów, na czym miała

polegać ceremonia, która mieliśmy odprawić na Wyspie Słońca leżącej na boliwijskim jeziorze Titicaca. Wówczas to moc starego cyklu trwającego 13 000 lat, w którym rządzili mężczyźni, miała zostać przekazana kobietom, aby mogły one wypełnić swoje zadanie na Ziemi i poprowadzić świat na powrót do Światłości.

W rozdziale 10 pisałem o podobnej ceremonii, która miała miejsce na wyspie Kauai. Tamten rytuał był prawdziwym przekazaniem mocy mężczyzn kobietom w czwartym wymiarze. Teraz trzeba było przeprowadzić na Ziemi to, co było już w niebie.

Była to jedyna informacja, jaką otrzymałem na temat trzech ceremonii. Wiedziałem, że pierwsza z nich miała mieć miejsce na Machu Picchu, a druga na Wyspie Słońca. Nie miałem jednak pojęcia, gdzie odbędzie się trzecia. Wiedziałem przede wszystkim, że muszę zyskać absolutną Ufność i absolutne przekonanie, że Wielki Duch mieszka wokół mnie oraz we mnie.

Powiedziałem więc mojej menedżerce, Diane Cooper, aby zorganizowała naszą wyprawę tak, by pierwszym celem naszej podróży stało się Machu Picchu oraz żebyśmy dotarli na Wyspę Słońca. Poza tym zostawiłem jej wolną rękę. Nasza podróż rozpoczęła się 24 lipca 2004 roku.

Machu Picchu

Nasza wyprawa otrzymała nazwę 'Zew Kondora", ptaka reprezentującego świadomość Ameryki Południowej. Grupa zebrała się w Limie w Peru. Składała się z przedstawicieli 22 narodów świata i, co zadziwiające, wszyscy przybyli na czas. Taki był początek.

Podobnie jak pierwsza grupa także i ta zgromadziła niezwykłe osoby. Wszyscy jej członkowie medytowali i studiowali techniki ezoteryczne niemal wszystkich tradycji świata. Byli dobrze przygotowani na to, by służyć Matce Ziemi, czy też, jak mówią w Ameryce Południowej, na *Pachamama*.

Drugiego dnia byliśmy już w drodze. Jechaliśmy do Doliny Urubamba, kierując się do położonej w Andach wioski Ollantaytambo, w której mieliśmy przesiąść się na pociąg w celu odbycia dwugodzinnej przejażdżki do Machu Picchu.

Podróżowałem tym pociągiem w połowie lat 80., będąc uczniem egipskiego przewodnika Thotha. Doprowadził mnie on do Indianina Quechuan o imieniu Narciso, który odnalazł Szlak Inków biegnący na długości 60 kilometrów za pięknym miastem Cusco aż do Machu Picchu. Narciso został naszym przewodnikiem i poprowadził moją dziesięcioosobową grupkę owym szlakiem górskim na wysokość 14 000 stóp. Po wędrówce po górskich szczytach zeszliśmy niżej do Machu Picchu, znajdującego się na wysokości 9 000 stóp. To było wspaniałe doświadczenie!

W owym czasie Szlak Inków został dopiero odkryty, więc turyści go nie znali. Pociąg, do którego mieliśmy wsiąść, przywiózł podróżnych, którzy wysiadali na naszej stacji, żeby resztę drogi odbyć piechotą. W latach 80. nie było tu żadnego środka transportu. Z trudem namówiliśmy konduktora, żeby zatrzymał pociąg w nieokreślonym miejscu w górach. Zgodził się pod warunkiem, że przystanie tylko na sześćdziesiąt sekund. Wagony były pełne ludzi śpiewających na cały głos i grających na różnych instrumentach. Poza tym pierwszą klasą podróżowały również kurczaki, psy i kozy. Panował tam taki tłok, że trudno było się poruszyć. Musieliśmy wyrzucić nasze plecaki przez okna, a następnie skakać za nimi, ponieważ pociąg ruszył po krótkiej przerwie.

W ciągu minionych dwudziestu lat wiele się tam zmieniło. Sprawiły to pieniądze płynące strumieniem dzięki tłumom turystów przyjeżdżających każdego dnia.

Po przybyciu do wioski Aguas Calientes przekonaliśmy się, że przeobraziła się ona w tropikalny kurort z gorącymi źródłami i mnóstwem sklepików dla turystów. Można było w nich kupić dosłownie wszystko. Muszę przyznać, że byłem tym zachwycony.

Tymczasem na wysokości 2 000 stóp nad małą wioską wznosiło się prosto w górę majestatyczne, sięgające chmur Machu Picchu.

Kapłani Inków oczekiwali nas już od trzech dni, w czasie których przygotowywali się na nasze przybycie. Usadowili się wysoko w górach, skąd mogli obserwować nas bez naszej wiedzy. Medytowali bez jedzenia i wody, modląc się, aby nasza grupa okazała się tą zapowiadaną w przepowiedni.

Szamani wsłuchiwali się w głosy swoich wewnętrznych przewodników, ale zgodnie z ich tradycją tak wielkie wydarzenie musiało zostać potwierdzone przez znaki pozostające poza ludzką kontrolą. Potrzebowali trzech znaków, żeby móc nas zaakceptować.

Co do mnie, wiedziałem tylko, że mamy rozpocząć od Machu Picchu, gdzie miała się odbyć pierwsza ceremonia. Po długiej podróży drogą pełną zakrętów autobus wjechał na szczyt góry, a my zebraliśmy się przed wejściem do Machu Picchu. Odmówiłem prostą modlitwę błogosławiącą początek i przeszedłem przez łukowatą bramę wraz z pokorną grupką badaczy świadomości.

Kiedy znaleźliśmy się w świętej przestrzeni, nad naszymi głowami przeleciał wielki kondor. Jeden z szamanów powiedział nam później, że dla kapłanów Inków był to znak nadzwyczajny. Nie widzieli kondora nad Machu Picchu od ponad dwudziestu lat. Ale jeden znak nie wystarczył. Potrzebowali trzech.

Po wejściu na teren budowli rozeszliśmy się w różnych kierunkach. Każdy podążał tam, dokąd prowadziło go serce. Uzgodniliśmy, że spotkamy się o wyznaczonej porze, aby odprawić ceremonię uzdrawiającą dla ziemi Inków oraz ich ludu.

Wielu uczestników wyprawy postanowiło wspiąć się na Waina Picchu, falliczną górę wznoszącą się na wysokość 2 000 stóp nad tym miejscem. Siedząc na wierzchołku góry odnosi się wrażenie, że człowiek znajduje się w samym środku wielkiego kręgu gór, a przy odpowiedniej wrażliwości można poczuć potężną energię płynącą z nich i rozciągającą się nad całym obszarem. Pamiętam, że kiedy przed laty po raz pierwszy wspiąłem się na szczyt, trudno było mi stamtąd odejść. Czułem, jak energia wypełnia moje ciało i ducha.

W Machu Picchu znajdują się dwa miejsca, w których wystawione są na widok powszechny starożytne biblioteki i kroniki. Nad całym obszarem Peru wznoszą się świątynie, a pośrodku większości tych budowli wyrastają skały przypominające rzeźby kamienne. W istocie są one czymś więcej. Posiadając chociaż odrobinę wrażliwości, można usiąść obok tych „bibliotek" i, przesuwając ręką po rzeźbieniach, ujrzeć szczegółowe obrazy pozostawione tu setki, a nawet tysiące lat temu. Posługując się wewnętrznym wzrokiem, można odczytać to, co starożytni rzeźbiarze zawarli w swojej pracy.

Dlatego właśnie podłoga w obserwatorium Inków również stanowi kamienną „rzeźbę". Inkowie, którzy pragnęli śledzić wielkie zmiany astronomiczne w rodzaju czasu przesilenia, musieli zapisywać obserwowane zjawiska i zmiany na nocnym niebie przez setki i tysiące lat, a więc okres znacznie przekraczający długość jednego ludzkiego życia. Zapisy starożytnych Inków zgromadziły wiedzę, jaką obecnie posiadają nasze komputery.

Miejsce na odprawienie ceremonii zostało wybrane wcześniej i o wyznaczonej godzinie zaczęli się tam schodzić uczestnicy naszej wyprawy. Nareszcie zebraliśmy się wszyscy.

Rozłożyłem na ziemi tkaninę we wzory peruwiańskie – jaskrawoczerwoną z wąskimi czarnymi paskami - i umieściłem na niej cztery kryształy leżące w czterech kierunkach. Pośrodku położyłem szczególny okaz i otwierając ceremonię poprosiłem zebranych, by ułożyli na ołtarzu przywiezione przez siebie przedmioty. Wkrótce znalazło się tam wiele świętych obiektów. Mimo, że jest to znana tradycja Inków, przedmioty, których używają zostały zaprogramowane w sposób, którego większość ludzi jest nieświadoma.

Kiedy ołtarz był już gotowy, rozpoczęliśmy ceremonię. W tej samej chwili, w której określiliśmy energie czterech stron świata, nad naszą grupą ponownie przeleciał kondor. Olbrzymi ptak zawisł nad naszym ołtarzem na całą minutę, a potem odleciał.

Szamani Inków obserwowali to zdarzenie z wielką radością, był to bowiem trzeci znak, którego oczekiwali. Potwierdzał on, że nasza międzynarodowa grupa była tą, której przybycie zapowiadały ich proroctwa. Jaki był drugi znak? Nie wiem. Nie powiedzieli nam.

Jeden z członków naszej grupy sfotografował przelatującego kondora.

Zakończyliśmy ceremonię, wytworzywszy ogromny wir energetyczny, który pozwolił Inkom uwięzionym w Ziemi wyjść na powierzchnię planety i narodzić się w dzisiejszym świecie. Dał im również możliwość przejścia wraz z resztą ludzkości na wyższy poziom świadomości. Co najważniejsze jednak, zmienił geometryczny układ Siatki Jedności nad Ziemią, która utworzyła teraz udoskonalone naczynie dla transformacji ludzkiej świadomości.

Dzięki temu Świetlisty Wąż energii Kundalini będzie mógł zostać wykorzystany przez ludzkość na wyższym poziomie. Wszystkie rzeczy są ze sobą połączone.

Wkrótce po tej ceremonii jeden z szamanów Inków pojawił się przed nami i powiedział, że trzy znaki zmaterializowały się. Poprosił, byśmy poszli za nim i wzięli udział w ceremonii orła i kondora. Oczywiście wyraziliśmy zgodę.

Przeleciał nad nami kondor przekazując znak.

Szaman poprowadził nas w dół zbocza do miejsca, w którym Machu Picchu tworzy ukrytą kryształową jaskinię. Poprosił, byśmy stanęli w jej wnętrzu blisko niego, podczas gdy on miał odprawiać rytuał. W pewnym momencie znalazłem się naprzeciwko szamana, który podał mi pióro kondora, a ja dałem mu pióro orła reprezentujące świadomość Ameryki Północnej.

Po tej ceremonii o naszym przybyciu dowiedzieli się rdzenni Peruwiańczycy oraz inne nacje. Gdziekolwiek się nie pojawiliśmy, peruwiańscy szamani, zarówno kobiety, jak i mężczyźni, wychodzili z dżungli i zapraszali nas do udziału w swoich obrzędach. Niewiarygodne, ale powtórzyło się to siedem razy. Mimo, że były to istotne ceremonie, należały do Inków, więc nie będę ujawniał ich przebiegu. Z wyjątkiem jednej.

ROZDZIAŁ DZIEWIĘTNASTY

Wyspa Księżyca i Wyspa Słońca

Życie naprawdę jest zadziwiające! Tego, co wydarzyło się na małej wyspie leżącej pośrodku jeziora Titicaca, nie można było zaplanować. Wszystko odbyło się w idealnym czasie i zostało przeprowadzone z chirurgiczną precyzją. My byliśmy jedynie świadkami.

Nasz wielki srebrny ptak wylądował w La Paz na terenie Boliwii. Powoli jechaliśmy w stronę wioski położonej na brzegu Titicaca, którą z europejska nazwaną Copacabana. Wyspa Słońca, na której, jak wiedziałem, miała odbyć się druga ceremonia, była w zasięgu, ale Diane ustaliła, że najpierw mamy odwiedzić Wyspę Księżyca. Wydawało mi się to logiczne, bowiem obie wyspy dzieliła odległość zaledwie sześciu lub siedmiu kilometrów.

Nie spodziewałem się szczególnych wydarzeń na Wyspie Księżyca, chociaż wiedziałem, że znajduje się tam święte miejsce zwane Świątynią Kapłanek. Słyszałem, że stanowi ono jeden z najpotężniejszych ośrodków energii żeńskiej na Ziemi. Zaproszono nas do udziału w lokalnej ceremonii zwanej Ofiarowaniem dla Matki. Tymczasem ja myślałem tylko o ceremonii, którą mieliśmy odprawić na Wyspie Słońca.

Powitała nas najstarsza kobieta na wyspie, Babka Mamani, która przygotowała ceremonię w małym domku na krawędzi klifu wychodzącego na niewiarygodne jezioro, które przypomina ocean. W jednopokojowym domku zmieściło się zaledwie kilka osób, toteż większość z nas czekała na zewnątrz. Zmienialiśmy się, wchodząc grupkami do środka. Powiedziano nam, że powodem, dla którego rytuał odbywał się w zamkniętej przestrzeni, były obawy Babki przed starszyzną, która mogła sprzeciwiać się dopuszczeniu obcych do udziału w świętej ceremonii.

Rytuał trwał ponad dwie godziny. Nie pojmowałem, jaki był jego cel do chwili, w której mieliśmy już odchodzić Wtedy kobieta powiedziała, że tę ceremonię odprawia się raz na 13 000 lat w celu przekazania kobietom mocy męskiej!

Prawda była taka, że znajdowaliśmy się na Wyspie Księżyca, wyspie kobiecości, na której przekazano moc z rąk męskich w kobiece, a zaraz potem mieliśmy odprawić tę samą ceremonię na Wyspie Słońca, czyli wyspie męskiej.

Och! Pachamama żyje!

Kiedy płynęliśmy łodziami na wyspę Słońca, przypomniałem sobie Peruwiankę ujrzaną przeze mnie na wyspie Kauai, która otrzymała kryształ od Polinezyjczyka strzegącego Ziemi przez ostatnie 13 000 lat. Opuściwszy ceremonię w czwartym wymiarze, kobieta ta przybyła tutaj, nad Jezioro Titicaca i umieściła kryształ dokładnie w połowie drogi między Wyspą Słońca a Wyspą Księżyca, głęboko w wodzie.

W tej chwili na naszych oczach z jeziora wystrzelił strumień ultrafioletowego światła. Nie mówiąc słowa do wioślarza, przepłynęliśmy prosto przez ten strumień, a wtedy ponownie uświadomiłem sobie prawdę o Uniwersalnej Świadomości. Wszystko żyje. Wszystko jest świadome. Nie ma przypadków. Żyjemy w zwojach kosmicznego DNA, które stopniowo odkrywa intencje Wielkiego Ducha. Nie mamy nic do zrobienia poza byciem tu i teraz.

Do rzeczywistości przywrócił mnie głos wioślarza, który pytał, w którym miejscu ma przybić do brzegu wyspy.

Nie zastanawiałem się nad tym wcześniej, więc zapytałem: „Gdzie są wszyscy ludzie?"

Wskazał on prawą stronę wyspy.

„W takim razie płyńmy na lewy brzeg!" – krzyknąłem.

Opłynęliśmy wysoką skałę zanurzoną w wodzie, która stanowiła małą wysepkę. Nie było na niej śladów życia.

„Tam!" – wycelowałem w skalisty punkt.

Pięć naszych łodzi przybiło do brzegu. Znaleźliśmy miejsce, w którym udało nam się zacumować. Gdy ostrożnie schodziliśmy na ląd, odkryliśmy wykute przez człowieka stopnie wychodzące z wody i prowadzące wysoko na szczyt wzgórza. Poszliśmy tam, żeby przekonać się, co znajdziemy.

Była to okrągła platforma, z której rozciągał się fantastyczny widok na jezioro. Nigdzie nie było widać śladu ludzi, którzy mogliby nam przeszkodzić w tym, co zamierzaliśmy zrobić. Wydawało się, że znaleźliśmy idealne miejsce dla odprawienia drugiej ceremonii. Rozpoczęliśmy przygotowania.

Mieliśmy już zaczynać, kiedy nagle znikąd pojawiły się dwie młode kobiety w wieku dwudziestu paru lat.

„Jestem z Anglii, a moja przyjaciółka jest ze Szkocji" – odezwała się jedna z nich. – „Dowiedziałyśmy się podczas medytacji, że będziecie tu dziś odprawiali ceremonię. Przyjechałyśmy więc. Pozwolicie nam się przyłączyć?"

Cóż mogłem odpowiedzieć? Nie miałem pojęcia, że odprawimy ceremonię właśnie tutaj. Dowiedziałem się o tym zaledwie pół godziny wcześniej. Wyspa Słońca była wielka. Jak udało im się nas odnaleźć? Uznałem, że skoro się tu znalazły, najwyraźniej miały tu być.

„Proszę, zajmijcie miejsca w kręgu kobiet" – odparłem.

Cztery kierunki wyznaczyły cztery najstarsze Babki, a najstarsza z nich usiadła na wschodzie. Pozostałe kobiety zasiały wokół nich, zamykając przestrzeń ołtarza. Wokół nich ustawili się w kręgu mężczyźni, którzy chwycili się za ręce, chroniąc wewnętrzną energię żeńską. Ceremonia rozpoczęła się od pobłogosławienia czterech kierunków.

Aniołowie pouczyli mnie wcześniej, żebym zabrał bębenek, którego używałem podczas ceremonii od ponad dwudziestu lat. Zapaliłem szałwię i cedr i obszedłem cały krąg po stronie zewnętrznej w kierunku zgodnym z ruchem wskazówek zegara. W ten sposób oczyściłem zebranych ludzi i energię tej ziemi. W czasie, kiedy obchodziłem krąg po raz drugi, odezwał się bębenek, którego rytm ujednolicał oddechy.

W pewnym momencie podczas rytuału poprosiłem mężczyzn, by poddali swoją duchową moc wewnętrznemu kręgowi kobiet, które od tej pory miały nas prowadzić przez następne 13 000 lat. Dla kilku mężczyzn okazało się to trudnym zadaniem. Toczyli ze sobą walkę, przeżywając konflikt, jakiego wcześniej nie doświadczyli, ostatecznie jednak wszyscy oddali się pod przewodnictwo kobiet.

Kiedy ostatni z mężczyzn oddał swą władzę kobietom, pojawili się przede mną aniołowie.

„Teraz twoja kolej" – powiedzieli. – „Oddaj swój bębenek Babce ze Wschodu jako zewnętrzną oznakę uwolnienia męskiej władzy."

Bez wahania podszedłem do Babki ze Wschodu.

„Ten męski bębenek jest symbolem" – powiedziałem. – „Prosimy cię, byś dokończyła ceremonię. Od tej chwili to ty będziesz prowadziła wszystkie ceremonie w tej grupie."

Kobieta przyjęła bębenek i zaczęła wybijać na nim powolny rytm, przejmując prowadzenie obrzędu aż do jego zakończenia.

Żałuję, że nie pamiętam tego, co mówiła. Niestety. Ale jej słowa zapadły głęboko w moje serce i być może kiedyś je sobie przypomnę. Wiedziałem, że na naszych oczach rozgrywa się historia do wtóru fal jeziora śpiewających swą pieśń sławiącą piękno od milionów lat, w podmuchach łagodnego wiatru, który nas otaczał i pieszczotliwie dotykał. Wszyscy czuliśmy błogosławieństwo Matki płynące wraz z każdym oddechem życia. A potem dokonało się.

ROZDZIAŁ DWUDZIESTY

Ukryte miasto Cahua Chi

Będąc w Ameryce Południowej trzeba się zawsze spodziewać niespodziewanego. Podczas mojej ostatniej wizyty na tej ziemi, w latach 80., kiedy prowadzono mnie na spotkanie z Narciso, większa część Peru została opanowana przez rebeliantów Lśniącej Ścieżki. Często zatrzymywano nas w drodze i przydarzały nam się sytuacje zagrażające życiu. Kiedy znajdziesz się w samym środku tej ziemi, niewiele zależy od ciebie.

Podczas tej podróży mieliśmy polecieć z La Paz do Nasca, żeby zobaczyć tajemnicze rysunki, ale okazało się, że lotnisko jest zamknięte z powodu jakiegoś konfliktu politycznego. Nie mieliśmy wyboru. Wynajęliśmy autobus, którym pojechaliśmy na wybrzeże.

Nie wiedzieliśmy wtedy, że będziemy przejeżdżać przez Andy na wysokości 15 000 stóp nad poziomem morza, co mogło okazać się problemem dla starszych osób z powodu niskiego poziomu tlenu. Ostatecznie poradziliśmy sobie z tymi zmianami, ale wyłonił się inny problem. Wiele osób straciło słuch na dzień lub trzy. Nigdy wcześniej nie słyszałem tak często pytania: „Co powiedziałeś?".

Ale życie toczy się dalej. Po długiej, acz pięknej podróży przez peruwiański krajobraz, dotarliśmy do hotelu, w którym zamierzaliśmy odpocząć do wieczora. Nasza grupa spotkała się w lokalnej restauracji, w której musieliśmy czekać, aż zwolnią się stoliki. Usiadłem przy barze pijąc kawę, żeby się obudzić, kiedy do lokalu wszedł szaman Inków. Jego strój zwrócił uwagę wszystkich. We włosy zatknął dwa pióra sterczące prosto w górę. Na sobie miał sięgającą kolan tunikę z garbowanej skóry, a na szyi zawieszone ciężkie naszyjniki z kości i kryształów. Rozglądał się po sali, jakby czuł się zagubiony lub szukał kogoś.

Przyszedł z synem, chłopcem w wieku około dziesięciu lat, który wyraźnie podążał śladami ojca. Wyglądał jak jego młodsza wersja. Miał oczy szeroko otwarte, ale wydawał się silny i wolny od lęku.

Ojciec zatrzymał w końcu wzrok na mnie, a potem podszedł i usiadł obok. Podał mi rękę i przedstawił się. Powiedział, że wie, iż mamy zamiar odprawić nazajutrz ceremonię w Cahua Chi i poprosił o pozwolenie uczestniczenia w rytuale.

Spytałem, skąd wie o planach urządzenia ceremonii, o których ja sam dotąd nie wiedziałem.

„Wszyscy wiedzą, że odprawicie ceremonię w Cahua Chi" – oświadczył. – „Tak głosi nasza przepowiednia. Znasz historię Cahua Chi?"

Pokręciłem głową. Nigdy nie słyszałem o tym miejscu i nie miałem pojęcia, co ono reprezentuje.

Szaman przysunął krzesło bliżej mnie i zaczął opowiadać.

„Dawno temu, przed ponad pięciuset laty, Cahua Chi było wielkim miastem o wielu piramidach i świątyniach. Było to nowoczesne potężne siedlisko, budzące szacunek w całym regionie.

Tymczasem na nasze ziemie przybyli hiszpańscy konkwistadorzy i ludzie wiedzieli, że jeśli znajdą oni to miasto, zostanie ono stracone. Szamani i kapłani zebrali się, aby uradzić, w jaki sposób mogą je ocalić. Uznali, że nie zdołają go uchronić, więc zaczęli modlić się do wiatru, by im pomógł. Prosili wiatr, aby pogrzebał Cahua Chi w piasku, bowiem tylko dzięki temu konkwistadorzy nie mogliby go odnaleźć. Musisz zrozumieć, Drunvalo, że linie Nazca znajdują się zaledwie 100 metrów dalej po drugiej stronie rzeki. To z ich powodu zbudowano tam Cahua Chi. Ludzie przybywali tam ze wszystkich stron, aby przebywać w energii Nazca, a miasto uznano za miejsce święte.

Linie Nazca zostały utworzone przez usuwanie warstwy skał na powierzchni tak, że jej kolor lekko różnił się w tych miejscach. Wzory widoczne na pustyni stanowią zagłębienia o grubości zaledwie centymetra. Ponieważ deszcz nigdy tam nie pada, zachowały się one przez tysiące lat.

Szamani i kapłani modlący się do wiatru, prosili, by nie dotknął on linii Nazca po drugiej stronie rzeki. Prosili również, aby po długim czasie miasto ponownie wyłoniło się na powierzchnię i zwróciło Inkom ich wiedzę, mądrość oraz doświadczenie. Wiedzieli, że to miasto wzbogaci świat w wiedzę, która pomoże wszystkim jego mieszkańcom.

Szamani i kapłani wznieśli ołtarze w świątyniach i piramidach. Ułożyli na nich święte przedmioty we wzory, które po odkryciu miasta w przyszłości, będą przypominały ich braciom i siostrom Inkom starożytną wiedzę, mądrość i zrozumienie.

I wtedy zerwał się wiatr i wzniósł w górę tumany piasku. Nadciągnęła burza, która utrzymywała się przez wiele tygodni do momentu, w którym całe miasto Cahua Chi zostało pogrzebane na głębokość ponad dwudziestu metrów nad wierzchołkiem najwyższej piramidy. A po drugiej stronie rzeki, tam gdzie znajdowały się linie Nazca, w odległości zaledwie stu metrów od jednej z piramid, nie poruszyło się ani jedno ziarenko piasku. Linie przetrwały nienaruszone po dziś dzień, podczas gdy miasto zniknęło z pamięci ludzi. Konkwistadorzy hiszpańscy wiedzieli o istnieniu Cahua Chi, ale nigdy go nie odnaleźli.

Tak więc pięćset lat temu zdecydowano, że odkrycie starożytnego miasta nastąpi dzięki ceremonii odprawionej przez krąg ludzi, którzy przybędą z całego świata. Drunvalo, wierzymy, że to wy nimi jesteście. Czy pozwolicie, byśmy razem z synem wzięli udział w twojej ceremonii?" – zapytał raz jeszcze.

Spojrzałem mu prosto w oczy i powiedziałem:

„Przyjacielu, nie ja będę prowadził ceremonię. Zrobi to najstarsza Babka z naszej grupy. Wiem jednak, że pozwoli wam obu wziąć w niej udział. Ostatecznie Cahua Chi należy do was, a nie do nas."

Tego ranka wcześnie wsiedliśmy do autobusu wraz z dwójką naszych nowych przyjaciół i wyruszyliśmy na pustynię. W autobusie było tylko jedno wolne miejsce, więc syn szamana usiadł mi na kolanach. Zwinął się wygodnie, a ja miałem wrażenie, jakbyśmy znali się przez całe życie.

Jechaliśmy przez niekończące się piaszczyste wydmy, sięgające nieraz trzydziestu metrów w górę. Im bardziej zagłębialiśmy się w pustynię, piasek wydawał się opadać coraz głębiej. Wiedziałem, że pod nim znajduje się wspaniałe miasto, w którym drzemie moc tak potrzebna nam współczesnym. Było to dziwne uczucie, wiedzieć coś, o czym nie wiedział nikt na świecie.

Gdyby nie rzeka wijąca się po prawej stronie i rosnące

nad nią drzewa i zarośla, nie byłoby nic oprócz piasku. Razem z chłopcem siedzącym na moich kolanach zapadliśmy w coś w rodzaju transu, zapatrzeni w niekończące się hałdy piachu. Obaj milczeliśmy.

Przejechaliśmy może ze trzydzieści kilometrów i zatrzymaliśmy się w miejscu, które wyglądało tak jak każde inne miejsce na pustyni. Kierowca wyłączył silnik. Odgadłem, że dotarliśmy do celu. Wysiadłem i spojrzałem w górę na wierzchołek ogromnej wydmy. Piasek opadł z niej, odsłaniając wierzchołek starożytnej kamiennej piramidy na długość jakichś dziesięciu metrów. Nie była to mała budowla. Piasek był w tym miejscu głęboki i jeśli piramida stała na poziomie ziemi, musiała sięgać wysokości prawie stu metrów.

Budowla stanowiła pierwsze odkrycie, po którym nastąpiły inne. Według archeologów była ona zaledwie wierzchołkiem góry lodowej. Miasto obejmowało ogromną przestrzeń po drugiej stronie rzeki. Stanęliśmy na tej ziemi w chwili, w której zaginione miasto Inków ponownie budziło się do życia.

Wspinaliśmy się długo po gorącym piasku do kolejnej wydmy przypominającej kształtem piramidę. Wiedzieliśmy, co znajduje się pod spodem. Wiatr przewiał piach przykrywający płaską powierzchnię na szczycie wydmy i właśnie to miejsce wybrała Babka dla odprawienia naszej ostatniej ceremonii, o której mówili mi aniołowie. Dzięki niej Inkowie mieli odzyskać swoją wiedzę, mądrość oraz doświadczenie. Było to przeżycie tak doskonałe, że nie mogłem wydobyć z siebie słowa. Było oczywiste, że Matka Ziemia prowadzi tę grupę, a nie ja.

Babka rozłożyła peruwiańską tkaninę na szczycie gigantycznej starożytnej piramidy, po czym umieściła na niej święte przedmioty w czterech kierunkach świata. Kobiety skupiły się w środku wokół ołtarza, a mężczyźni chronili je stojąc na zewnątrz. Szaman Inków stanął wraz z nami w kręgu zewnętrznym, a jego syna poproszono o przyłączenie się do kobiet. W czasie gdy Babka przygotowywała ceremonię, szaman zapalił zioła w muszli morskiej i obszedł naszą grupę, błogosławiąc nas i oczyszczając energie.

Kobiety odprawiły ceremonię, śpiewając pieśni i wypowiadając szczególne słowa. Po jej rozpoczęciu uświadomiłem sobie, że jest to pierwsza ceremonia prowadzona przez kobiety w energii nowego cyklu, który będzie trwał 13 000 lat. Byłem świadkiem spełniania się przepowiedni.

A potem znowu zdarzył się cud. W połowie ceremonii nad naszym ołtarzem przeleciał kondor, zatoczył koło, a potem zawisł nad nami na kilka minut, podobnie jak ten w Machu Picchu. Skierowaliśmy obiektywy aparatów w niebo.

Kiedy Babka zakończyła ceremonię, dopełniło się jednocześnie wiele rzeczy na różnych poziomach życia. Rozpoczął się nowy cykl. Kobiety Ziemi przejęły prowadzenie, aby wznieść nas wszystkich na wyższe poziomy świadomości, tak jak głosiło proroctwo.

Na koniec, kiedy powoli wracaliśmy do autobusu, podeszli do mnie szaman i jego syn i serdecznie mnie uściskali. Złożyli podziękowania na moje ręce dla całej grupy. W tej samej chwili znów pojawił się kondor i zrzucił nam pióro, które powoli opadało na Ziemię.

Wirowało ono w powietrzu przez kilka minut, a nasza trójka obserwowała jego lot, zastanawiając się, gdzie wyląduje. Miejsce to okazało się kolejnym przejawem świadomości Ziemi. Pióro opadło tuż pod stopy szamana.

Mężczyzna podniósł ostrożnie pióro kondora, spojrzał na mnie, a potem zwrócił się do syna, podając mu je:

„Synu, to należy do ciebie. Ty jesteś przyszłością, a kondor będzie cię prowadził przez całe życie. Kiedy spojrzysz na to pióro, przypomnij sobie o mnie, ale również o twoich przodkach, którzy dali ci życie. Są w tobie."

Szaman Inków z synem w Peru.

Schodziliśmy razem z wydmy. Czułem wdzięczność za to, że mogłem być obecny w żywym momencie magicznej historii trzeciej planety od Słońca. Niech Wielki Duch błogosławi imperium Inków, które być może pewnego dnia odzyska swą dawną świetność.

ROZDZIAŁ DWUDZIESTY PIERWSZY

Waitaha i Maorysi z Aotearoa (Nowa Zelandia)

Dawno temu moja przyjaciółka, Rdzenna Amerykanka, Mary Thunder, zadzwoniła do mnie i spytała, czy może odwiedzić mnie wraz z Maorysem o imieniu Mac Ruka. Chciał on ze mną porozmawiać. Mary powiedziała, że ów człowiek uznawany jest za duchowego przywódcę Maorysów. Przebył daleką drogę z Nowej Zelandii, żeby zaprosić mnie do swojego kraju, który nazywał Aotearoa.

Opisałem tę historię w mojej ostatniej książce *Życie w przestrzeni serca*, ale nie poświęciłem jej uwagi, na którą zasługuje. Nie uświadamiałem sobie wówczas, kim był mój gość i jak ważny był jego rodowód dla wzniesienia rasy ludzkiej. Mac prosił, żebym przyjechał do Nowej Zelandii, a wówczas dowiem się więcej. Życie pokazało jednak, że podróż ta stała się możliwa dopiero w 2007 roku. Niestety, Mac zmarł pod koniec lat 90. i nigdy go już nie spotkałem.

Był on zaangażowany w pracę nad powstawaniem książki *Songs of Waitaha* (*Pieśni Waitaha*) oraz innej jeszcze książki o Waitaha. O ile zrozumiałem, pomagał również przy pisaniu scenariusza do filmu *The Whale Rider*, który zdobył wiele międzynarodowych nagród.

Poznałem go w roku 1994, a dopiero teraz, trzynaście lat później, postanowiłem pojechać do Nowej Zelandii, żeby spełnić obietnicę złożoną Macowi. Miałem odwiedzić jego plemię. Razem z Diane zaplanowaliśmy tę podróż wraz z innym kołem świata, w którym tym razem znalazło się 55 uczestników z dziewiętnastu krajów.

Sposób, w jaki plan podróży przyszedł mi do głowy, był dość ciekawy. Dostałem książkę Barry'ego Brailsforda, *The Songs of the Waitaha*. Czytając ją, uświadomiłem sobie, że Waitaha mówili o takim samym Śnieniu Serca, którego doświadczałem w swoim życiu i o którym napisałem w swojej książce, *Życie w przestrzeni serca*. Jest to sposób śnienia, który zmienia świat zewnętrzny, w który żyjemy.

Szukając materiałów do napisania książki przekonałem się, że nie napisano prawie nic o Śnieniu Serca czy też o Świętej przestrzeni Serca. Była o tym jedynie wzmianka w Upaniszadach pochodzących ze starożytnych Indii oraz w małej książeczce związanej z żydowską Torą, pod tytułem *The Secret Cavern of the Heart* (*Sekretna Komnata Serca*). Poza tymi dwoma źródłami, wszystko, czego dowiedziałem się na ten temat pochodziło z tradycji ustnej. Obie książki pochodziły z czasów starożytnych, a tymczasem w Nowej Zelandii powstała nowa publikacja, opisująca szczegółowo to doświadczenie zaczerpnięte od starożytnego rdzennego plemienia Waitaha – Niosących Wodę.

Zgodnie z ich przekazem, Waitaha byli rdzennym ludem uznawanym za Maorysów, chociaż z ich punktu widzenia ich rodowód sięgał znacznie głębiej w przeszłość, do czasów istnienia Mu lub Lemurii, czyli jakieś 60 000 lat temu. Osobiście uważam, że 60 000 lat temu nastąpił koniec Lemurii, a rodowód Waitaha może sięgać 13 000 lat wstecz. Wiedzą, że nie mogą tego dowieść naukowo, ale przekaz pozostał żywy w ich tradycji ustnej.

Byłem zaintrygowany. Pod przewodnictwem aniołów, po przeczytaniu *The Song of Waitaha,* udałem się kilka lat temu do Szwajcarii odwiedzić guru Shin Shiva, nauczającego o Kundalini. Podczas lunchu w jego domu wspomniałem mu o Waitaha, bowiem wciąż byłem poruszony treścią przeczytanej książki.

Shin spojrzał na mnie ze zdziwieniem, a potem powiedział jednemu ze swoich uczniów, aby przyprowadził Ojasvina. Kilka minut później do pokoju wszedł cicho młody przystojny mężczyzna o ciemnej skórze i czarnych włosach. Wyglądał bardzo szlachetnie.

„Wspomniałeś o Waitaha i oto stoi przed tobą. Przedstawiam ci Ojasvina. On jest Waitaha" – powiedział Shin.

Ojasvin objął mnie ciepło i zaczęliśmy rozmawiać. Po kilku minutach rozpłakał się.

„Nie spotkałem nikogo poza członkami mojego ludu, kto rozumiałby Śnienie Serca. Tak się cieszę, że cię poznałem."

Rozmawialiśmy jakiś czas, a potem wyjechałem do Francji, gdzie miałem poprowadzić warsztaty. Nigdy jednak o nim nie zapomniałem. Spotkałem go, zdaje się w roku 2003.

Kiedy podróż do Aotearoa stawała się coraz bardziej realna, aniołowie powiedzieli mi, że wiele się tam nauczę, a uzyskana wiedza powinna wejść w skład książki, którą piszę. Pominięcie tej podróży w opisie oznaczałoby nie ujawnienie całej prawdy o Świetlistym Wężu, ponieważ Waitaha odkryli przede mną tajemny fragment dotyczący procesu wznoszenia się świata. Zawarli go w swoim DNA.

Poprosiłem Ojasvina – jego imię w języku Waitaha brzmi „Kingi" – aby nam towarzyszył, bowiem aniołowie oznajmili mi, że okaże się on „bezcenny dla zbudowania pomostu między światem serca a światem umysłu". Kingi przyjął swoje imię Waitaha na czas tej podróży i stał się dla nas bezcennym źródłem światła.

Królowa Maorysów

Mimo że do Nowej Zelandii zaprosił nas Mac Ruka, otrzymaliśmy też inne zaproszenie, które pozbawiło nas wszelkich wątpliwości co do potrzeby odbycia tej podróży i wzięcia udziału w tradycyjnych ceremoniach. Królowa Maorysów, Teahairangi Ka-ahu, co oznacza „Światło Świtu, które otwiera drogę do niebios" osobiście zaprosiła nas na swoje piękne wyspy, które wszyscy Maorysi nazywają Aotearoa.

Zmarła zaledwie dwa tygodnie później. Rządy po niej przejął syn, który pozwolił naszej grupie kontynuować podróż.

Pogrzeb królowej Teahairangi Ka-ahu stał się wydarzeniem na skalę narodową, przekazywanym przez stacje telewizyjne w całej Nowej Zelandii. Jej święta śmierć zjednoczyła cały naród. Tradycyjny pochówek oznaczał, że osoba wysoko urodzona zostanie umieszczona w wykonanej ręcznie, rzeźbionej łodzi o nazwie Waka. Takie łodzie mogą pływać po Pacyfiku z prędkością sięgającą trzydziestu pięciu węzłów. Następnie ciało królowej odpłynęło na miejsce spoczynku znajdujące się obok świętej góry.

Pisząc te słowa, pragnę oddać cześć jej pamięci i przesłać jej miłość, życząc bezpiecznego przejścia do wyższych światów.

Początek podróży

Nasza grupa spotkała się w Auckland. Srebrne ptaki przyniosły nas tu na skrzydłach czterech wiatrów. Ujrzałem piękne twarze, otwarte i gotowe przyjąć to, co miało się wydarzyć! Spoglądaliśmy sobie w oczy i wiedzieliśmy, że czekają nas niewiarygodne przeżycia, chociaż nie sądzę, by ktokolwiek z nas wiedział wtedy, jak głębokie okażą się te doświadczenia.

Poza uczestnikami wyprawy towarzyszyło nam wielu pisarzy, badaczy kwestii natury duchowej, archeologów oraz przewodników wycieczek, którzy dokładali starań, aby wprowadzić całą grupę w nieznany świat rdzennego ludu. Większość z nas nie zdawała sobie sprawy, jak wiele mieli pracy, nawet ja sam. Widziałem jednak, że bez pomocy mieszkańców Nowej Zelandii nasza wyprawa byłaby zwykłą wycieczką turystyczną.

Rzeźba w drewnie ukazująca tradycyjne wzory tatuażu

Podczas całej wędrówki po ich ziemi towarzyszyło nam dwoje Maorysów. Nie wiedzieliśmy, kim są. Babka Makuini Ruth Tai, która prosiła, byśmy nazywali ją Ruth, szybko trafiła do naszych serc. Drugim przewodnikiem został Herini, mężczyzna, który był ucieleśnieniem męskich zasad panujących wśród Maorysów od tysięcy lat. Jego pomoc okazała się bezcenna i bardzo potrzebna.

Oboje pokazali nam, gdzie leży serce tej ziemi i jej ludu. Pomogli nam zrozumieć i doświadczyć pradawnych praw, które dawno zatarły się w pamięci większości mieszkańców współczesnego świata.

Dziękuję wam obojgu za to, że żyjecie.

Waitaha

Drugiego wieczoru dotarliśmy do serca zielonej pagórkowatej doliny. Powitano nas ciepło: dzieci, psy i młodzi mężczyźni podbiegli do autobusu, żeby zobaczyć, kto przybył z dalekiego świata do tej maleńkiej oddzielonej od siedzib ludzkich wioski znajdującej się na małej wyspie oddzielającej Antarktydę od pozostałej części Pacyfiku.

My również byliśmy ciekawi, co wyniknie z tego spotkania. Waitaha powiedzieli nam później, że nigdy nie widzieli tylu ludzi naraz, a szczególnie przybyszów z różnych krajów. My zaś nigdy nie widzieliśmy ludzi, którzy wyglądali tak jak oni. Tatuowali swoje twarze i całe ciała, co wyglądało pięknie, ale budziło również lęk. Gdyby ktoś spotkał ich na ulicy, z pewnością w pierwszym odruchu chciałby się bronić. Ale my spotkaliśmy się w sercach i było to piękne doświadczenie, dorównujące pięknu kwiatu lotosu.

Wypakowaliśmy nasz olbrzymi bagaż z autobusu, który zaraz potem odjechał ze świętej ziemi. Kilka minut później rozpoczęła się ceremonia.

Ruth poprosiła najstarsze kobiety, aby stanęły z nią w

szeregu na przedzie. Młodsze kobiety ustawiły się za nimi, podczas gdy mężczyźni utworzyli ostatni rząd. Czekaliśmy w milczeniu.

Sześć Babek ubranych w błękitne szaty przywodzące na myśl wodę stało w jednej linii na stopniach podłużnego budynku. Było to tradycyjne miejsce, w którym Waitaha i Maorysi spali razem i razem śnili. Kiedy spotykają się dwa plemiona lub więcej, zachowują się zgodnie z protokołem utworzonym na podstawie kilku tysięcy lat tradycji. Ta sama tradycja podyktowała również przebieg całej ceremonii. W pewnej chwili wszystkie obecne tam plemiona połączyły się w jedno. Wszyscy zostaliśmy Waitaha.

Babki zaintonowały pieśń powitalną Waitaha. Ich donośne głosy rozbrzmiewały wśród wzgórz. Potem Babka Ruth i kobiety z naszej grupy odpowiedziały im pieśnią w języku Maorysów, aby tradycji stało się zadość. Nauczyliśmy się tej pieśni od Ruth, kiedy jechaliśmy autobusem. Kobiety śpiewały do siebie na przemian, podchodząc jednocześnie coraz bliżej.

Po zakończeniu tej części ceremonii popłynęliśmy jak rzeka do podłużnego budynku, w którym miała rozegrać się druga część. Waitaha wskazali nam przygotowane dla nas miejsca. Najpierw przemówili do nas mężczyźni. Mówili głównie w języku Waitaha, wtrącając od czasu do czasu zdania angielskie. Przemawiali do na prosto z serca. Każdy z mężczyzn, który nas witał, śpiewał później pieśń lub grał na instrumencie. Taki mają obyczaj. Słowa wypowiadane z głowy zostają przetworzone na muzykę płynącą z serca. Było to piękne przeżycie.

Ponieważ uznano mnie za wodza „plemienia dziewiętnastu krajów", poproszono mnie, bym przemówił do starszyzny oraz do grupy. Zanim to zrobiłem, poprosiłem, by Kingi mógł stanąć przy mnie. Chciałem do nich mówić i oczekiwałem, że Kingi zaśpiewa potem w języku Waitaha, aby dotrzeć do ich serc.

Pamiętam, że powiedziałem, iż są rdzennym plemieniem planety Ziemi, pochodzącym z Lemurii oraz że w ich wspomnieniach, wiedzy i DNA przechowywane są klucze do uzdrowienia Ziemi i umożliwienia ludzkości wejścia na wyższe poziomy świadomości. Wiedziałem również, że Śnienie Serca jest sekretnym kluczem do procesu wznoszenia się i że żaden ze współczesnych narodów nie wie tego lepiej niż Waitaha, nawet Kogi Mamos z Kolumbii.

Człowiek współczesny nie zdaje sobie sprawy z tego, że porusza się w przestrzeni umysłu, sądząc, że gwiazdy oraz planety znajdują się poza nim. A przecież jest to złudzenie. W istocie – tak mówią Waitaha oraz Kogi – w świecie zewnętrznym nic nie ma. Stanowi on jedynie hologram wytworzony przez nasz umysł. Ostatecznie każdy naukowiec wie, że jedynym dowodem istnienia gwiazd i planet są impulsy elektryczne powstające w naszych mózgach i ciałach, czyli pięć zmysłów. Odbiór zmysłowy nie jest dowodem istnienia czegokolwiek.

Waitaha wierzą – podobnie jak wiele innych rdzennych ras, na przykład starożytni Hindusi, którzy nazywali rzeczywistość „Mają", co oznacza iluzję albo nieprawdę – że rzeczywistość zewnętrzna nie jest realna. Rzeczywistość według nich istnieje tylko w sercu, a szczególnie w świętej przestrzeni serca, nie zaś w umyśle. Zdaję sobie sprawę z tego, jak trudno to przyjąć do wiadomości, a co dopiero zrozumieć, ale jeśli Waitaha mają rację, wkrótce poznamy prawdę.

Zaczynałem uświadamiać sobie, że Świetlisty Wąż wysyła swoje potężne strumienie w kierunku tego ludu z Chile nad Ameryką Południową oraz z wysokich Andów przez Pacyfik. Zrozumiałem to, kiedy do nich przemawiałem, patrząc im w oczy. Zapierało mi dech w piersiach. Doświadczenie to całkowicie odmieniło mój sposób myślenia na temat oddziaływania potężnej energii Kundalini w świecie.

Matka Ziemia jest niezwykle inteligentna. Umieściła swoją energię duchowego przebudzenia w idealnym punkcie, aby uzyskać najlepsze skutki dla wszystkich ludzi.

Skończyłem przemowę i Kingi zaśpiewał dla Waitaha w ich języku, przekazując pieśnią intencję moich słów. Kingi okazał się doskonałym tłumaczem i wspaniałym śpiewakiem.

Tutejszy sposób bycia i postrzegania rzeczywistości zaczął stopniowo oddziaływać na nasze zachodnie umysły i łagodzić nasze serca. Doświadczaliśmy spotkania z odmienną kulturą w bezpośredni i bardziej osobisty sposób. Łagodnieliśmy i zaczynaliśmy zachowywać się jak małe dzieci.

Po wymianie słów powitalnych przeszliśmy do następnej części ceremonii, w której każdy przedstawiciel grupy (czy też plemienia, jak nazywali nas Waitaha) witał się kolejno z członkami ich plemienia – mężczyznami, kobietami i dziećmi. Maoryskie powitanie odbywa się przez dotykanie się czołami oraz nosami i wspólne oddychanie. Obyczaj ten nazywa się Hongi.

Po tym, jak wszyscy zebrani przywitają się ze sobą, przychodzi czas na wspólny posiłek. Przeszliśmy więc do kuchni, w której Waitaha przygotowali dla nas wyśmienite potrawy. Biesiadowaliśmy razem, poznając się bliżej, modląc się, jedząc oraz zgodnie z tradycją Waitaha śpiewając, grając i tańcząc. Przypominało to raczej wielkie przyjęcie niż ceremonię.

Dzień dobiegał końca, toteż przygotowaliśmy sobie posłania, około osiemdziesięciu łóżek ułożonych w szeregu pod ścianami.

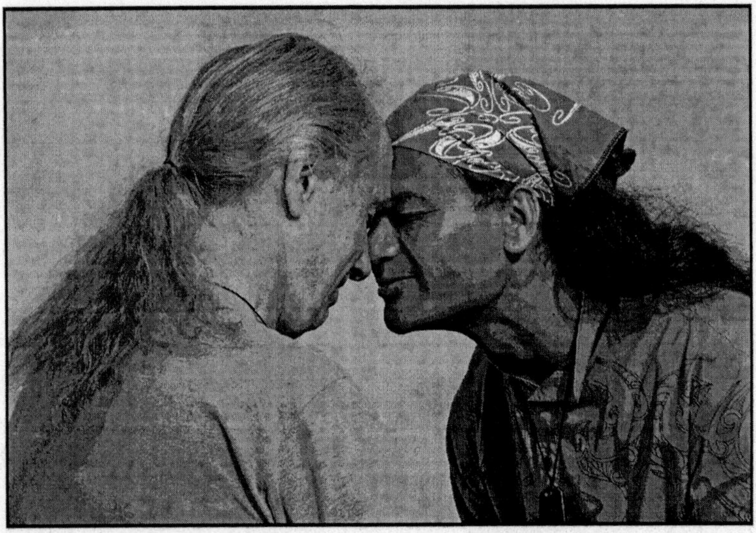

Drunvalo i Kingi wykonujący Hongi.

Obyczaj Waitaha nakazuje, aby plemiona, które się spotkały, spały razem. Śnią wówczas razem, co jest kluczem do ceremonii powitalnej. Śnienie oznacza dla Waitaha coś więcej niż jedynie marzenia senne w ciągu nocy. Wyznacza ono ich przyszłość, jeśli śnią podczas ceremonii.

Kiedy dwa plemiona odprawią wspólną ceremonię, wymienią się słowami, oddechami, a potem śpią i śnią razem, stają się jedną rodziną. Rodzina Waitaha Ruka przyjęła nas do siebie i od tej chwili wszyscy byliśmy Waitaha. Było to piękne przeżycie, a zarazem wielki zaszczyt.

Muszę przyznać, że miałem pewne oczekiwania związane z tym, co miało się wydarzyć w naszym zbiorowym śnieniu. Zasypiałem bardzo podekscytowany, czując, że stanie się coś niezwykłego. A jednak nic takiego się nie wydarzyło, przynajmniej dla mnie. Miałem wrażenie, że ledwo przyłożyłem głowę do poduszki, a już się obudziłem, jakby minęło kilka minut.

Dopiero później tego dnia podczas rozmowy ze starszym bratem Maca, Barney'em, uświadomiłem sobie, że nasz zbiorowy sen zaczyna się manifestować. Poczekajcie chwilę, a zrozumiecie.

Kiedy poranne słońce wywołało nas z wewnętrznego śnienia do śnienia, które nazywamy rzeczywistością, nasze ciała zaczęły wyłaniać się spod koców i śpiworów. Dzieci biegały po domu, a mężczyźni i kobiety rozpoczynali swój taniec życia, podczas gdy babki i dziadkowie organizowali energię na nadchodzący dzień. Miał to być dzień dzielenia się wiedzą i doświadczeniem.

Dziadek Barneya i Ruka poprosił, bym wyszedł z nim na zewnątrz. Chciał porozmawiać ze mną na osobności. W ciągu godziny przekazał mi sekretną wiedzę Waitaha, która (jeśli to nastąpi) w czasie, kiedy zamanifestuje się przepowiednia tego ludu, odmieni świat na zawsze.

Mac przekazał mi część tej wiedzy, kiedy spotkaliśmy się przed laty. Teraz dowiedziałem się znacznie więcej i zrozumiałem, że doświadczenia zebrane w tej podróży mają wielkie znaczenie dla Świetlistego Węża i jego energii Kundalini promieniującej na świat. Dziadek Barneya nie wiedział o tym, co napisałem na kartach tej książki, ale przekazał mi wielką wiedzę płynącą z dawnych opowieści oraz informacje na temat Czasu Przesilenia. Precyzyjnie wypełnił luki w mojej wiedzy, a potem poprosił, bym przysiągł zachować to w tajemnicy do czasu, w którym wypełni się przepowiednia Waitaha.

W jednej chwili wszystkie fragmenty układanki znalazły się na swoich miejscach. Ujrzałem większy obraz, ale nie wolno mi jeszcze o ty pisać. Opowiem wam to, co mogę. Dziadek Barneya twierdził, że przepowiednia Waitaha zapowiada przełomowy moment w historii na dzień 5 sierpnia 2009 roku. Wydarzenie, które wówczas będzie miało miejsce, być może nie zostanie ogłoszone publicznie, ale rozpocznie nowy sen ludzkości, sen niemal identyczny z wierzeniami Majów o otwarciu niebios i pojawieniu się naszych braci i sióstr z wszechświata.

Kiedy dziadek mówił, czułem, jakbym znalazł się w stanie śnienia wykreowanym przez jego słowa. Przedstawił mi koncepcję i sposób rozumienia, w jakie współcześni nie uwierzyliby, a ludzkość nie bierze pod uwagę od tysięcy lat. Jeśli miał rację, świat czeka wielka, wspaniała niespodzianka, przebudzenie w nowym świetlistym świecie, w którym wszystko będzie łatwiejsze.

Jako nowoprzyjęci bracia i siostry Waitaha, opuściliśmy ten piękny zielony górzysty świat i rozpoczęliśmy podróż po wielu innych światach ogromnych drzew, skał, przepięknych plaż i miejsc, w których moglibyśmy pozostać do końca życia. Nie ma na tych stronach miejsca, by opisać wszystkie piękne przeżycia, jakie stały się naszym udziałem na tej ziemi. Otwierały nam one serca, co okazało się niezwykle istotne w tej duchowej podróży, bowiem Maorysi/Waitaha nie zabraliby nas w głąb swojego świata, gdybyśmy nie umieli otworzyć swoich serc. Było to kluczem do spełnienia ich przepowiedni.

Pojawili się znienacka. Staliśmy pod wielkim świętym drzewem i odczuwaliśmy jego 2000 letnią energię, kiedy ze starego samochodu stojącego obok naszego autokaru, wysiadła grupka Maorysów. Zanim wysiadłem, zobaczyłem go przez okno. Był to człowiek, którego dobrze znałem, chociaż nigdy nie spotkaliśmy się fizycznie. Miał na imię Walisi. Miał brązową skórę i bardzo długie włosy o barwie biało-złotej, splecione w warkocz. Był jednym z ludzi zgromadzonych z tyłu podczas odprawiania ceremonii na Kauai. Pamiętacie ceremonię przekazania mocy mężczyzn kobietom, która odbywała się w czwartym wymiarze? (zob.

Rozdział Dziesiąty).

Podszedłem do niego, a on wyciągnął ramiona i obejmował mnie długo i serdecznie. Znał mnie, ja znałem jego i obaj wiedzieliśmy skąd. Chciał, żebym zrozumiał, że kultura ludów Pacyfiku, jedna z najstarszych kultur, jakie przetrwały, stanowił integralną część Świetlistego Węża oraz Nowego Snu. Jego słowa przeniknęły mnie do głębi, bowiem uświadamiałem już sobie znaczenie dotarcia nowej ziemskiej Kundalini na Aotearoa.

Walisi pojawiał się kilka razy w czasie naszej podróży do chwili, w której przekazał mi wiedzę na temat zmian nadchodzących dla ludzkości. Był zaszczycony, że może się nią ze mną podzielić. Wiem, że jeszcze się spotkamy.

Przedstawił mi pewną kobietę. Nazywała się Loma Allen i była Babką plemienia Maorysów, które miało odkryć przed nami kluczową wiedzę. Tymczasem nie wiedzieliśmy, kim jest ta kobieta i siedzieliśmy z nią zwyczajnie przy herbacie, gawędząc.

Kontynuowaliśmy podróż po tej pradawnej ziemi, przemieszczając się z jednego zadziwiającego miejsca do drugiego, podczas gdy Maorysi/Waitaha materializowali się przed nami i przekazywali nam nowe cenne informacje.

Ceremonia Uwolnienia Zapachu Kwiatów

W lutym 2007 roku poproszono nas, byśmy wzięli udział w ceremonii zwanej Ceremonią Uwalniania Zapachu Kwiatów. Maorysi powiedzieli nam, że odbywa się ona raz na 13 000 lat. Mieliśmy przejść boso trzy kilometry wiejską pylistą drogą, prowadzącą do jednego z najświętszych miejsc na Aotearoa, domu stojącego na rozdrożu, Miringa Te Kakara.

Kiedy dotarliśmy do owego świętego miejsca, strażnik u wejścia zatrzymał nas, bowiem wewnątrz trwały jeszcze ostatnie przygotowania na nasze przyjęcie. Później podeszliśmy powoli do miejsca znajdującego się na otwartej porośniętej trawą przestrzeni, gdzie siedzieli dziadkowie i babcie. Czekali na nas. Nie wiedzieliśmy o tym, że znajdujemy się w odległości zaledwie piętnastu metrów od starożytnego świętego miejsca.

Podobnie jak podczas wizyty u Waitaha doprowadziły nas tam najstarsze kobiety, za którymi szły młodsze, a za nimi mężczyźni. W odległości kilku metrów od siedzącej starszyzny poproszono mężczyzn, by utworzyli krąg twarzą do starszych, bowiem to oni mieli przemówić do nich jako pierwsi.

Ceremonia przebiegała podobnie jak poprzednia; najpierw mówili mężczyźni, a potem kobiety. Znowu utworzyliśmy szereg, w którym każdy z uczestników naszej wyprawy przywitał się ze wszystkimi obecnymi Maorysami. Tym razem, po chwili wspólnego oddychania w rytuale Hongi, proszono nas, byśmy kolejno przechodzili na stronę starszyzny, gdzie znajdował się wzór krzyża wykopany w ziemi na głębokość mniej więcej trzydziestu centymetrów.

Czekając, aż wszyscy zakończą Hongi, słuchaliśmy opowieści o historii miejsca, w którym siedzieliśmy. Mimo, że Maorysi uznawali to miejsce za niezwykle ważne dla swojej świadomości dotyczącej wszechświata, na zewnątrz wyglądało ono zwyczajnie. Przedstawiało jedynie prosty wzór wyżłobiony w ziemi otoczonej łańcuchem zielonych wzgórz.

Powiedziano nam, że dawniej znajdował się tam stary drewniany dom, który skrywał krzyż. Dom ten przechowywał tajemną wiedzę, ale został celowo spalony w 1985 roku. Dowiedzieliśmy się również, że wcześniej aż cztery razy palono domy stojące w tym miejscu, ale odbudowywano je za każdym razem, podobnie jak stanie się to w niedalekiej przyszłości. Nie wyjaśniono nam, dlaczego domy te są palone, a potem odbudowywane.

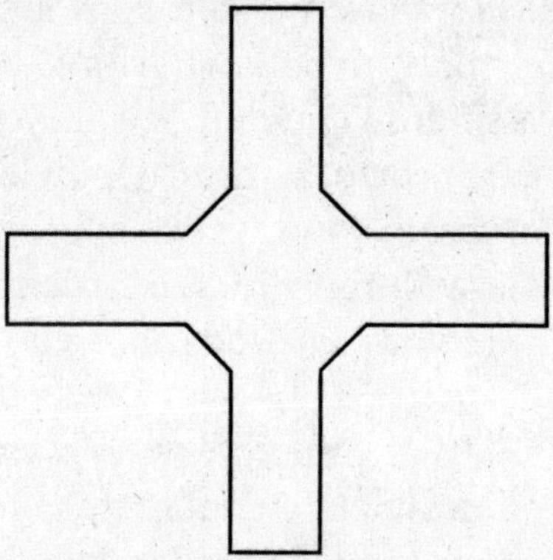

Rysunek 8: Krzyż

Tymczasem wszyscy zakończyli powitanie i zebrali się razem. Mężczyźni usiedli na ziemi wokół krzyża, a kobiety zgromadziły się za nimi czekając, aż Babki dadzą im znak, że mogą usiąść z mężczyznami. Kiedy kobiety ruszyły powoli w stronę krzyża, mężczyźni pod przewodnictwem Kingi wstali i zaczęli symboliczny taniec męskiej mocy fallicznej, aby przyjąć kobiety z wielką energią. Obserwowanie tańczących mężczyzn musiało być zadziwiającym przeżyciem, bowiem ich siła utworzyła powłokę energii, w którą zgodnie z tradycją Waitaha, kobiety miały wejść.

Kobiety śpiewały sekretne pieśni w języku Maorysów dla mężczyzn, którzy unosili swe ręce nad głowami, a następnie opuszczali je do kolan, odpowiadając kobietom śpiewem płynącym z serca. Udział w tym rytuale oraz możliwość jego obserwowania były pięknym doświadczeniem. A był to zaledwie początek.

Ostatecznie wylądowaliśmy w wielkim kręgu z krzyżem pośrodku. Poproszono mnie, żebym podał prawą rękę wodzowi Maorysów i w ten sposób zamknął koło. Poczynając ode mnie, przemawialiśmy wszyscy po kolei. Nasze słowa skierowane do pozostałych uczestników ceremonii płynęły prosto z serca. Opowiadaliśmy o wizjach i snach dotyczących przyszłości rodzaju ludzkiego. Głos przenosił się w kręgu zgodnie z ruchem wskazówek zegara. Ostatni przemawiał wódz, którego trzymałem za rękę.

Nasze sny miały się spełnić w przyszłości, bowiem śniliśmy ze „środka świata". Znaczenie tego, co się działo miało jednak dopiero zostać przed nami odkryte. Nie wyjaśniono nam, czym jest w istocie to święte miejsce. Dowiedzieliśmy się o nim co nieco następnego dnia. Gdybym wtedy wiedział, gdzie naprawdę odprawialiśmy tę ceremonię, byłbym odmieniony.

Podano mi bębenek, który przyjechał z Holandii. Wyglądał na wyrób Rdzennych Amerykanów. Służył jako bębenek pokoju, podróżując po różnych kręgach na całym świecie, takich jak nasz - kręgu ludzi, którzy śnili sen o pokoju.

Zacząłem bębnić i tańczyć w powolnym rytmie po zewnętrznej stronie kręgu w kierunku zgodnym z ruchem wskazówek zegara, zgodnie z tradycją, w jakiej się uczyłem. Kiedy zatoczyłem pełne koło, poprowadziłem grupę długim szeregiem do kuchni, w której mieliśmy zasiąść do ceremonialnego posiłku.

Maorysi zbudowali w tym celu piękny drewniany hogan, w którym ustawiono stoły. Podziwialiśmy przepięknie ułożone potrawy w wielu kolorach oraz rośliny, na których wyżłobiono wyrafinowane wzory. Przyglądałem się im, zastanawiając się, kto zechce zjeść te dzieła sztuki, skoro tym samym zniweczy ich urodę. Liście kwiatów zdobiących pomieszczenie zostały splecione we wzory, które z pewnością miały jakieś znaczenie dla oczu Maorysów/Waitaha, ale dla mnie odznaczały się po prostu niewiarygodnym pięknem.

Po posiłku wódz przyniósł album ze zdjęciami i zaczął opowiadać nam historię świętego miejsca. Powiedział, że dawno, dawno temu istoty pozaziemskie pochodzące z Syriusza zawisły nad Ziemią dokładnie w miejscu, w którym teraz znajdował się krzyż i umieściły w ziemi ogromny kryształ, w punkcie, który wyznaczał środek figury.

Z powodu tego kryształu Maorysi uznali to miejsce za święte. Nadał on moc tej ziemi, aby stała się maoryskim uniwersytetem. Wódz powiedział nam, że uniwersytet będzie gotowy wtedy, gdy nad kryształem powstanie drewniany dom, ale nie wyjaśnił do końca, co to znaczy.

Opowiadał nam też o pewnym Maorysie, który studiował w drewnianym domu przez czternaście lat, a potem włożył garnitur i pojechał do Anglii, gdzie został uznanym profesorem jednego z uniwersytetów, mimo że nie skończył żadnej szkoły. Nie dowiedziałem się, jak się ten człowiek nazywał. Zrozumiałem jedynie, że uczył się w drewnianej chacie tak długo, aż poznał prawa rządzące wszechświatem.

Była to bardzo interesująca opowieść, chociaż nie pojąłem w pełni jej znaczenia. Maorysi mieli wiele tajemnic i mogłem jedynie przeczuwać, dlaczego uznawali to miejsce za święte. Czy było tak z powodu wizyty przybyszów z kosmosu, kryształu, czy czegoś więcej? Moja duchowa ciekawość sięgała zenitu.

Zakończyliśmy ceremonię, obejmując się długo i wymieniając podarki między plemionami. Wiedzieliśmy, że następny taki rytuał odbędzie się za 13 000 lat.

Jedna z Babek podarowała mi fragment wielkiej chrząstki wieloryba. Miała ona kształt zbliżony do serca i leżała do tej pory na jej ołtarzu. Chrząstka promieniowała nadzwyczajną energią. „To jest dar naszych przodków" - powiedziała Babka. Maorysi i Waitaha wierzą, że wieloryby i delfiny są ich przodkami, a rodzaj ludzki został stworzony przez istoty wodne. (Takie same wierzenia pielęgnowała najstarsza z kultur świata, Sumerowie). Przyglądając się pradawnym wzorom rzeźbionym przez Maorysów/ Waitaha w drewnie, które zdobią wejścia do większości ich świętych budowli, przekonacie się, że ich przodkowie mają błony między palcami rąk i nóg, co sugeruje, że co najmniej większość czasu spędzali w oceanie, gdzie być może wpatrywali się w oczy tych, których uznają za swoich przodków.

Rzeźba w drewnie znajdująca się nad wejściem do świątyni Waitaha /Maoryskiej. Zwróćcie uwagę na płetwowate stopy przodków.

Dwa dni później, kiedy to zamierzaliśmy stanąć w ostatnim kręgu podczas tej podróży, jedna z tutejszych kobiet pokazała mi wzory świętej geometrii przedstawione na ścianie starego drewnianego domu, który niegdyś zakrywał krzyż w ziemi. Dopiero wtedy zrozumiałem, jak to możliwe, że mała drewniana chatka była uniwersytetem, w którym człowiek mógł poznać i zrozumieć cały wszechświat.

Oto zdjęcia przedmiotów, które tam widziałem. Informacje i więcej szczegółów znajdziecie na stronie internetowej: *www.celticnz.co.nz*. Zajrzyjcie tam i poczytajcie o tym miejscu, a zrozumiecie, jakie naprawdę miało znaczenie.

Zamieszczam tu niedokładne zdjęcie starego domu, zrobione przed jego spaleniem się dwadzieścia lat temu.

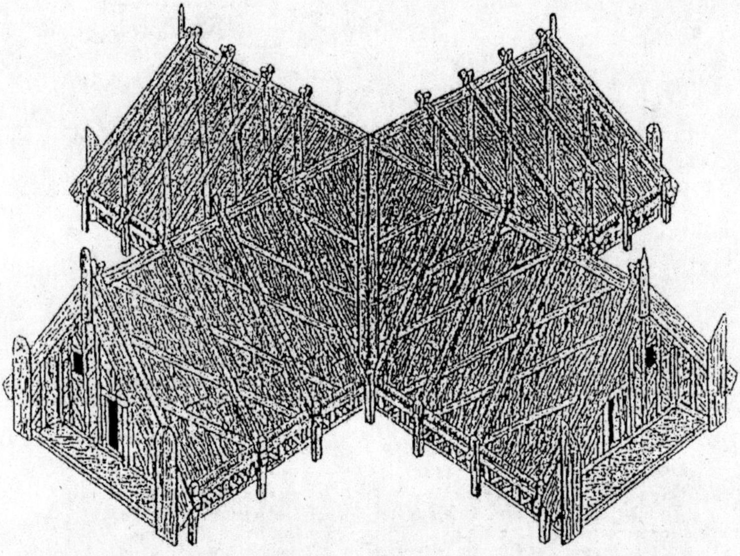

Rysunek W.A. Taylora przedstawiający wygląd pierwszej budowli postawionej w kształcie krzyża.

CRUCIFORM BUILDING, MARINGA TE KAKARA

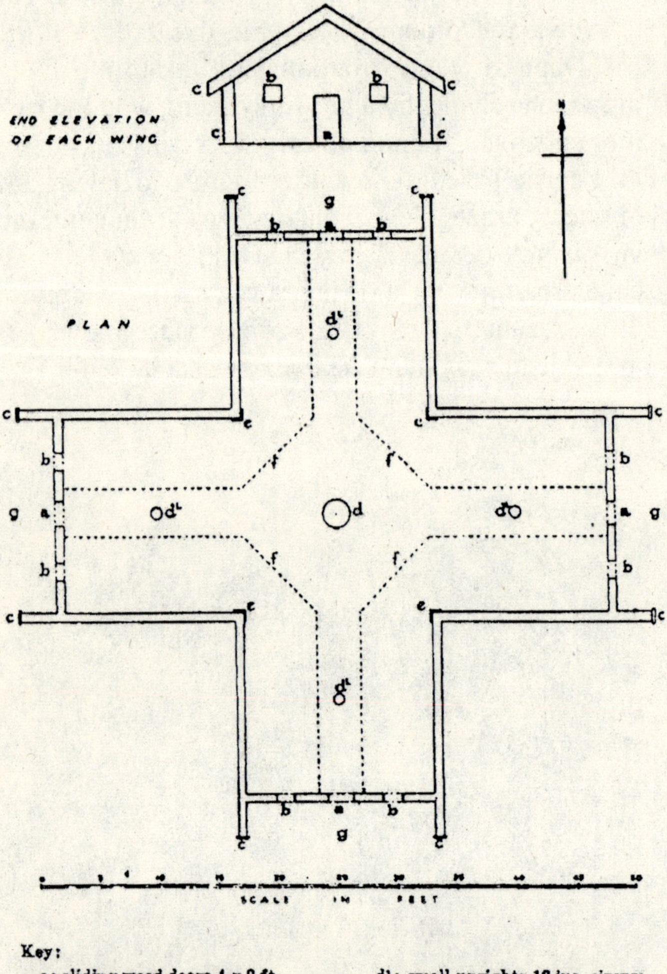

Key:

a: sliding wood doors 4 x 2 ft.
b: sliding wood ports 18 ins. square
c: wood facings 12 x 2 ins.
d: centre upright 6 ft. circumference
d¹: small uprights 18 ins. circum.
e: L-shaped corner pieces
f: foot boards 12 x 2 ins.
g: porches open on one side

Plan budynku w kształcie krzyża autorstwa C.G. Hunt.

Jest to jedyny dostępny rysunek wzorów geometrycznych przedstawionych w tym budynku. Jego uważne studiowanie pozwoli wam odkryć wiedzę o wszechświecie, podobnie jak dzieje się to podczas obserwacji Wielkiej Piramidy Egiptu.

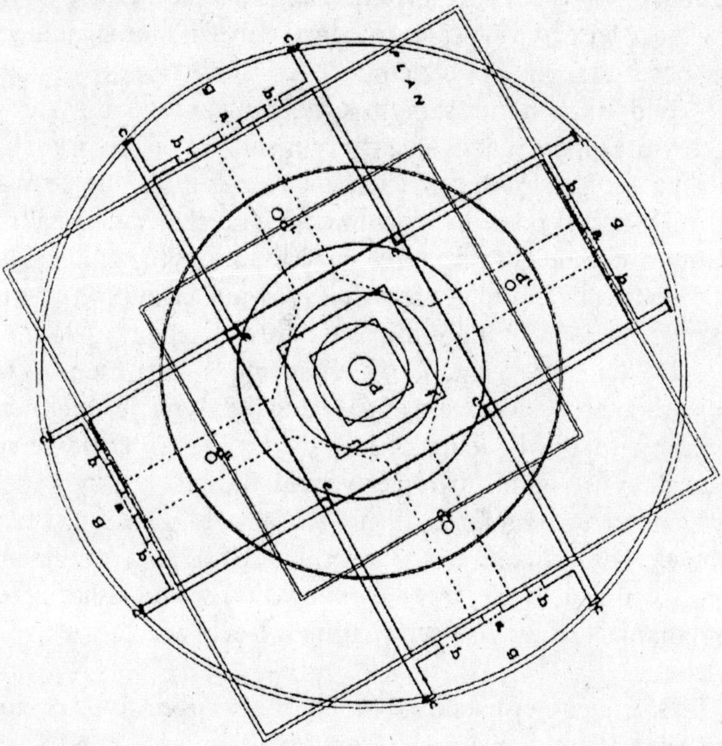

Rysunek 9: Obraz przedstawiający stosunek Fi w okręgu i kwadracie

Współcześni Maorysi/Waitaha nie zdawali sobie jednak sprawy, że kształt budynku zawiera tajemny szyfr. Prawdopodobnie w ogóle nie brali takiej możliwości pod uwagę. Nie chcę przez to powiedzieć, że nikt tego nie zauważył, ale nie rozmawiano o tym w grupie.

Jeśli będziecie zainteresowani poznaniem tej tajemnicy, odnajdziecie informacje na ten temat w dziewiątym rozdziale mojej drugiej książki *Pradawna Tajemnica Kwiatu Życia, Tom II.* Maringa Te Kakara można uznać za „Ośrodek Stworzenia" – miejsce, w którym można zlokalizować wszystkie święte miejsca na wyspie Aotearoa, zarówno ter znajdujące się nad ziemi, jak i pod ziemią.

Budynki o takim samym kształcie wznoszono w starożytnym Egipcie, gdzie służyły tym samym celom. Badając świętą geometrię Maringa Te Kakara zrozumiałem, że Waitaha/Maorysi posiedli zrozumienie wszechświata w takim samym stopniu jak wszystkie wielkie starożytne kultury, jakie istniały na Ziemi. Z precyzją dorównującą budowniczym starożytnego Egiptu potrafili oni przewidzieć przyszłość.

Do tej pory Waitaha nie ujawniali swojej niezwykłej wiedzy o procesie stwarzania. Ukazali jedynie jej fragment w swojej budowli. Jednak klucz do tej wiedzy znajduje się w ich DNA. Waitaha byli pierwszymi ludźmi, którzy wyszli z Gondwany i zamieszkali na Mu czy też Lemurii. Przechowywali w swoim DNA tajemnicę stworzenia otrzymaną od Boga. Dzięki niej używają snów do tworzenia lub przemieniania rzeczywistości w tym wszechświecie gwiazd i planet.

Bez tajemnej wiedzy o Śnieniu Serca rodzaj ludzki nie mógłby przekroczyć tego wymiaru i wznieść się na wyższe poziomy świadomości. Dzięki Bogu Waitaha przetrwali, oddychają jako ludzkie istoty i dzięki nim ludzkość może osiągnąć kolejny poziom istnienia.

Świetlisty Wąż i jego transformująca moc promieniuje na obszar Pacyfiku. Budzi Waitaha, a wraz z nim Maorysów. Przebudzenie to nabiera tempa dzięki ziemskiej energii Kundalini docierającej do nich z Chile. Posiadane przez nich szczególne rozumienie Życia oznacza, iż staną się katalizatorami przemian, które doprowadzą ludzką świadomość na wyższy poziom istnienia. Waitaha wiedzą, że nadszedł już czas i wzywają świat, by stanął u ich drzwi.

Peruwiańczycy i Chilijczycy staną się nauczycielami nowego żeńskiego sposobu życia, podczas gdy Waitaha oraz Maorysi będą przykładami czystej wibracji zawartej w każdej komórce ich ciał. Uczymy się od nich, przebywając w polu ich wibracji i śniąc razem z nimi.

ROZDZIAŁ DWUDZIESTY DRUGI

Miłość bezwarunkowa: obrazy w Sercu

Świetlisty Wąż odnalazł swoje położenie geograficzne na następne 13 000 lat i funkcjonuje tam doskonale. Siatka Jedności nad Ziemią, która przechowuje i koncentruje ludzką świadomość, pozwalając jej przejść na wyższy poziom, zostanie ostatecznie przystosowana w połowie roku 2008. Pozostało jeszcze kilka rzeczy do zrobienia, ale niewiele. Co do mnie, muszę jeszcze odbyć podróż na Wyspę Wielkanocną, żeby uzdrowić niektóre aspekty życia Maorysów i przeprowadzić ostatnią ceremonię na Moorei, aby dopełnić Siatkę Jedności i wprowadzić świat na drogę, jakiej jeszcze nie widział.

W 2009 roku zostanie nawiązane pierwsze połączenie z życiem w innych światach, które nie mogło mieć miejsca przed ustanowieniem określonego sposobu funkcjonowania Siatki Jedności.

21 grudnia 2012 roku Precesja Równonocy dopełni się i rozpocznie się nowy cykl 13 000 lat. Do tego czasu zaniknie wpływ starego cyklu, w którym męskość rządziła życiem ludzi.

Teraz kobiety poprowadzą nas do Światła. 18-19 lutego 2013 roku Majowie odprawią pierwszą ceremonię nowego cyklu, która zapoczątkuje otwarcie się wszelkiego życia na „osobistą" wymianę z ludzkością, a my doświadczymy radykalnego procesu uzdrowienia na Ziemi. Do tego czasu – do 19 lutego 2013 roku – populacja ludzi na Ziemi zostanie drastycznie zredukowana, ale ci, którzy pozostaną, będą żyli w miłości i wzajemnej trosce.

Chcę przez to powiedzieć, że kilka następnych lat okaże się latami najważniejszymi dla naszej historii. Przetrwamy te ogromne przemiany w ludzkim rozumieniu dzięki pomocy Matki Ziemi i jej Świetlistego Węża, podobnie jak przetrwaliśmy je wiele razy wcześniej, chociaż nigdy jeszcze wszechświat nie otwierał się przed nami w sposób, w jaki nastąpi to w nadchodzących latach.

Tajemnicą jest Miłość Bezwarunkowa, która objawi nam się poprzez istoty ludzkie, jakie odmienią na zawsze życie na Ziemi. Większość z nich będzie dziećmi lub młodymi ludźmi, którzy odnajdą drogę do serca. Kobiety zrozumieją i podążą za dziećmi do własnych serc, przejmując nowy sposób istnienia w świecie. Na koniec, chociaż z wielkim trudem, mężczyźni doświadczą transformacji, która pozwoli ostatecznie dopełnić cykl. Niemal zawsze odbywa się to w ten sposób.

Obrazy lub sny płynące z serc tych dzieci będą mocą przemieniającą świat. Dzieci i kobiety podejmą akt stwarzania i przemieniania świata od wewnątrz.

Pozwólcie, że wyjaśnię to wam na przykładzie ceremonii.

Ceremonia jest rezultatem starożytnego sposobu rozumienia i mądrości. Mówi on, że zewnętrzny świat gwiazd, planet oraz wszystkiego, co na nich istnieje, został stworzony w wewnętrznym świecie ludzkich obrazów w sercu, które weszły w interakcję z Wielkim Duchem. Niemal wszystkie rdzenne narody uznają, że tak jest.

Człowiek współczesny sądzi, że Bóg jest nieosiągalny. Niektórzy sądzą, że przejawia się on w przyrodzie, a może istnieje poza naturą. Dla większości jednak Bóg „nie mieszka w nas", a człowiek i Bóg nie mogą posiadać jednej świadomości. Mimo to, paradoksalnie, ten sposób myślenia wyrasta z wiary w to, że „zostaliśmy stworzeni na obraz i podobieństwo Boga"!

W głębi ludzkiego serca znajduje się szczególne miejsce, źródło wszelkiego stworzenia. Takie były pierwotne nauki Jezusa (Odrzucone zostały przez przywódców kościoła greckiego i rzymskiego z powodów politycznych. Ów sposób rozumienia sięga dalej w przeszłość, trzy tysiące lat przed narodzinami Chrystusa, do Indii i Egiptu. Został on opisany w Upaniszadach oraz był przekazywany w ustnej tradycji tantry egipskiej).

Kiedy my, ludzie, zaczniemy rozumieć, kim jesteśmy naprawdę, Synami i Córkami Boga, świadomością, która stworzyła wszystko, co istnieje, wtedy i tylko wtedy rodzaj ludzki i Bóg staną się jednością w umyśle, sercu i ciele, a zasłona ułudy opadnie.

Pierwotni mieszkańcy tej planety mogą nam bardzo pomóc, posiadają bowiem ogromną wiedzę i pamiętają o swoim odwiecznym związku z Matką Ziemią i Ojcem Niebo. Jakże inaczej przetrwaliby tak długo w stanie prawie niezakłóconej równowagi?

Świetlisty Wąż zajął swoje nowe miejsce, a wraz z jego ruchem pojawiła się na Ziemi nowa wibracja. Jest to wibracja całkowicie odmienna od tej, która oddziaływała na nas przez ostatnie 13 000 lat. Cykl nie jest kołem, ale spiralą. Za każdym razem, kiedy zatacza okrąg, nie powraca w to samo miejsce, ale podąża w górę spirali, wzorem molekuły DNA. I, podobnie jak w cząsteczce DNA, kody uwalniane są w postaci nowych wzorów. Powstaje nowa droga, nowy świat i nowa interpretacja Jedynej Rzeczywistości, którą ludzkość może oglądać i według której może żyć.

Pytacie, co możecie zrobić? To proste – zostawcie swój umysł i ciągłe myślenie, powróćcie do serca. W waszych sercach znajduje się maleńkie miejsce, w którym przechowywana jest wszelka wiedza i mądrość. Znajdziecie tam wszystko, czego wam trzeba na wszystkich poziomach egzystencji.

Podczas procesu przemian zachodzących w was samych oraz na Ziemi, niewiarygodnych przemian, jakie będą zachodziły w waszym życiu codziennym, żyjcie sercem, a Matka Ziemia otoczy was swoją łagodną magiczną miłością, tą samą magiczną miłością, która stworzyła tę fizyczną planetę.

Pamiętajcie, kim jesteście naprawdę, zaufajcie sobie i otwórzcie oczy na nowe piękno nowej Ziemi, które pojawi się przed wami wraz z waszym oddechem.

Zajrzyjcie poza ciemność i destrukcję kończącego się starego cyklu męskiego. Nie patrzcie w oczy Kali. Skierujcie swą uwagę na życie i światłość pączkujące w samym środku wiru.

Wasza przyszłość, jak ziarno, zaczyna pączkować w ciemności. Pewnego dnia spojrzycie wstecz i zrozumiecie, że cały wasz lęk i wszystkie problemy były jedynie snem wysnutym ze zdezorientowania spowodowanego końcem jednego cyklu i początkiem nowego. Życie i Śmierć są częściami jednego koła.

A teraz popatrzcie w Światło i oddychajcie głęboko radością życia. Przez cały czas mieliście udział w Życiu Wiecznym, wolnym od cierpienia. Nigdy nie byliście odcięci od Źródła. Żyjcie bez lęku. Żyjcie z otwartymi oczyma i otwartym sercem, w którym znajduje się klejnot, a przetrwacie kolejne 13 000 lat na Ziemi oraz o wiele, wiele dłużej.

OM MANI PADME HUM
OM MANI PADME HUM
OM MANI PADME HUM
Spójrzcie! Oto Klejnot Lotosu!